全国空中乘务专业规划教材

FLIGHT SERVICE SERIES

第4版

空乘服务概论

高　宏　安玉新　王化峰　编著

北京·旅游教育出版社

全国空中乘务专业规划教材

编委会

主　任　　　高　宏　刘　权

副主任　　　（以姓氏笔画为序）
　　　　　　　李　勤　　张新南　　黄永宁　　谢　苏

编　委　　　（以姓氏笔画为序）
　　　　　　　丁永玲　　王化峰　　王　娜　　王莉莉
　　　　　　　王　鑫　　亢　元　　孔庆棠　　邓彦东
　　　　　　　石　慧　　田　宇　　伏六明　　安玉新
　　　　　　　刘秀丽　　刘岩松　　刘　晖　　成宏峰
　　　　　　　向　前　　闫　华　　李广春　　李永平
　　　　　　　李庆杨　　李　程　　杨　柳　　杨　静
　　　　　　　陆　书　　陈丹红　　陈晓燕　　张　丽
　　　　　　　张晓明　　张彩霞　　张　澜　　邹　昊
　　　　　　　余明洋　　吴　菁　　罗　丹　　罗亮生
　　　　　　　林　扬　　柳迪善　　郑　巍　　姚红光
　　　　　　　赵冰梅　　洪　涛　　聂建波　　唐小燕
　　　　　　　贾丽娟　　徐国立　　郭　蓓　　顾　骦
　　　　　　　梁定召　　梁悦秋　　黄建伟　　崔祥建
　　　　　　　韩晓娜　　程　茜　　谢春讯　　谢爱民
　　　　　　　蔡　杰　　熊　莹　　薛兵旺

丛书修订说明

全国空中乘务专业规划教材依据中国民用航空局关于空乘人员的素质、知识结构、能力要求开发和编写。作为全国首套针对空中乘务专业较为完善的系列教材,从规划之初就一直坚持"探索教材体系、服务专业发展,创新教材内容、引领专业趋势"的指导思想。经过九年多的使用,本套教材得到了相关院校一线教师的充分肯定,获得了很好的口碑,对我国空中乘务专业的建设与人才培养发挥了重要作用。

本系列教材自2007年问世以来,正值我国空中乘务服务专业教育不断规范、健康发展之时。一方面,民航服务在不断更新服务理念,服务的品质不断攀升;另一方面,空乘服务教育在人才培养的层次、培养模式、培养水平上不断创新,学科内涵不断充实,服务于我国民航未来发展的具有生机与活力的人才培养体系逐渐形成。此间,我们一直密切关注民航服务的实践,动态跟踪空中乘务专业的国内外发展趋势,不断深化对民航服务专业教育的认识。为适应未来民航服务国际化对人才培养的新要求,继续发挥本套教材在我国空乘服务专业教育的引领作用,完善教学体系、丰富教学内容,提高教学的效率与质量,我们就教材在专业建设与人才培养中的实际效果以及毕业生在实际工作岗位上的职业发展进行了调研,在此基础上我们第三次组织了工作在专业建设一线的空乘服务专业专家、教师对教材进行了修订,力图在教材的科学性、前瞻性和实用性方面有所创新,使这套空中乘务专业系列教材在未来的专业建设与人才培养方面发挥更大的作用。

本次教材修订我们主要遵循了以下原则:

1. 提升教材的学科内涵。现今的空乘服务教育已从普通的专科教育为主,逐步走向本专科教育并存的格局,学科的内涵逐渐凸显出来。为此,我们在本版教材修订中,强化了学科概念,通过完善与创新核心课程的理论体系,以期为未来空乘服务学科建设奠定一定的基础。

2. 提高教材的受用范围。随着空乘服务本科教育的突起,空乘正在从服务技能教育逐步向专注人才培养核心能力与人才档次转变。为此，在本套教材修订中我们融进了本科教育的理念，力图在同时适用于本科与专科教育方面有所改进。

3. 教材模式更适用于教学。 教材要为专业建设、为教学服务，更要为学生服务。我们将教材使用过程中的各种反馈意见进行了汇总，在完善教材内容的基础上，使教材更贴近教学需要。

4. 体现现代民航服务研究成果。 随着民航业的快速发展，民航服务学科逐渐成形，核心概念与外延正发生着变化。作为教材，必须反映这一发展趋势，摒弃传统的概念与思想，以发挥教材的导向作用。我们根据不断丰富的专业内涵，引进了学科的理念，对教材的核心思想进行了完善，使教材的整体脉络更加科学、更具有前瞻性。

5. 理论与案例结合，着力于培育整体服务思想体系。 空乘服务专业实践性很强，服务涉及的情境复杂，服务的艺术性凸显，教与学问题突出，理论的引领更需要案例的配合。为此，在本套教材修订过程中，除了进一步完善教材理论内容体系，还特别增加了案例的数量，并及时将最新的案例编入教材中，以期为读者提供一个更为广阔的民航服务的"崭新空间"。

我们欣喜地看到，在过去的九年中，我国空中乘务专业办学层次不断提升，人才培养的内涵不断丰富，培养体系更加科学，在专业建设与教学改革方面取得了长足的进步。特别是以空中乘务本科培养为主的学校，在探索专业内涵、丰富课程体系、完善教学内容等方面发挥了积极的作用。可以说，我国的空中乘务专业已经步入成熟发展时期，希望此次教材的再次修订能为我国空中乘务专业未来发展与专业水平的提高做出贡献。

本套教材目前共有16种，分别是《民航概论》《空乘服务概论》《民航旅客运输》《民航法律法规与实务》《客舱设备运行及管理》《客舱服务技能与训练》《民航地勤服务》《民航服务心理与实务》《空乘服务沟通与播音技巧》《航空卫生保健与急救》《空乘人员形体及体能训练》《空乘人员化妆技巧与形象塑造》《空乘人员仪态与服务礼仪训练》《民航乘务英语会话》《民航乘务英语视听》和《民航服务实用韩国语》。

高质量空乘服务人才的培养需要建立在科学的培养模式、学科建设、规范的课程体系以及合理的课程内容与有效的教学方法基础上。希望本套教材的修订再版能在优化全国空中乘务服务及相关专业培养方案、完善课程体系、丰富课程内容、传播交流有效教学方法方面，尽一丝绵薄之力。对于教材使用中的问题，我们衷心希望能够得到广大师生的积极反馈及专家学者的批评指正，我们会全力以赴地不断提升教材的品质，以回报给予我们大力支持的广大师生。

如有建议或疑问，欢迎发邮件至：wytep@126.com。

旅游教育出版社

第4版前言

随着我国民航事业的高速发展,民航服务的模式正在发生着深刻变革,服务理念与内容的不断创新,对民航服务人才的培养提出了更高的要求。而担负人才培养重任的高校及培训机构,需要不断地通过人才培养模式、教育理念、教学内容的丰富,去发挥教育对民航服务行业的引领及服务理论与知识的探索作用。

从1999年起步的我国空乘服务人才学历教育发展到今天,已经有近18年的时间。在此期间,我国空乘服务人才培养模式发生了巨大的变化,学历层次进一步提升、培养模式更加规范、教学内容不断完善、教学手段不断丰富,反映出具有我国民航特色的空乘服务人才培养体系已基本形成,对空中乘务人才培养规律的认识不断深化,一个崭新的民航服务人才培养的时代即将到来。

为了更好地满足不同教学层面广大师生的教学与学习需求,我们根据多年空中乘务专业建设与人才培养的经验与体会,编写了《空乘服务概论》一书。本书根据国际民航服务的发展趋势,从我国空乘服务的职业要求出发,系统地阐述了空乘服务的内涵与本质,通过对空乘服务目标与思想的介绍,帮助学生了解完整的空乘服务概念,树立良好的服务意识,同时介绍了空乘服务的内容与程序、空乘服务的组织与工作职责、服务补救、职业养成等,具有一定的理论前瞻性与可读性。

本书首版于2007年,本次第4版修订主要从优化原教材内容的角度出发,完善了第一章中对服务及空乘服务概念的解读,增加了空乘服务文化、服务意境等内容,特别是在局部内容细节上进行了补充和完善,体现了空乘服务研究的最新成果,并尝试对空中乘务学科体系进行架构。

本书既可作为高校空中乘务专业的教材,也可作为空乘人员的各类培训用书,还可供有志于投身空乘服务事业的人士参考阅读。

本书由高宏、安玉新、王化峰、薛兵旺合作完成,其中高宏、安玉新完成了主要内容的编写工作，王化峰、薛兵旺参与了部分章节的编写工作。另外，沈阳航空航天大学民航与安全工程学院的贾丽娟、高法贤等老师对本书的编写给予了无私的帮助，在此深表感谢。在本书的编写过程中，我们参考了许多著作、教材、论文、报纸等文献，在此一并向相关作者表示感谢。

目前，我国空中乘务人才的培养体系与模式逐渐趋于成熟，但从专业的整体发展来看，特别是在学科体系建立、教学内容的系统化等方面，还有诸多问题需要深入研究与总结，院校之间在具体教学体系、课程内容等方面仍存在较大的地域性差异，加之我们对专业的理解尚浅，学识水平有限，书中若有不足之处，敬请读者批评指正。

编 者

目录

第一章 空乘服务概述 /1

第一节 服务的概念与延伸 /2
一、服务概念的解析 /2
二、服务概念的延伸 /9

第二节 空乘服务概念的解析 /14
一、空乘服务的概念 /14
二、空乘服务概念的延伸 /16

第三节 空乘服务的核心问题、本质及特点 /22
一、空乘服务的核心问题 /22
二、空乘服务的本质 /23
三、空乘服务的特点 /26

第四节 民航事业发展对空乘服务的基本要求 /27
一、影响民航服务发展的主要因素 /27
二、民航事业发展对空乘服务的基本要求 /29
三、民航事业发展对当代空乘人员的基本要求 /31

第五节 我国空乘服务存在的主要问题及对策 /34
一、我国空乘服务存在的主要问题 /34
二、提高我国空乘服务水平的对策 /37

第二章 空乘服务的目标 /42

第一节 空乘服务的目标及其作用与特点 /43
一、空乘服务的目标解读 /43
二、空乘服务目标的作用 /45

三、空乘服务目标的特点 / 46

49　第二节　乘客心目中的服务——目标期望
一、顾客期望的分类 / 50
二、顾客期望对于空乘服务目标的意义 / 50
三、顾客期望管理 / 52

55　第三节　空乘服务的目标体系
一、空乘服务的宏观目标 / 56
二、空乘服务的微观目标 / 57

60　第四节　实现服务目标的途径解析
一、影响空乘服务目标实现的因素 / 60
二、实现空乘服务目标的途径 / 61

第三章　空乘服务思想与服务文化　68

69　第一节　空乘服务思想的内涵及作用
一、空乘服务思想的内涵 / 69
二、空乘服务思想的作用 / 70

73　第二节　空乘服务思想体系
一、空乘服务的核心思想 / 73
二、空乘服务的基本思想 / 76
三、空乘服务的微观思想 / 77

81　第三节　空乘服务思想的塑造
一、深刻理解服务内涵，不断强化服务意识 / 82
二、正确认识服务本质，明确乘务人员与乘客之间的关系 / 82
三、树立职业意识与职业精神，主动适应服务行业的要求 / 83
四、磨炼自己的意志品质，体验服务的快乐 / 84

84 | 第四节　空乘服务文化
　　一、服务文化 /84
　　二、空乘服务文化 /85
　　三、空乘服务文化的作用 /85

第四章　空乘服务的内容与基本过程　89

90 | 第一节　空乘服务的内容
　　一、基本内容 /90
　　二、延伸服务 /95
　　三、丰富空乘服务内容的基本思路 /96

100 | 第二节　空乘服务的基本程序
　　一、空乘服务的基本程序 /101
　　二、航空安全员的工作程序 /105

106 | 第三节　空乘服务中的旅客运输常识
　　一、空乘人员专业术语 /106
　　二、民航客运术语 /108
　　三、国际旅客运输常识 /110
　　四、国内旅客运输常识 /113

第五章　空乘服务的组织与空乘人员的工作职责　124

125 | 第一节　航空公司的人员构成
　　一、一线员工 /126
　　二、运营人员 /126
　　三、机务维修人员 /126
　　四、销售和营销人员 /126

127 | 第二节　航班机组人员的构成与工作方式
　　一、飞行员 /127
　　二、飞行员的工作方式 /128
　　三、空中乘务员 /129
　　四、乘务服务的组织 /131

131　第三节　空乘服务人员的工作职责
　　一、乘务服务人员的一般工作职责 /132
　　二、主任乘务长的工作职责 /133
　　三、乘务长的工作职责 /134
　　四、头等舱和公务舱乘务员的工作职责 /134
　　五、普通舱乘务员的工作职责 /134
　　六、内场乘务员厨房工作职责 /135
　　七、承担广播任务的乘务员的工作职责 /135
　　八、乘务员的安全检查职责 /136
　　九、民航安全员的工作职责 /136

第六章　空乘服务的艺术　138

139　第一节　空乘服务的意境、艺术与作用
　　一、空乘服务的意境与艺术 /139
　　二、空乘服务艺术的作用 /142

146　第二节　空乘服务的语言艺术与沟通技巧
　　一、空乘服务中的语言艺术 /146
　　二、空乘服务中的沟通技巧 /150

154　第三节　对不同乘客的服务技巧与艺术
　　一、对不同类型乘客的服务技巧与艺术 /155
　　二、对特殊乘客的服务技巧与艺术 /160

162　第四节　提高空乘服务艺术的途径
　　一、树立为乘客服务的理念 /162
　　二、加强业务知识学习 /164

第七章　空乘服务管理与创新　170

171　第一节　空乘服务管理解析
　　一、空乘服务管理 /171
　　二、服务规范化与服务质量标准 /172

175　第二节　空乘服务管理的基本内容
　　一、空乘服务的组织 /175
　　二、服务工作流程设计与顾客价值 /177

三、航空服务中的人力资源管理/178
四、服务文化及其管理/178
五、航空服务的控制/185

第三节　空乘服务创新　186

一、创新及服务创新/186
二、服务创新的作用/187
三、服务创新的特征/188
四、空乘服务创新的途径/188
五、服务创新的形式——常旅客计划/196

第八章　空乘服务补救　198

第一节　空乘服务补救及其必要性　199

一、服务补救/199
二、空乘服务补救/200
三、服务补救的必要性/200

第二节　空乘服务失误的原因　202

一、因服务承诺不能兑现引发的乘客投诉/202
二、服务过程中的失误造成的服务失败/203
三、空乘人员个人因素造成的服务失误/203
四、乘客自身的原因引发的服务失败/203

第三节　空乘服务补救的益处　204

一、服务补救有助于提高乘客忠诚度/204
二、服务补救能提升乘客感知的整体质量/205
三、服务补救有助于发现组织管理和工作流程中的弊端/205
四、服务补救是创新的源泉之一/206
五、服务补救有助于提升企业的公众形象/206

207　第四节　服务补救的原则与策略
　　一、服务补救的原则/207
　　二、服务补救的策略/209

212　第五节　关于服务补救的几个问题
　　一、如何平息乘客愤怒/212
　　二、内部服务补救问题/213
　　三、服务补救中的乘客细分/214
　　四、投诉处理与服务补救的异同/214

第九章　空乘服务职业素质及职业道德　217

218　第一节　空乘人员的职业素质和要求
　　一、空乘人员在民航运输中的重要作用/219
　　二、空乘服务工作的职业特点/219
　　三、空乘人员的职业素质和要求/220

226　第二节　空乘人员的职业形象和行为规范
　　一、礼仪修养的基本要求/227
　　二、空乘人员的行为规范/230
　　三、空乘人员的的行为原则/231

232　第三节　空乘人员职业素质的提高
　　一、提高空乘人员入门的门槛/233
　　二、培训/236

239　第四节　空乘人员职业道德规范
　　一、职业道德的内涵及养成/240
　　二、空乘人员职业道德/242
　　三、空乘人员职业道德的主要规范/243

附　录　249

249　国内主要航空公司服务理念简介

第一章 空乘服务概述

课前导读

本章全面地阐述了空乘服务的概念、内涵和特点;从社会价值角度分析了空乘服务的性质与要求;并根据当代民航服务的发展趋势,分析了我国空乘服务存在的问题及对策。空乘服务是技术性、思想意识以及亲和力相结合的综合性工作,它对从业者有着很高的要求。

教学目标

1. 明确空乘服务的概念与内涵,加深对空乘服务的理解,强化对现代空乘服务的全面认识。
2. 理解空乘服务的核心与本质,建立对空乘服务认知的完整体系。
3. 掌握空乘服务的特点,了解空乘服务的基本要求,明确职业养成的基本问题,建立职业发展的基本思路。
4. 了解我国空乘服务存在的基本问题及对策,建立责任感、使命感,明确从业者的努力方向。

服务,作为一种体验式产品,可以说是社会进步的标志之一。而作为航空服务工作内容之一的"空中乘务",其独特的服务环境、服务程序、服务内容以及服务提供者在服务过程中所展现的魅力,使其成为高品质、高层次服务的典范。为旅客提供安全愉悦的旅行体验,这一目标不仅融入了空乘服务的每个细节,更凝聚了空乘服务者无私奉献的航空精神。

就空中乘务人员所展现的内在与外在的和谐之美、高雅气质所渗透的精致之美、服务中温馨细致所体现的人文关怀,以及面对复杂飞行环境的淡定从容而言,空中乘务所展现的职业之美已经远远超越了服务表象所展现的形式之美,渗透着丰富而深刻的职业内涵。

也正是在把服务的普遍公理应用于空乘服务职业中、并在面对看似平凡甚至微不足道的点点滴滴细节中,空乘服务才得以升华,空乘这样一个在 3000 尺高空的职业才成为其他服务行业及从业人员的一面镜子。同时,也在一定程度上带动了整个社会服务水平的提升。

当我们享受空乘服务,当我们向往从事空乘服务工作,当航空公司把对乘客关怀的理念通过空姐的服务得以传达的时候,需要人们对空乘服务的内涵进行思考与分析,对空乘服务进行深刻认识与高层次的理解。

第一节　服务的概念与延伸

一、服务概念的解析

服务作为一种社会现象,是社会运行的基本条件,存在于社会生活的方方面面,渗透在人们生活的每一个角落,体现在于人与人之间相互依赖的关系之中。在复杂的社会运行系统中,每个人都非独立存在的个体,如果没有他人的帮助,其生活和各项活动就不会完美顺畅;同样,别人也需要你的帮助。这种人与人之间相互帮助、相互依存、互为存在条件与存在目的的关系,已经成为现代社会的本质。

同时,在社会经济运行中,服务也是一个庞大的产业,或者是一个产业链中不可或缺的组成部分。随着社会与经济的进步,社会分工更加明晰,服务成为一个产业或产业的有机组成部分,正满足着人们生活的方方面面,推动着社会有效地运行。可以说,服务无处不在、无时不在,没有有效的服务体系与服务实施,整个社会也就停止了运转。

然而,尽管现代社会中的每一个人都无时不在享受着服务,期待着服务所带来的便利与愉悦,但人们对服务仍然缺乏全面而深刻的认识,甚至存在很大的偏见与误解,这也是制约行业服务水平整体提高的首要因素。

(一) 关于服务的若干观点

1. 朴素的服务观

服务的微观基础是朴素的服务观,亦即在人与人交往接触中为他人提供便利或帮助的行为,其具有很强的自然与情景性,表现在"需要——帮助"的完美结合。

朴素的服务观的价值在于它是不同层次服务的基石与土壤,也是一种服务的环境与氛围。无论再高大精深的服务,当我们进行解析的时候,都会挖掘出三大要素:第一,主动意识,也就是"我愿意",人性和善良自然流露的时候,会让人感动;第二,细节至上,亦即"服务愈精细、服务者愈方便",细节是展现服务品质的重要因素;第三,服务者的内心体验,这是服务品质的保障,服务者只有展现出对服务的良好内心体验,服务才能具有温暖,服务者的行为才能持续与再现。

所以,无论多么博大精深的服务理论与完美的服务体系,都离不开朴素服务观的基础;再高超的服务技能,都离不开服务细节的磨炼与细小行为的积累。当朴素的服务观不能置于人们内心的时候,服务就成为人们望而却步或者是围观的情景。当审视社会进步层面的时候,当朴素的服务观扎根于每个人的内心的时候,当服务的动机油然而生的时候,我们再谈服务品质,谈行业的服务,才有真正的基础。

2. 服务的交换观

服务是买卖双方交易的行为与结果,是基于服务契约的企业行为的总和,是一种买服务与提供服务的均衡。契约是约定与约束,也是一种以诚信为基础的规范服务行为。服务的市场需求性是推动服务向规范化、职业化、行业化发展的根本动力。需求会推动服务的发展,服务需求满足方式的不断创新又会拉动需求层次的不断攀升。服务的需求与服务的提供两者是孪生的关系,服务契约的深刻内涵如果能够得以兑现的话,服务的交换观可以表现为服务的自律、道德及规范。但如果将服务关系禁锢在形式化的交换关系中,服务的契约关系就很难将完美服务呈现出来,条条框框的服务契约背后,容易缺失灵魂的贯穿和人性化的关怀。此其中最根本的问题就在于:服务是基于关怀与方便的自觉性行为,契约可以约束服务的内容,但无法约束服务者的心理状态。

可见,服务的交换观是服务的框架结构,展现的是一种基本形态,将良好的服务心态与服务意识融合于内,才是服务的真谛所在。

3. 服务的目的观

服务的目的观认为:服务作为组织(企业)的有目的的行为,是以寻求组织的发展为基本目的,通过服务活动获得最大的经济效益。因此,服务是在满足服务对象需求的前提下,以最低的成本获得最大的收益。

固然,企业作为经济组织,持续地保持均衡的投入与产出关系是企业维持再生产的前提,在满足服务对象需求的前提下,取得最大效益是企业发展的基本模式。这种对目的的追求,一方面可使企业不断地寻求满足服务对象需求的有效途径与对策,使企业的服务活动更能切入服务对象的需求点;另一方面,服务作为无形产品,对产品的体验更多集中在内心的感受与体验方面,离开了服务对象心理体验的满足,而目的性占首位的时候,企业的服务理念就容易出现偏差,特别是在服务中出现利益冲突的时候,满足服务对象需要就容易出现形态上的变化,进而破坏服务的完整性。

4. 服务的品质观

品质观指服务所体现出来的完美性、赏心悦目的境界以及服务对象所获得的愉悦的内心体验,表现在服务的细致、精致、贴心及便捷。就服务的深层次探讨而言,高品质服务需要具备如下几个要素:第一,服务环境优雅,是一个令人享受的空间与场所;第二,服务设计的完美性,每一项服务都能切入服务对象的内心需求;第三,服务者对服务过程的完美驾驭,通过其服务过程和行为,将服务内容与服务对象的需要完美结合,充分传递服务的精神及内涵;第四,服务规范的无缝隙性,能以"不变"的服务规范去应对所有的服务状况,做到服务内容全方位覆盖,服务过程自然顺畅,服务活动无瑕疵。服务品质观强调服务是一个完美的境界,除了其服务的系统性、完美性外,就是由内而外的在服务点滴中所展现的与众不同,它是建立在细微服务要素基础上的升华,具有观赏性、回味性。

5. 服务的过程观

这种观点强调,服务是经由服务过程而完成,优质服务需要完善的服务过程,没有服务过程即无服务结果。从服务分析来看,服务在表现形式上是把粗糙事件做得巨细,把巨细的事情做得精致,这就需要将服务进行"过程化"的分解,将服务通过服务要素与服务细节的动态结合,亦即通过服务的系统设计使服务预期通过程序得以实现。

服务作为无形产品,服务过程化是其特征之一。服务的过程即服务产品的产生过程,也是服务对象享受服务的过程。完美的服务过程是服务品质的重要基础,服务过程越精致、越巨细,服务所表现的服务意境越能深入人心,而且从服务的过程中可以让服务对象全方位地感受服务的魅力。但过程毕竟是一种表现形式,如果能赋予其丰富的内涵,服务的生命力就有了生存的沃土,这是人们对服务过程的期待与追求。

6. 服务的规范观

服务的对象千差万别，服务者对服务的践行也各有差异，如何使服务面对任何情况都能保持高的品质？这就需要规范服务行为，在不同的服务细节中体现出服务的一致性。

服务的规范观认为，服务行为均是建立在对服务行为事先设定的服务模式中，使任何服务状况均有一致性的服务准则与行为要求。当面对不同服务状况、服务内容、服务过程时，要知道服务细节的行为规范，不仅要知道该做什么，更要知道该如何做、做到什么程度。

服务的灵魂在于服务对象与服务者的内心交互作用，是基于情感与尊重基础上的行为。当以服务品质为前提时，服务的规范给出了如何让服务更丰满、内容更完备，但不能保证服务的喜悦与自然流露情感的交融。所以，服务规范观是服务的基础，更需要将服务内涵与服务精神渗透在服务的规范中，才能彰显服务的美好预期。

从上述分析中我们可以看到，服务是一个经由服务灵魂感染的行为，契约是约束，目的是动力，品质是享受，过程是体验，规范是标准，如何将服务的不同要素有机结合在一起，是我们研究与认识服务的核心问题。

（二）服务的概念

如何定义服务？服务是现代生活中最依赖而又最平凡的词汇，但从不同的层面，我们可以给予不同的解读，赋予不同的个性，但都会把服务简单地归为"从交心开始，发展到知心，最后是开心"，也可以升华到"服务是一种内心对话，是一种互动境界"。

厄尔·萨瑟（W. Earl Sasser）从服务主客体关系来看，把服务定义为："服务是顾客通过相关设施和服务载体所得到的显性与隐性收益的完整组合"。ISO9004-2中，把服务定义为"服务是为满足顾客的需要，供方与顾客接触的活动和供方内部活动所产生的结果"。

从另一个角度讲，服务作为企业的有目的的行为，是一种积极而周密的互动性活动，其责任、规则、规范尚不能说明所有的内涵。尽管不同的服务行业所涉猎的服务内容各有差异，但其共性中，至少包括以下基本要素：

第一，服务一定是围绕着消费者的需求展开的，满足服务对象的需求是服务的基本特征；

第二，服务过程是完成服务诉求的基本途径，服务过程展现的服务精神与服务的精致，是服务品质的最好体现；

第三，服务是以服务者为主体的积极行为，离不开服务者、服务组织的态度与意识，离不开对服务的良好设计、有效组织与监控；

第四，在服务规范框架下，服务者需要由心而至的服务行为，服务者的服务职业素质决定着服务是否能给服务对象愉快而深刻的心理体验；

第五，服务创造信誉，积累企业的美誉度，是企业发展的无形资产，所以服务必须为企业的发展提供正面的支撑，与企业宗旨相违背的态度、想法与行为必须得到根除。

第六，服务必须展现完美的境界，需要无缝隙、无空白的完善服务，自始至终关注服务对象的需求，关心其冷暖，对服务对象的必要需求负责，而不是空中楼阁、望梅止渴。

我们讨论服务，从多个层面认识服务的内涵与外延，就是从认识服务的过程中，去展现服务的特征，挖掘提高服务质量的基本思路与实现服务宗旨的基本途径。

通过上述分析，我们可以对服务进行这样的定义：服务就是以目的性为前提，按照一定的契约关系，以承担、承认、服从为行为要素，致力于为服务对象提供完美结果的综合性活动。

这样定义服务，是基于以下考虑：

第一，服务具有社会层面与企业层面的双重作用。从社会层面看，服务状态是社会进步的重要标志，服务从微观与个体之间关系上映射着社会成员之间的依存关系。好的服务状态，能拉近人与人之间的心理距离，使社会运行得更加顺畅；同时，社会文明与也会反作用于服务的含金量，文明水平加深了人与人之间的相互情感交流。当人们面对事情的自我责任比较明确时，相互帮助就会成为一种常态，相互帮助就会成为人们的生活方式，服务的要素就有了扎实的基础。从企业层面看，服务首先是企业生存与发展的需要，是一种有目的的企业行为，是企业提供的一种满足社会需要的产品。在契约精神下，规范的行为必不可少，但服务本质是服务的便利性与感受，是服务体验后的企业形象与人脉的积累，所以企业发展离不开优质的服务。

第二，服务者是服务的实施者。服务行为需具备两个基本条件，亦即服务者的主观能动性及服务的能力。服务者是社会人，社会的价值取向作为一种环境因素会影响其服务心态与价值取向，服务者的素质决定着是否会尽心尽力把服务做好并做得完美。其中，"承担、承认、服从与致力"成为决定服务状态的核心要素：

（1）"承担"：是指从职业角度看，服务者应该承担的职业责任。从事服务活动亦即是一种职业，承担的责任不容推卸，这既是从业者对服务对象的承诺，也是一种行为约束,履行责任是对服务者的基本要求。

(2)"承认":是指从行为过程看,服务行为应该基于主动的心态。服务者能从内心欣然接受服务的责任,其行为就会更加主动;当服务成为一种主动行为时,内心体验就会有愉悦的感受,服务行为才能持续,才能坦然面对服务中的困难,服务过程才能从必然成为自然。

(3)"服从":是指从服务的主客体关系看,在服务过程中,服务者与服务对象之间的内心与行为是一种交互活动。服务者的服务过程必须服从需求者的愿望与要求,将自己定位为他人意志的实现者的角色,在平等的人格关系基础上,发现并满足服务对象的需要是服务行为的基本任职责。服务不是主导服务对象的意志,而是顺应服务对象的需要,以满足服务对象需要为行为准则。

(4)"致力":是指从行为结果看,不同的行为方式所产生的结果差异甚大,而完美体现服务无形性和内心体验性的特征,就要求服务必须由心而发,在主动意识引导下,将服务做得尽善尽美。

第三,服务的行为具有隐形性,具有明显的心理活动的特征,且不局限于利益关系,因为利益关系永远无法包含服务的真正内涵。

第四,服务是一种综合性活动,各服务要素相互配合才能使服务呈现完美的境界。服务者的诉求(服务文化)、服务者的素质、服务设计、服务规范、服务环境以及服务过程的驾驭等,都会从不同角度作用于服务对象的内心感受,每个因素的缺陷都具有对服务质量的否定效应。因此需要从系统的角度看服务,调动一切积极因素,全方位为服务对象提供良好的内心体验,这样才能体现出服务的品质。

通过上述分析,我们可以看到:服务活动包含在有形与无形之间,无法完全用契约加以约束,更不是能用规范和内容来进行诠释的,服务是以满足他人利益诉求为目标的心理与行为相互统一的一项工作。

案例

第二次世界大战结束后,有一个知名的生产燃煤取暖炉的企业,产品在市场上销售得非常好,但是其燃煤排渣系统和排烟系统存在质量问题。有一对老夫妇购买该产品后,由于其严重的质量缺陷,致使老夫妇经常处于"烟雾缭绕"的空间中,雪白的墙壁全部变黑,而且燃烧的排渣将全新的地毯烧出两个大洞。老夫妇按照产品说明向生产厂家提出产品质量问题的投诉。按照公司产品质量保障协议计算,这将是一个不小的赔偿数字,厂家领导没有人敢去面对损失的处理和客户愤怒的责难。万般无奈之下,一个年轻的销售员主动承担了这个责任。

他在去之前已经做好了接受指责的准备,心里装满了歉意和赔偿全部损失的诚意。他来到老夫妇家中,看到自己公司的产品造成的"黑色世界",他一再向客户表示道歉和处理的诚意,提出不仅要赔偿老夫妇的全部直接经济损失,而且为了公司的社会形象,再额外给予客户一些经济补偿。万万没有想到的是,老夫妇听到年轻人的道歉、看到他的诚意后,主动提出:他们已经退休,房子可以自己粉刷,公司只需提供涂料即可;地毯的洞也不需要补上,只要求公司按照两个洞位置的大小给予一块地毯垫上掩盖即可;至于炉子问题他们只要求公司给修理一下即可。复杂的问题在服务中化解了,也溶解了冰冷的心。

案例分析:

服务的复杂性不在于服务技术本身的复杂性,而在于如何妥善处理服务细节与服务对象内心感受的接近度。本案例中,面对服务缺陷,逃避是一种侥幸心理,终究还是要解决问题。服务者之所以有回避心理,根本在于他不了解服务对象的真实心理,而先在自己内心筑起了一道防护墙,与消费者隔离。其实,很多时候服务对象需要的不是物质方面的满足,而是内心的平衡,也是对服务者态度的一种考验。当服务者放低心态,主动面对问题的时候,所有问题也许就迎刃而解,面对问题就会赢得服务者的尊重。

"服务"的英文 SERVICE 带给我们的启示

SERVICE 中的每个字母都表达着服务的基本要求和丰富的内涵,对理解服务有很多有益的启示:

S——Smile(微笑):服务员应该对每一位旅客提供微笑服务,所以微笑服务是服务的第一要素,也是最基本的服务要求。

E——Excellent(出色):服务员应将每一个服务程序,每一个微小的细节做得更加完美,服务工作才能做得更出色。

R——Ready(准备):服务员应该随时准备好为旅客服务,需要具有主动的、超前的服务意识。

V——Viewing(看待):服务员应该将每一位旅客看作需要提供优质服务的贵宾,尊重旅客。

I——Inviting(邀请):服务员在每一次服务结束时,都应该显示出诚意和敬意,主动邀请旅客再次光临。

　　C——Creating(创造):每一位服务员应该想方设法精心创造出使旅客能享受其热情服务的氛围。

　　E——Eye(眼光):每一位服务员都应该始终以热情友好的眼光关注旅客,适应旅客心理,预测旅客要求,及时提供有效的服务,通过与服务对象的互动过程,使旅客时刻感受到服务员的关心与爱心。

　　上述对服务综合性、系统性的描述,充分反映出了服务工作所承担的责任和完成服务过程应该具备的基本要素。

二、服务概念的延伸

(一)上升到企业层面的服务

　　上述对服务的认识是基于服务主体、客体、服务内容的联系展开的,是对服务的基本认识。从企业的层面看,企业的发展是建立在消费者利益满足的前提下的,离开了顾客利益的满足,企业长远目标的实现就成为无源之水,无本之木。现代企业组织,利益最大化是经营行为的基本动力和追求的目标,但实现利益最大化不是企业单方面行为所能决定的,特别是面对市场竞争,让消费者满意才是企业生存与发展的根本所在,这在本质上决定了消费者的需求导向在企业行为中的核心作用。服务作为企业与消费者直接接触的阵地,所引发的思考必然超越服务本身。

　　1. 企业服务的宗旨、观念来源于对顾客在企业经营中角色的认知程度

　　我们不妨从一个极端的实例说起。在某机场的某航空公司的值机柜台前,曾出现过这样一幕:由于天气原因,某航空公司的班机改变航班着陆机场,临时在某机场降落,等待天气允许时继续飞往目的地。乘客等待了近四个小时。这期间,该机场和该航空公司工作人员没有采取任何措施来安抚等待的乘客,甚至在乘客为了维护自己的利益与该公司值机人员交涉时,工作人员态度怠慢,出言不逊,致使乘客与航空公司的值机人员发生严重的冲突,造成机场一度秩序混乱,最后在保安人员的干预下事态才得以平息。问题暂时解决了,但带来的影响却远远没有完结。

　　我们无法评估这一事件对航空公司的影响有多大,但有一点是肯定的:怠慢消费者,就意味着失去了信誉,损害了自己的形象。其实,引申出来的问题是:消费者价值问题以及企业对消费者价值的认知,是企业决定消费者的行为,还是消费者决定企业的命运?如果从交换的角度看,企业提供的服务应等价于消费者的付费,兑现了基本服务内容,服务就完结了,不必考虑消费者如何思考,企业自主决定为消费者提供什么样的服务,也就决定了消费者的满意程度。而换位到消费者的角度,当消费者面临多种选择时,消费者不是"任人宰割"的对象,而是主宰消费行为的"上帝",只有在接受服务消费的过程中留下深刻的心理体验,企业的形象才能驻留在消费者的心里,也才能唤起消费者的重复消费行为和信誉的传播。因此,企业必须以消费者为导向,充分地认知"上帝"的决定地位,全面树立为消费者服务的理念,重视消费者的价值,把"全心全意为顾客服务"落实到服务过程的每一个细节中。

只有一个旅客的航班——服务无代价

一架从日本飞往英国伦敦的航班,因故不能起飞,航空公司决定说服乘客改签其他航班前往伦敦。除一位日本妇女外,其余乘客顺利改签,搭乘其他航班前往伦敦。只有这位日本乘客,坚持一定要乘坐英国航空公司(简称英航)的班机飞往伦敦。机组人员将情况向公司总部作了汇报,公司很快作出决定:从公司总部调飞机前往日本,接这位日本乘客前往伦敦!几个小时后,只有一名乘客的航班从日本起飞,飞往英国伦敦。第二天,在伦敦的报纸上刊登了有关"只有一名乘客的航班"的消息。大家都为英航不惜成本为乘客服务的举动所感动,也有很多人百思不解。其实,道理很简单,失去的可以计算的经济损失换来了无价的信誉,传播了英航的服务理念。"服务无代价"感染了无数的乘客,也赢得了市场。

2. 服务精神是服务的灵魂,贯穿服务的全过程,决定着服务质量

服务过程是由人来完成的,而人的行为源自于人的精神支撑。服务精神是基于人类的道德和良知,以及企业的社会责任与宗旨,全身心地为他人和社会服务的一种奉献精神。企业有了服务精神,服务就会系统全面,就会认知顾客的价值,将顾客奉为上帝;服务人员领悟了服务精神,服务就会主动认真,就会体现出关怀与喜悦,就会坚持不懈。否则,表情木讷、机械呆板,何谈高雅服务呢?服务精神从根本上决定着服务过程与服务质量,有什么样的服务精神,就有什么样的服务质量。

在比较空乘服务人员服务差异的时候,我们会发现,有的空乘服务是基于心的服务,感觉亲切贴心,服务热情发自内心,服务传递的是一种亲情;而有些空乘服务是基于服务规范的机械式服务,缺乏感情的自然流露,只是形式上的工作表现。服务人员作为企业服务精神的传递者,其服务行为的方方面面,各个细节都无时无刻不在体现着企业的精神;同时,从企业发展的利益出发,企业的精神本身又要求服务人员必须以企业精神为行为的导向与制约,要求每一个服务人员将自己的思想行为统一到企业的精神上。

3. 服务是集职业强制要求与个性理解一体化的行为

服务者对服务的理解与在服务过程中的态度决定着服务质量。尽管职业要求与服务规范是一个基本准则,但服务者的个体差异是客观存在的。从企业的行为来看,遵守基本的规范与制度是对每个服务人员的基本要求;而从事服务的人员也是普通的人,每个人都有自己的兴趣爱好、个性和价值。如果每一个服务人员仅仅按照服务的规范与要求完成服务过程,那么服务就失去了个性的魅力,也就失去了生命力。恰恰是服务者的个性魅力和服务艺术的差异,才使服务充满了活力与激情。通常情况下,服务过程必然显现出个性化痕迹,服务个体的人格魅力决定了服务的风格。服务是个体服务的集合,个体服务决定服务的整体水平。另外,服务的目的性决定着服务者必须拥有"服务型"的个性,特殊个体与职业个性的相融合决定着服务满意度。减少心理、情绪、个性在服务过程中的随机影响,需要服务者用正确的基本理念、坚定不移的信念支配自己的行动。

需要强调的是,服务是细致入微的工作,是一种付出。服务人员不是要张扬自己的个性,而是要通过个性来展示服务的魅力。所以,对服务者的性格、心理、意志品质等综合素质有着很高的要求。

4. 服务是一个无限追求的过程,优质的服务是无止境的

服务作为一种过程产品,给顾客带来的是一种心理体验,这种体验的心理强度无法用定量的方式衡量。不同的服务过程给顾客带来的体验是不同的,即使是同样的服务,不同顾客的心理体验也不尽相同,这是由人(包括服务主体与服务对象)的复杂心理过程所决定的。服务所追求的境界是让消费者满意,而服务是否能得到满意的评价,取决于服务者服务心理与服务技能、服务对象、服务环境等多种因素。满意的服务是就特定环境下、特定的服务主体、客体与对象而言的,是一个动态的过程,没有绝对标准可言;消费者需求的无限性、可变性和延伸性特征,消费者期望值、消费时的心理状态必然影响其对服务满意度的评价;同时,时代赋予服务的含义也在不断地变化,特别是对精神文化方面的要求愈来愈高。因此,优质服务是人们追求与渴望的一种境界,是一个不断攀升的追求目标,是服务质量时空上的延伸,也是服务主体永恒的主题和不断进步的永恒动力。只有不断追求与探索,才能达到服务的更高境界。

5. 服务是有生命的,是在心灵支配下的主动行为,它传递着爱心、真诚与喜悦

服务出发于人而且受益于人,必然承载着生命的主体对其他生命的尊重和重视。在新加坡航空公司(简称新航)的航班上,面对一个蹲式服务的空姐,乘客问道:"你不觉得累吗?"她的回答很让人感动:"我在为我的亲人服务,不会觉得累呀!"其实,在新航夜航的航班上,时刻可以见到空姐的影子,她们不停地工作着,能不累吗?她们把服务与传递亲情联系在一起,通过服务方式来表达对乘客的尊敬,服务成为传递生命信息的纽带,服务成为高尚的心灵的互动行为,这样的服务才是有生命力的。同样的一件事,用不同的心态去对待;同样的问题,用不同的心理去理解,其结果必然不同,带给人们的内心体验也有很大差异。

其实,服务过程仅仅是一种形式表达,它所传递的是企业的服务宗旨、企业的信誉、企业的产品质量、企业的品质以及企业的文化与信念。企业的精神铸造了服务者的灵魂,在服务者为服务对象付出的时候,每一个细节中,一个程序、一项内容、细微的动作,服务者内心的感受无时无刻不体现在服务之中,闪现着生命的热情,传递着心灵的互动。此时,服务就升华为一种心理体验,就是一种享受。

6. 良好的服务需要良好的服务系统的支持

服务是企业的行为,而不是简单的个体行为。企业提供给消费者的不仅仅是孤立的服务过程,而是一个服务的整体,与服务相关的任何因素都会影响消费者对服务的体验,消费者会从企业的整体来全面地评价企业的服务。比如,消费者经常会对某服务人员说:"你的服务无可挑剔,但我们对你们的单位不满意!"这就是说,消费者对企业的整体评价远远超过服务者的服务本身,这也就说明,服务者试图为消费者提供的各项优质服务活动,需要与服务过程相关因素密切配合。在现实服务中,有多少这样的情景使人遗憾:愉快的服务过程因一句话、一个细节或者一个细微的动作而遭到破坏。因此,服务是一个整体,是一个系统,不仅需要系统性设计,更需要全部员工的真心投入。

(二)服务的层次

随着社会的不断进步,服务的层次在不断地提高,将服务定位在不同的层次上,服务所达到的水平必然不同。只有高层次的服务定位,才能使服务建立在高标准之上,才能使服务达到更高的境界。服务的层次理论,描述了服务的层次体系,它是一种不断攀升的过程。

1. 用利服务(底层)

就是将服务作为取得利益的一种工具,表现为利益追求的明确性。比如,有些企业十分浮躁,急功近利、目光短浅,甚至见利忘义,对企业行为的不良影响视而不见。搞"一锤子买卖",利润至上、急功近利,是企业不能做大做长,行业不能做强的主要原因。这种服务是在眼前利益驱使下的"低劣服务"。

2. 用力服务(次底层)

就是在服务过程中着力于企业自身的主导作用,表现为强调自己的独立行为,服务过程过于生硬,缺乏柔性,缺乏对服务对象的考虑。比如,在服务业普遍存在的现象就是把服务当成一种简单的、程序化的过程,而不顾及消费者的需求心理,过分地依赖制度的作用,忽略消费者的价值。经常听到的一句话就是:"对不起,这是我们的规定,我无法满足你的要求!"制度是必要的,但任何制度必须有利于服务,使服务尽展其内在的魅力。目前,相当多的服务企业仍停留在这个层面,这种服务属于"消极的服务"。

3. 用心服务(优质服务)

就是把细微、细致、细心服务作为服务理念,把服务看作心爱的高尚事业,把消费者当成心爱的值得付出的"人",与消费者贴心,让消费者舒心,最后达到价值双赢。这种服务属于"优质服务"。

4. 用情服务(卓越的服务)

就是用情感打开消费者的心灵之门,服务者情有所动,服务过程以情动人,服务细节与情感相呼应。只有真情投入,为旅客提供体贴入微的服务,才能以真诚赢得旅客的信任,树立企业良好的形象。这种服务属于"卓越的服务"。

5. 用智服务(至高无上的服务)

就是集智慧之力于服务过程,将服务置于思考之后,主动的、超前的、预见性的服务。智慧是企业经营的灵魂,也是服务的灵魂,它体现着服务文化与艺术,标志着企业对服务问题的驾驭达到了一定的境界。这种服务叫"至高无上的服务",是最高层面的服务。

对至高无上服务的追求

原始社会,人们无服务而言,只是在偶尔的交流中闪现出服务的火花,但那不是主动的意识,也就无所谓对服务境界的追求;商品交换产生后,服务更多地体现出利益的驱动;进入工业化社会,服务成为一种发展的手段;进入现代社会,服务成为竞争与实现企业价值的不可替代的有力武器,对服务境界的追求,体现着不同企业的不同发展思路,而对不同服务境界的追求,从根本上决定着企业在行业中的地位。空中服务是服务发展轨迹忠实的记录者,也是服务本身最好的见证。从国外知名的航空公司(如德国汉莎航空公司、新加坡航空公司),到国内的品牌的服务小组(如厦门航空等),都体现着航空服务对至高无上的服务境界的无限探索。随着社会的进步、行业的发展和乘客需求的变化,可以预见,对至高无上服务的追求,将是航空服务发展的根本选择。

第二节 空乘服务概念的解析

对空乘服务最朴素的理解是基于对服务基本概念的理解而言的:空乘服务也是一种服务,不过它是一种特殊的服务,或者说是一种特殊行业的服务。空乘服务作为服务行业的标志,与其他服务行业相比,其服务环境(服务场所)、服务内容与服务对象都具有特殊性。

一、空乘服务的概念

从狭义角度看,空乘服务是一种企业经济行为的范畴,但对服务品质的体现已经无法限定范围。就空乘服务的具体行为而言,空乘服务是按照民航服务的内容、规范要求,以满足乘客需求为目标,为航班乘客提供服务的过程。对空乘服务的这种理解,强调空中乘务是一个规范性的服务职业,体现了空乘服务作为服务行业的基本特征。但很明显,狭义的理解无法涵盖空乘服务的全貌与本质,更无法体现空乘服务至高无上的境界。

从广义角度看,空乘服务是以客舱为服务场所,以个人的影响力与展示性为特征,将有形的技术服务与无形的情感传递融为一体的综合性活动。这种理解,既强调了空乘服务的技术性,又强调了空乘服务过程中所不可缺少的情感表达及内心的沟通与互动;而对空乘服务人员的个人素质与外在形象的特殊要求,以及在服务过程中所表现的亲和力与个人魅力,也包含在服务的内容之中。

广义的空乘服务强调:第一,品质特征,即服务过程的完美性。完美即是无缺陷、无可挑剔、无懈可击的境界。完美必然包括服务与环境的和谐、服务与内容的和谐、服务与人的和谐。在空乘服务发展过程中,航空公司不断地追求着文化理念、服务细节、亲情传递的完美结合,创造着崭新的服务境界。第二,人性化特征,即服务过程的温馨备至。温馨即轻松、自然、亲切、温暖与快乐,核心是服务人员将自己完全融合到服务过程中,融合到乘客的情绪之中,心随乘客心而动,以暂时的自我"丢失"换来乘客的喜悦,以充分的个人展示换取乘客"忘我"的体验。第三,个性化感染,即服务个人魅力的必要性。温馨的服务氛围是通过服务者的个人魅力与高超的服务艺术创造出来的。人是服务过程的核心因素,空乘服务人员的个性影响力与展示性成为空乘服务不可或缺的重要因素。尽管我们不能过多强调空乘服务人员外在特征的重要性,但离开了空乘服务人员良好的外在条件,至少可以说缺乏了空乘服务的"灵气"。我们赞誉航空公司的服务,空姐的良好形象是不可缺少的要素之一,空姐的美丽与高雅,在一定程度上代表着航空公司的形象,也是树立公司品牌的有力武器。

心理学的研究结果显示:人的心理活动首先来自于外部环境信息对视觉的影响,外部环境的第一信息尤为重要,当人展示出自己身上的魅力后,其以后的活动就都具有魅力,亦即"首因效应",其决定着人的心理活动与情绪变化。魅力与人的外貌、气质息息相关。从心理学角度来说,魅力具有感染力,它对服务质量与服务境界具有一种潜移默化的作用,将个性魅力、服务环境与服务内容完美地结合起来,便形成了服务的个性。所以塑造个性魅力,应该是一个优秀空中乘务人员不懈的追求。

"空姐"的来历

"空姐"是"空中小姐"的简称,而"空中小姐"最早出现于1930年5月。早在1914年2月,世界历史就有了首次航班。1919年6月12日至

15日,出现了第一次国际飞行。自1919年8月25日起,定期国际航班开始通航。但在长达2年的时间里,飞机上的乘客一直是副驾驶员负责照顾的。

1930年5月,美国波音公司驻旧金山董事史蒂夫·斯迁柏森有一天去一家医院看朋友,随后同该医院护士埃伦·丘奇小姐聊起天来。埃伦好奇地向他询问飞机上的有关情况,他却遗憾地表示:由于乘客对飞机的性能不了解,为安全起见,他们喜欢坐火车而不愿意坐飞机,即使飞机上的乘客不多,也是什么样的人都有,需要各种服务,副驾驶员一个人实在忙不过来。埃伦不由得想起她所照料的那些病人,便脱口而出:"你们怎么不用一些女乘务员来从事这些服务呢?根据姑娘们的天性,是可以改变这一现状的。""对!"史蒂夫恍然大悟,惊喜地叫了一声,连连拍手称妙。随后,史蒂夫给波音公司主席的年轻助手帕特发了一封电报,提议招一些聪明漂亮的姑娘充当机上服务员,还给她们起了个美名——"空中小姐"。

公司主席很快便采纳了史蒂夫的意见,还授权他先招8位姑娘,建立一个服务机组。史蒂夫高兴地将这一消息告诉了埃伦小姐,埃伦又高兴地将这一消息转告给了其他的护士。于是,不到十天,埃伦和另外7位护士就登上了民航飞机,并于5月15日在旧金山至芝加哥的航线上飞行,从而成为全世界第一批"空中小姐"。

其他航空公司见波音公司"新招见奇效",无不竞相效仿,也开始大选"空中小姐"。这一做法很快风行世界各地,"空姐"也便迅速发展为全球性的新兴职业。

二、空乘服务概念的延伸

空乘服务的过程除了提供必要的规范服务之外,它传递着一种精神、传承着一种文化、代表着一个民族的基本特征。因此,对从业者有着很高的要求,包括文化素质、修养程度、意志品质、技艺水平、机智灵敏和持之以恒精神。

当然,我们在认识空乘服务的时候不能脱离服务的本质,因此,我们也要了解空乘服务是一种平凡的工作,空乘人员是普通的人。

说空乘服务是一种普通而平凡的工作,是因为空乘服务尽显服务的本质;说空乘服务特殊,是因为空乘服务恰恰是服务本质与服务外延的完美结合。空乘服务的外延既源自于内涵,又超越于内涵之上;既体现着内涵,又扩展了其意境。

空乘服务的神秘、高雅、清新光环,也恰恰体现在空乘服务的特质以及服务本身外延性所体现的意境中,决定着空乘职业定位与职业发展的趋势。

(一)空乘服务是传播理念、传递爱心、表现耐心、奉献真心的过程

第一,空乘服务过程是航空公司服务于乘客的重要组成部分,它代表着航空公司对乘客的态度及公司的服务理念,实施着公司为乘客服务的整体设计方案。从空乘服务的过程与空乘服务人员的表现,可以窥见航空公司对乘客的态度与服务宗旨。

第二,传递爱心是空乘服务的一种境界,是空乘服务活的灵魂。爱就是对对方的敬仰之情,对对方无微不至的关怀,愿意为对方付出。空乘服务中,空乘服务人员与乘客的接触具有持续性,直面个别交流多,没有爱心就无法体现出关怀。空乘服务需要爱心,也是飞行中乘客所处的状态所决定的。服务人员需要通过舒展的动作、深情的眼神、友善的面孔、亲切的微笑、细微的服务来体现爱心。

第三,表现耐心体现出空乘服务的另一方面,即空乘服务是个艰苦的工作,需要面对复杂的乘客群体,需要具有耐心和坚定的意志。很多业内人士认为,一个成熟的服务人员,耐心与坚定的意志是决定职业生涯的关键因素。美丽的光环背后,其实是踏踏实实、普普通通的工作,无论在何种不利的环境下,也必须无条件地坚持,必须有足够的耐心。

第四,奉献真心就是"以心换心"。真心才能带来真实、热情,真心才能让乘客体验到"宾至如归"的感觉,真心才会引发心灵的交流,一切可能的障碍与误解才会随之消失。

(二)空乘服务必须协调各种有利因素,确保航班安全

安全是民航的生命线,飞机安全的重要程度远远超过其他运输工具,没有安全就没有飞行。空乘服务的各项活动都是在动态的服务时空环境下展开的,飞行状态(包括飞行前的准备状态与着陆)、飞行技术、飞行环境的复杂性(空域条件和客舱环境)决定了飞机在执行航班任务时一直处于非确定状态,而作为航班任务的执行者,机组人员必须无论在什么情况下,都把飞行安全放在首位,空乘人员必须具备强烈的安全意识和献身精神,并具备熟练处置各种危机情况的技巧,确保飞行安全。

(三)空乘服务具有明显的国际化特征

民航是国际化程度较高的行业,国际民航组织与国际联盟在民航的技术、服务规范等方面均具有国际化的标准与基本准则;同时,各国领空的开放,航班的国际交叉越来越多,交流的机会更加频繁,各国的空乘服务均渗透着文化的痕迹,反映着不同航空公司的服务理念,也就形成了不同的服务风格与服务模式。同时,国际化推动了各国空乘服务水平的提高,在空乘服务的共同目标和服务规范下,各国民航不断吸收他国空乘服务的优点,推出个性化服务,建立了适合本民族特点的服务模式。如国内航空公司与国外航空公司空乘服务人员的交流制度就体现了国际化的趋势。

(四)空乘服务展示着一个民族的品质

一个民族在长期的发展中,沉淀了自己的文化与传统——民族的特征,这些正是其屹立于世界民族之林的宝贵财富。空乘服务作为重要的展示窗口,一方面,通过具有民族特色的服务向各国人民展现其民族特征,不同的国家人文环境与服务理念的差异,使其服务更具民族性;另一方面,各国人民也是通过空乘这一窗口,来了解一个民族的文化与传统,认识一个民族的素质、修养、文化与观念,形成对一个民族特质、素质等整体形象的认识。因此,民族性是每个航空公司空乘服务的最大特点。大韩航空公司的空中乘务反映了大韩民族的细腻、温馨、内敛、含蓄;新加坡航空公司空中乘务反映了其严谨科学的服务追求;德国汉莎航空公司的空中乘务具有浪漫轻松的服务氛围等,均具有鲜明的民族个性。

民族性是空乘服务的外延特征,既超出于服务范围之外,又体现在空乘服务之中,是其职业特点所赋予的基本属性。与其说空乘服务是个服务性工作,倒不如说它是一项展示性工作,是各个国家展示民族魅力的舞台。空乘服务不仅代表着航空公司的形象,更代表着一个民族的整体形象,在小小客舱内,在有限的服务时间内,一个民族的素质尽显无遗。因此,对空乘服务提出更高的要求,对空乘人员寄予更多的期望,甚至过于挑剔是情理之中的事情。作为空乘服务人员,必须具有民族的使命感与责任感,在展现个人魅力的同时,从大局着想,不断完善自己,在自己的行为中凝聚民族的优点。

(五)空乘服务是美丽的化身

这里的美包括服务者心灵之美、形象之美、语言之美、举止之美、过程之美,是"天地合一"同"内外合一"的境界。人们之所以把空姐比喻成美丽的化身,空乘服务作为服务行业的标志,就在于空乘服务渗透出来的和谐与美丽,勾起人们对享受空乘服务的美好愿望。

日本航空公司空姐的魅力

1954年2月,日本航空公司(简称日航)开辟了它的第一条国际航线,即从东京至美国旧金山的航线。当时的日航是一家小型航空公司,和美国的泛美航空公司、西北航空公司等大型航空公司相比,日航很难在这条航线上与它们竞争,因为当时国际民航协会规定,各家航空公司的国际航线的票价必须一律按接近统一的价格收费,绝不能公开以低廉的票价作为推销手段,那么日航成本较低的优势无法得以发挥。这样,规模较大的航空公司,就有能力竞相采用最新的机种,并在航线和班次方面以多取胜。

鉴于这种情况,日航觉得在广告宣传方面,必须体现出日航独有的特色,才能在与各大航空公司的竞争中立于不败之地。于是他们把目光放在了航班的服务上面。当时,各家航空公司的广告几乎都无一例外地宣传自己"有珍馐美酒款待,有精致点心供应,有腿部可伸屈自如的宽敞座位,有殷勤周到侍应的空中小姐"。日航的广告代理商——日本BKI公司的策划人员经过周密的调查和分析后发现了一个看似不相关的问题:那就是世界各国的人士,都普遍认为日本的女性最具有柔顺和体贴的美德。BKI公司的策划人员立即想到这是一个可以利用的宣传资本。因为无论是美酒还是点心或者机舱设备,都是很容易模仿的,但是日本小姐在人们心目中的这种独特魅力却是谁也学不会、拿不走的。

因此,BKI公司形成了一个构想:将日本女性的这些独特优点,与日航空中小姐的服务联系起来,让空中小姐体现出人们心目中完美的日本女性形象,一定能形成日航的独特之处,使得日航的服务具有与众不同的竞争力。这个构想很快得到了日航的认同和采纳。身穿和服的日本空中小姐在机舱内侍应乘客的优雅形象,立即在世界各大都市的各大传播媒体上出现。BKI公司更趁势宣扬广告里的空姐中藏有所谓"由美的秘密"及"道子的魅力"等传奇式的故事。结果这些广告手法吸引了许多外国乘客,想看看"由美"和"道子"这两位身穿和服的空中小姐的真面目,享受一下日本女性优雅柔顺的款待。

紧接着,日航的广告又对身穿和服的空中小姐的形象不断加以完善。他们描绘道:"她们深谙款客艺术——相信比任何人更精于此道——因为她们曾受到日本传统的熏陶。"广告中还提道:"她们所表现的,是日本的特殊礼仪教育,亦是1200余年来,殷勤款客的一种生活习惯。"

时隔不久,日航决定将这一取得初步成功的形象再进一步完善,并打算将其设计制作成为一个有连贯性和系统性的可爱又动人的服务形象。经过改进后的日航空中小姐形象仍是一位身穿和服的日本女性,模样甜美可爱,笑容温馨动人,待客的姿态仪表十分优雅别致。日航公司随后将这个形象在世界各地的各种传媒中不断加以强化和宣传,后来人们常常见到的便是这么一组画面:在提供饮料时,这位日本空中小姐笑意盈盈,双手托盘奉茶;在指导乘客使用筷子时,她的动作和表情温柔可亲;在回答乘客询问时,她注目微笑,纤手半掩樱唇低声答问;在斟酒分菜时,她十分细心。这些宣传手法都充分展现了日本女性的柔美温情,从而深深地打动了消费者的心。

自1955年日航和它的广告代理商BKI采用这种服务形象以来,迄今已有50多年的历史了。其广告始终只在这一重点内寻求变化。在世界各地报纸、电视、杂志、海报、路牌等任何一种媒体的画面上,都一律采用这样的服务形象。这种有计划、有系统的广告宣传手法,使这个形象深深地印入各国消费者的脑海中,造成了很广的知名度和良好的市场效果。由于日航的业务很快扩大,不断增辟新航线,换用最新机种,再配合上这么可爱又动人的服务形象,日航在国际民航协会104家会员公司中的地位直线上升。

点评:

(1)每次遇到乘坐过日航班机的朋友,谈到对日航的感受时,一般都能听到这样的赞叹:"哇!日航的服务真好!"看来,日航的服务已经成了优质民航服务的代名词。这就给我们一个启示,一般的商品需要创品牌,服务业更要创品牌。因为服务是一种"软"商品,具有模糊和不可比的性质,消费者一旦接受了这种品牌,会比对"硬"商品的品牌更加忠诚。

(2)不过看了这个案例的读者请不要产生误会,认为日航的成功是靠广告宣传出来的,如果这样想就有些本末倒置了。因为一个企业的成功绝对是靠过硬的管理、正确的经营理念和优质的服务达到的。可以想象,如果日航的服务非常一般,空中小姐也没有体现出广告中宣扬的那种魅力,旅客们在大呼上当之余,一定不会再来追寻什么"由美"和"道子"的魅力了。

(六)空乘服务强调服务人员的综合素质

空乘服务是个既简单又复杂的工作。说其简单,是因为服务过程有明确的规范;说其复杂,是因为服务过程存在着诸多变数,而且这些变数会导致无法预知的结果。比如,多种因素可能导致一名乘客出现不满情绪。这种不满情绪,在地面的各种服务中不至于产生多么严重的后果,但在空中这样特殊的环境下,可能导致始料不及的结果,这就需要空中乘务人员去有效地控制。因此,要保证航班正常、顺利进行,需要空乘人员具备良好的综合素质以及灵活机警的应变能力,对客舱状况有良好的把握。

因此,在选择空乘服务人员时,要注重外在条件与内在的结合。美丽的外貌是展现人的第一要素,是首因,是必要的,对人的心理活动有着深刻的影响力,但不是决定性的。如果仅有漂亮的外表,而缺乏内在修养,漂亮就没有了生命力,会因为视觉疲劳和内在修养的欠缺而很快消失在人们的注意力之中。因此,空乘人员要内外兼修,实现内在美与外在美的和谐统一,保持长久的魅力,充分体现空乘服务的价值。

新中国空姐诞生

新中国首批"空姐"是1955年底,中国民航局在全北京市各个中学里,秘密精挑细选招收的,共计16名。加上原来从军队复员到民航的两名女战士张素梅和寇秀蓉,共计18人,后被戏称为新中国第一代空中十八姐妹。当时,"空姐"是神秘、庄严的象征。由于飞机性能落后,空姐的工作十分艰苦,做好服务是一种政治任务。从一种可望而不可即的威严职业,到今天空乘服务人员的大众化,人们对空乘服务人员职业形象的定位发生了深刻变化。

(七)空乘服务是简单服务细节在高品位目标下的升华

无论服务的目标如何定位,实现服务目标都离不开服务的细微工作,因为,最让乘客心动的是服务细节中体现的无微不至的关怀。如果说空乘服务与普通服务存在着差异的话,那么就是,在空乘服务高品位目标下,空乘服务的每一细节,如体贴入微的关怀、亲切的笑容、优雅的动作等,都传递着服务人员对乘客的体贴,传递着一种精神,体现着空乘服务的品位。

(八)空乘服务是一种职业

职业性是从技术层面上对空乘服务属性的确认。任何职业都具有职业要求、职业规范、职业生涯设计、职业道德的明确界定,客观上存在着不同职业之间的差异。我们说空乘服务是一种职业,恰恰说明空乘服务有明确的职业特性。

首先,空乘服务的技术性明确,在服务过程中有严格的技术要求,如客舱内应急设备的使用、突发事件的处理、服务的技术程序;其次,服务过程具有明确的要求与规范,强调保障安全的核心任务;再次,对职业道德、从业资格有明确的要求;同时,职业生涯设计也有明确的预期。这里需要特别强调的是,在国际上,空乘服务业普遍都被认定为特殊职业,认为它是在特殊的工作环境中付出特殊劳动的职业,也恰恰如此,空乘服务人员得到了较高的工作报酬,得到了社会的尊重。

总之,空乘服务是一个崇高的事业,它代表的不仅仅是一个航空公司的形象,更代表了一个民族的风范,体现着一个国家的文明程度,承传着文明与精神。

第三节　空乘服务的核心问题、本质及特点

一、空乘服务的核心问题

让乘客满意是空乘服务的永恒追求。那么究竟依靠什么来保证让乘客满意呢?乘客的满意源自于优质的服务,这取决于两方面:一是基于公司服务理念与服务体系、服务内容以及服务方式。服务体系、服务内容以及服务方式是服务质量的基本保证,只有将企业的宗旨、理念等服务文化要素渗透在服务过程中,服务才具有活的灵魂;同时,通过潜移默化的影响,激发责任感,将行为统一到全心全意为乘客服务的轨道上。二是空乘服务人员个体对空乘服务工作的内心感知与责任感,即发自内心地为乘客服务的主动意识与自觉行动,以及对自己行为的良好调节。决定服务质量的因素包括两个方面:公司的服务文化与人的因素。航空公司作为提供服务的主体,以提供满意的服务赢得永久顾客为其基本目标。为此,航空公司通过一系列逻辑设计来体现公司的意图,并通过具体的服务规范形成让消费者满意的方案,进而通过服务过程实现公司的宗旨。

可见,空乘服务的核心问题就是通过员工的自觉行动,完美地实现服务设计方案,让乘客感到满意,亦即通过服务过程将公司为乘客设计的服务系统转变为乘客所接受的期望收益。

这里有以下几个问题需要加深认识:

第一,满意的服务首先源自于建立在充分认识乘客需求基础上的服务方案的设计。这就是人们所说的"航空公司业务做得越复杂,对乘客来说就越简单"。

第二,空乘人员的主动意识决定着服务状态,也决定着服务质量,好的方案需要人去执行,而主动意识是执行力的关键。

第三,乘客的个性差异决定了个性化服务的存在价值,需要乘务人员主动观察、细心体验。

第四,完美的空乘服务是通过有意识的服务艺术将服务条件、服务内容、服务对象完美地结合起来,这也是空乘服务的生命线。

二、空乘服务的本质

从乘客与空乘服务的关系来看,空乘服务就是让乘客满意,让乘客的需求与期望得到满足。

(一)空乘服务的两种境界

从服务主体对服务对象的心理状态来看,空乘服务可以分为两种境界:发自内心的和谐服务和机械呆板的模式服务。

1. 发自内心的和谐服务

发自内心的和谐服务就是服务主体在心灵的支配下,与服务对象的客观需求达成和谐一致的服从与服侍行为,是服务者的行为与需求者的意愿、社会要求、群体规范相符的行为。此时,对于乘客的不违反法律以及不违背社会公共道德的要求,服务员都必须表现出服从,乐于被旅客"使唤"。这时,服务员必须暂时放弃"个性的东西",全心全意去理解和遵从消费者的价值观念。服从是服务业员工的天职,所谓"有理是训练,无理是磨炼",当服从成为一种行为习惯时,服从就成为一种自觉行动了。

在特定的环境下,老人需要照顾,小孩需要照顾,所有的人都需要照顾与关怀。所以客观地讲,凡是乘客,在飞行全过程中都需要照顾。服务应该是一种互相理解和互相宽容,在主观意识上永远想到他人,替他人着想。在航空旅行过程中,乘客是以"弱者"身份出现在服务主体面前的,在陌生的环境中,就像孩子需要母亲的照顾一样,乘客需要服侍者的"呵护"。

这里需要解释的是有关服侍问题。服侍就是伺候、照顾。在长期的人类关系中,服侍照顾有两个属性:其一,服侍照顾是自然的人类感情,是所有人彼此联系的方式。这种自然感情起源于人性,凡是正常的人都有这种服侍照顾的自然情感。但仅限于这种自然情感是不够的。需要通过教育和努力,将这种自然的感情培养成一种自觉的道德情感。空乘人员对乘客的服侍照顾应该是一种自觉的职业道德情感。其二,服侍照顾与道德和社会理想联系在一起,例如,人需要受到保护或需要得到爱。在这个意义上,可以将服侍照顾解释为个人之间存在的一种特殊的爱以及在特定情境下的伦理义务。需要进一步指出的是,空乘服务不是个性的表演,而是根据服务的基本规律结合自己所扮演的角色的常规要求、限制和看法,对自己的行为进行适当的调整的过程。服务中不允许抱怨,也永远不存在服务人员与客人"平等"的问题。这是由空乘人员的角色所决定的,即角色定位。抱怨来源于角色定位的错位,抱怨最根本的错误在于:没有明确自己的角色,总认为乘客是人,我们也是人。实际上,在为乘客服务的时候,服务的提供者永远不可能与乘客"平等"。因为乘客是消费的主体,而空乘人员所提供的服务是有偿的。乘客支付费用购买了航空公司的产品,包括:一是实物产品——航空器上某一座位在某一时间的使用权;一是无形的产品——服务,乘客购买服务的目的是要愉快安全地旅行。

作为乘务人员,需要正确理解平等的实践意义:第一,对所有乘客态度上一视同仁、同等对待;第二,所有乘客获得的服务内容与服务机会是均等的;第三,只要可能,应满足所有乘客最基本的需要;第四,乘客支付费用,就应该享受服务,员工付出服务,争取到的是自己的工资报酬。

2. 机械呆板的模式服务

当深入探讨导致不满意服务的原因时,我们很容易发现:服务人员机械的服务是引起人们不满的基本原因。疲于应付的态度、冷漠的面孔、机械的动作以及按部就班的服务过程,这些机械呆板的服务缺乏主动意识,使整个服务限定在固定的模式范围内。此时,服务人员为乘客提供服务成为一种负担,甚至表现出厌烦的心理状态,这也必然带来乘客的不满。

(二) 空乘服务的本质

上述分析表明,空乘服务的本质就是理解并尊重乘客的心理与意识,通过服务行为来满足乘客的需求,体现自己的价值,感受服务的快乐。

第一,高层次的空乘服务必须是发自内心的,从内心的情感出发,视乘客为自己的亲人,给乘客以无微不至的体贴、关怀、爱护、呵护。

第二,空乘服务过程是爱的传递,服务内容只是传递爱心与真诚的媒介,心灵的互动才是服务的真谛,需要空乘人员以航空公司主人的身份去传递公司的责任与使命。

第三,要把空乘服务作为一种主动行为,淡化个性,服从乘客的价值评价,创造性地改进服务。

"我愿意为你服务"

某航班就要起飞了,乘务员发现一名心神不安的乘客左顾右盼,似乎在期盼着什么。经验丰富的乘务员知道他是个需要特殊服务的乘客,需要特别的关心。乘务员走到这位乘客面前,投以关切的目光,询问情况。原来,这名乘客是第一次乘飞机旅行。平时有晕车的现象,另外对飞机的安全情况也不是很有信心,因此,飞机起飞后,他神色紧张,心里充满恐慌。为了消除这名乘客的恐慌心理,乘务员向他简单介绍了飞机飞行的情况、安全须知,并亲自为他检查了安全带,对乘客说:"您放心吧!飞行是最安全的运输工具,我会多来陪着您的!"乘务员还为这名乘客送来了饮料、面巾和机上读物。在飞机遇到气流、出现颠簸的时候,乘务员走到这名乘客面前,向他解释颠簸的原因,并询问他的情况。乘客的紧张情绪渐渐消除,脸上露出了平静的微笑。在整个航程中,乘务员十几次来到这位乘客面前,每一次微笑都给乘客传递安慰与信心,无微不至的关怀与帮助使这名乘客战胜了恐惧的心理。

空乘服务强化公司形象,创造永久的乘客群

据资料显示,人们乘坐航班时,社会公众对航空公司的评价成为选择航空公司航班的重要依据。我们同样坐航班前往目的地,但在不同的航班上所得到的服务截然不同,一路喜悦,一路欢快,自然期待着下次愉快的旅程;相反,冷漠的面孔,漫不经心的服务,心中油然而生的是漫长的旅途何时结束,希望这样的经历不再发生。这里,我们可以看到,愉快与否体现着人们接受服务的心理感受,良好的服务可以强化心理感受,接受服务就是一种享受,反之,则形成不良的心理反应。

在《商旅(中国版)》杂志(Business Traveller China)推出的2005年度旅游大奖评选中,新加坡航空公司被评为"世界最佳航空公司"和"最佳服务亚洲航空公司"。《商旅(中国版)》杂志颁发的奖项只是新航获得的众

> 多荣誉的一部分。新航凭借其在准时、效率、服务以及儿童设施等项目上获得的高分,被著名旅游杂志 Condé Nast Travellers 评选为2005年度"最佳远程休闲航空公司"。2005年8月,新航还在知名的德国商业杂志 Capital 备受瞩目的年度调查中,被选为"2005年度最佳洲际航空公司"。

三、空乘服务的特点

空乘服务是在特殊的环境下对特殊群体进行的服务,由于环境等因素的限制,空乘服务具有自身的特殊性,主要体现在以下几个方面。

(一)安全责任重大

乘客安全抵达目的地,是机组成员的基本任务。飞行安全涉及机组与乘客全体人员的切身利益,而飞行安全本身涉及人(机组成员、乘客)、机(飞行器)、环境(飞行气象环境)诸多因素。其中,人为因素是飞行安全的核心。空乘服务人员,既是服务员,又是安全员。在繁杂劳累的服务过程中,还担负着观察、发现、处理各种安全隐患及维持客舱秩序、消除各种危机事件对飞行与客舱安全影响的任务;特别是在紧急状态下,空乘人员作为机组重要组成部分,担负着面对乘客、面对危机的责任。因此,参与飞行安全管理是空乘服务人员的基本任务,安全责任重大,远远超过其他服务行业。

(二)服务环境特殊

客舱是一个特殊的场所,面积狭小,设施功能特殊,人员密集,而且客舱环境既受到飞行状态的影响,又受到乘客心理状态的影响,绝大部分服务工作是在运动中开展的,服务过程要受到飞行状态、各种规范的制约。因此,服务行为既有机动性,又必须符合规范的要求,在服务过程中机组人员要密切配合,发挥团队精神。

(三)技术性强,服务内容繁杂

首先体现在服务过程的技术性。因为飞行器在飞行中,不同阶段有着不同的特性,要求服务过程必须符合技术规范要求,不允许有随意性,如涉及操作规程、各种设备的使用、服务的技术程序以及与驾驶员的密切配合等方面。其次,服务内容的复杂性。服务的内容事无巨细无所不包,服务的层次至高无上,服务的技术精益求精,服务的环境千变万化,面临的情况无法预料。因此,需要乘务人员具备丰富的经验与灵活果断的处理突发事件的能力,以应付各种复杂的问题。

(四)顾客的期待值高,个性呵护需求明显

乘机的高费用、对空乘服务的高定位和在乘机过程中非常情况出现所需要的心理支持,决定了乘客对空乘服务有高的期望值。机票价格是所有交通工具中最昂贵的,目前对绝大部分消费者来说,乘飞机旅行仍是一种奢侈的消费,"物有所值"是消费者的基本观点,具有高期望值是情理之中的。且空乘服务"至高无上"的心理定位根深蒂固,存在着永无上限的心理期待。

另外,在飞行过程中,乘客需要心理支持,尽管需求通常呈隐性状态,但却构成了消费期望中不可缺少的因素。因为在飞行过程中的不同阶段、不同气象条件下,乘客可能会有不同的心理感受和身体反应。很多乘客甚至处于紧张状态,存在着恐惧心理。因此,需要服务人员采取积极措施,进行个性化服务,消除乘客的紧张心理,稳定乘客的情绪,并协助乘客缓解和消除飞行反应。

(五)对服务人员的综合素质要求高

由于飞行环境、服务对象以及服务过程的特殊性,服务过程中会出现复杂多变的各种情况和突发事件,这就要求乘务人员具有稳定的心理素质,临危不惧,果敢坚定;善于发现问题,果断处理问题;具有灵活的沟通能力和应变能力,能有效地与不同乘客进行沟通;具有很强的亲和力和超越自我情感的职业情感、充满爱心的服务等。这些能力超过了通常的服务范畴,需要空乘人员具备良好的综合素质。

第四节 民航事业发展对空乘服务的基本要求

随着航空事业的发展和人们需求的多样化,人们对空乘服务的要求越来越高,个性化服务的推广,使得空姐素质与服务质量对航空公司的影响越来越大。因此,审视当代民航事业的发展对空乘服务的要求是十分必要的。

一、影响民航服务发展的主要因素

(一)社会进步对航空公司的服务要求越来越高

随着社会的不断进步与文化生活的不断丰富,消费需求向更高层次、多元化

以及更细致全面的方向发展,客观上对民航服务的要求越来越高,而民航服务作为社会服务的标志,必将面临更严峻的考验。

(二)民航国际化的冲击

随着领空的逐渐开放,国际航空公司之间的交流与合作日益增加,现代航空服务的理念、先进的管理模式与服务模式,将对我国传统的空乘服务模式带来很大的冲击,这种冲击是不以人的意志为转移的。如何在我国传统文化的基础上,融入先进的服务理念,将决定我国空乘服务未来的发展走势。

(三)运输行业的全面竞争

民航是现代交通工具的代表之一,其发展受其他交通工具的影响。其他交通工具迅速发展以及服务水平的提高,必将对民航运输市场构成更大的威胁。在众多交通运输方式的竞争中,除了交通工具自身的特点外,竞争的就是服务。在火车、快客、轮船推行"星级"服务,空乘服务基本模式逐渐成为其他交通运输服务的基本模式的今天,空乘服务模式优势逐渐弱化,必须不断创新与完善,才能承担起服务标志的责任。

另外,航空公司之间的竞争,将打破垄断的限制,不同所有制的航空公司将在公平的市场竞争的环境下,施展其经营手段,争夺同一个市场。而服务竞争将是提升其竞争能力的主要手段之一。通过优质的服务,满足空乘的要求,通过个性化的全过程延伸服务,创造永恒的服务,这将是未来航空运输服务的基本发展趋势。

(四)乘客对民航服务的期望值

尽管乘坐飞机旅行越来越普遍,但消费者对民航服务的期望值不会降低。其一是乘飞机较高的成本,使乘客必然产生"物有所值"心理,追求较高的服务回报;其二是乘客需求的多样化所带来的期望值的多元化,每个乘客都有自己的期望值,满足乘客的个性心理是市场对民航服务提出的更高的要求。

(五)民航运输技术的进步

未来的民航运输将会向便捷、快速、大机型方向发展,服务过程更加复杂,服务的技术性更高,这就要求民航服务方面与之相适应,不断地提高民航服务的水平,为民航事业的稳步发展提供保证。

(六)社会监督机制的不断完善

民航运输具有公共事业的属性,关系人们的生活质量,随着社会监督机制的不断完善,对每个航空公司服务水平的评价将更公正,公众整体利益将得到进一步保障。

二、民航事业发展对空乘服务的基本要求

(一) 由"表"及"里"的服务转变

空乘服务的根本目的是通过让乘客满意,树立与维护公司的良好形象,提高企业的竞争能力,吸引更多消费者,使航空公司取得最大的经济效益。航空公司能够吸引消费者的不外乎四个基本要素——硬件、价格、安全与服务,而空乘服务最能直接传达航空公司对乘客的态度,乘客也是通过接受空乘服务来理解与评价航空公司对他的态度的。因此,空乘服务的过程必须让乘客从内心体会到他们在航空公司眼中的重要地位。只有做到服务形式与服务内容的统一、服务人员的内在修养与外在条件的统一,才能不辜负人们对空乘服务的美誉。

其实,消费者内心是最清楚不过的了,他们不会浪费机票所赋予他们的权利,也不会放弃这些权利所给予的评价权。他们要的是航空公司以他们的价值为核心的服务体系与服务过程,他们所在乎的是:航空公司究竟把他们放在什么位置上。乘客有能力辨别什么是发自内心的服务,什么是敷衍了事,什么是借口推辞,服务过程的点点滴滴都反映出自身的价值。面对这些情况,敷衍的、表面化的服务均不能从根本上解决问题,必须提高内在的服务质量。

由表及里的服务转变就是要求将乘客作为"亲人"对待,将服务作为呵护亲人的基本行为,让每一个服务细节都能体现出真诚、爱心、奉献,体现出乘客的支持对企业发展的决定性作用;通过细微周到的服务,让乘客开心、轻松、自然地到达目的地。由表及里的服务转变本质上就是提升乘客的地位,将为乘客服务落实在实际行动中,体现于服务过程的分分秒秒。而始终如一的服务作风,更是服务理念的根本转变。

(二) 由模式化向个性化转变

共性需求满足是服务规范制定的基本出发点,也是空乘服务的基本准则。但在文化、个性差异日益彰显的今天,消费者需求呈现的个性差异从根本上决定了服务艺术的真谛,因为共性需求相对个性需求来讲,更容易发现,更容易满足。个性需求在实际服务过程中经常出现,如有些乘客登机后就以休息的方式完成行程,期间不喜欢他人打扰;有些乘客却很张扬,不断地提出各种怪

异的需求。

纵观优秀的民航服务团队的风格与个性,不难发现他们的服务模式更着眼于个性化的服务。他们十分重视发现不同消费者需求的差异,提倡"超前"服务的理念,即在消费者的个性需求提出之前,主动地服务到位,使消费者倍感亲切温暖,满意之情油然而生。可见,在大众化服务趋同的今天,个性化服务必将成为未来空乘服务竞争的有力手段,谁能更好地把握消费者的个性需求,并很好地满足他们,谁就会得到乘客的信任,拥有更多的"永久乘客"。

(三)从重视自身价值向呵护乘客价值转变

目前,航空公司所设计的服务程序与内容,大多体现着作为特殊的运输工具、特殊的服务群体所具有的独一无二的个性。也就是说民航服务更多的是从"我能为你提供什么服务"的角度体现自身的优越性。事实上,乘客是一个近乎"挑剔"的群体,与航空公司、空乘服务人员,常处于对立状态,很多矛盾与不满,恰恰就是在对立情绪下产生的。因此,拉近与乘客的心理距离是服务工作的基本思路,航空公司应该以乘客的价值为导向,站在乘客的角度设计公司的服务内容与服务方式,做到你需要什么我就提供给你什么,与乘客建立起亲人式的呵护关系。

(四)由单一的服务向综合性整体的服务转变

高层次的需求往往表现在需求的复杂性上,高水平的服务体现在服务的综合性上。从消费需求的角度讲,消费者的需求是个整体,是多种需求心理的综合,只有多种需求得到基本满足,整个需求心理才能得到平衡,而单一地满足乘客某一方面的需求很难让乘客从内心感到满意和喜悦。正是由于需求的这一特点,未来的民航服务将由单一的简单服务向综合性复杂服务方向发展,建立服务整体概念,树立1%等于100%的服务质量意识。

由单一的服务向综合性整体服务转变的另一个方面就是服务过程的连续性。服务是个连续的过程,而不是以完成指定的服务内容为标志。在有些航班上,只有在特定时段才能见到服务人员,他们所提供的是特定的服务内容,而优秀的乘务团队无时无刻不在提供服务,他们在细心地巡视与观察中,不断地发现服务的机会,在最合适的时机及时地出现在需要者的面前,恰当、及时的主动服务所产生的效果远远超过被动服务所产生的效果。

(五)由"硬"服务向"软"服务转变

乘客利益的满足不仅是需求具体指向上的满足,更重要的是服务氛围、服务环境、服务文化所带来的心理感受提升后所达到的满足程度,也就是说服务的具体标准是满足乘客需求的必要条件,而不是充分条件。只有通过服务氛围去调动乘客的心理感受,升华乘客的心理感知,才能最大限度地满足乘客的需求,使乘客的心理满意达到心理喜悦的程度。如果我们将服务的具体内容比喻成"硬"服务的话,服务过程中的氛围、环境感染力、传递的感情就是"软"服务。只有"软"服务到位,"硬"服务才能具有生命力。比如,向乘客递上一杯茶,这是"硬"服务,而如果服务人员表情冷淡、眼神游离,那么乘客的心理感受是不言而喻的;如果服务人员带着微笑,用热情的眼神传达出无微不至的关怀,那么,乘客感受到的不仅仅是一杯茶,而是品味着一种文化,体验着一种亲情,唤起的是舒心的感受。

由"硬"服务向"软"服务转变就是要不断地增加服务的内涵,并通过服务过程将这些内容传递给乘客。这就要求空乘服务人员不断地提高自己的内在素质,提升自己的职业素质与修养,做到心与服务同在,热情与动作相辉映。

(六)由制度化服务向灵活化服务转变

服务规范是空乘服务的基本要求,是规范乘务服务的基本法规,但这些机械性的条款,面对个性化乘客的时候往往显得单调,甚至显得有些笨拙。有效的服务方式就是灵活性与服务规范的完美结合。各个著名的优秀服务团队,都有一个共同特点——以服务的个性化为基础的灵活性,即面对多变的服务环境与服务个体时的应变能力(灵活性)。经验丰富的乘务人员,可以很完美地处理各种复杂的服务问题,正是他们的经验积累增加了服务过程的灵活性,使他们善于驾驭各种服务环境与服务对象。

灵活性可谓是服务过程的"灵魂",它驾驭着整个服务过程,体现着服务者的整体水平,这就要求服务人员具备灵敏、机智、果断、驾驭力强等优秀的品质与良好的综合素质,这也是今后空乘人员选材、培养的基本要求。

三、民航事业发展对当代空乘人员的基本要求

空乘人员是航空公司服务理念的传递者,是服务过程的完成者,也是情感的交流者。因此,空乘服务人员不仅要具有美丽的外表,更重要的是要具备良好的内在修养、良好的心理素质、高尚的情操以及熟练的服务技能。概括起来,当代空乘人员基本要求有以下几个方面。

(一)外在条件

良好的外在条件可以在乘客的心理上建立良好的第一印象和亲切感,增加

感染力与亲和力。研究表明,美丽的外表可以增加人的魅力,而魅力使人感到安全、信任、可亲、可敬,也可以缓解心理压力;从更高层次上说,美是一种力量,美是一种环境要素,从美丽的整体来说,美就是生产力。而且,空乘服务人员展示着航空公司的形象,体现着航空公司的个性。因此,对空乘服务人员外在条件的基本要求是必需的。

需要指出的是,我们对外在条件的要求,目的是为了以外在条件为基础折射出内在气质中的整体美和亲和力,而不是简单的漂亮外表。

对于外在条件问题,很难用统一的标准来衡量,但其基本点是一致的。其一是亲和力,即微笑中表现出的真诚,眼神中流露出来的善良,表情中传达出积极向上的情绪;其二是协调,即身体结构的协调以及动作的协调,前者是医学上的定义(体形美),后者是动作上的协调(体态美)。

(二)意志品质

"性格即命运。"一个人的性格如何,与他一生的发展、生活、工作乃至身体都有直接的关系。通常人的性格主要由四方面内容构成——态度、意志、情绪与理智,它们形成一个统一的整体,构成每个人的性格。性格具有优劣之分,好的性格,这四个方面的表现应该都是上乘的,缺一不可的。其中意志起着特别重要的作用,它既能调控态度,又能调控情绪,并且促进和保证理智的充分发挥。空乘服务人员要面临复杂的服务环境与服务对象,因此对空乘人员的意志品质要求是必需的。

自觉、坚持、果断、自制是构成一个人意志品质的四个基本因素。主动自觉,持之以恒、坚强、坚持到底,做事果断、当机立断是意志品质的三个重要特征;自控能力是意志品质的重要体现,是意志品质的第四个重要特征。

鉴于意志品质在工作生活中的特殊作用,空乘人员的意志品质的考查与培养将成为今后招聘和培养空乘人员的重要方面。

(三)心理素质

在空乘服务中,经常遇到突发事件、复杂问题,需要冷静果断的处理。这就需要乘务人员具备良好的心理素质。经验表明,各种突发事件处置成功与否,取决于机组人员在整个特殊情况处置过程中是否具备良好的心理状态、是否采取正确的决策、正确的处置程序和方法。因此,作为一名成熟的机组人员,其技术素质得以充分发挥与具有良好的心理素质是分不开的。健康稳定的心理素质,有利于空乘人员面对各种突发情况具有稳定的、自控的情绪,做到处变不惊、沉稳果断、游刃有余。如果没有稳定的心理素质,机组人员很难镇定自若、迅速有效地处置复杂问题。同样,面对挫折、打击,甚至受到乘客不公平的对待时,良好的心理素质决定了其行为趋势,也就决定了行为后果。

(四)文化修养

文化是一个人思想意识、行为举止、道德风范以及价值观念的根基,通常所说的"服务在服务之外"就说明了文化修养对服务人员潜移默化的作用。我国汉代文学家刘向说:"书犹药也,善读之可以医愚。"所谓"医愚",从心理与保健角度讲,就是使人开朗、消怒化郁,提高对人生意义的认识,读书作为一种积极的思维模式,可以增强人的信心和能力。有良好的文化修养的人更豁达、心怀更开阔、更容易理解他人,更容易创造良好的沟通氛围。

文化修养支撑着人的品位、思维方式、内在气质以及合作意识,有利于塑造高雅的气质和亲和力,同时,深厚的文化底蕴有利于学习型组织的形成,有利于职业生涯的延续。因此,提高空乘人员的文化层次、文化修养将是提高空乘人员素质的重要手段。

(五)合作精神

合作是一种价值取向,在实际工作中合作是指能主动配合、分工合作,协商解决问题,协调关系,从而确保活动顺利进行,同时,每个人都在相互配合中实现了目标。现代社会中,合作是基本的工作方式,也是趋势性价值取向。

客舱内的工作环境十分复杂,所出现的突发事件都具有不同程度的危害性,同时,由于飞行技术的复杂性以及危机事务处理技术的复杂性,需要机组人员团结合作,分工合作,互相鼓励,密切配合。合作是一种精神,也是一种职业道德,合作是一种力量。因此,对合作精神的要求是选拔、培养空乘人员的重要方面。

(六)服务意识与技能

服务意识是服务人员主动、全面、周到服务的思想动机,是人们的服务行为的方向与驱动力。有了良好的服务意识,就可以很好地体察并马上满足乘客的需要。有的人会说:"你想到了,而我没有想到呀!"事后的领悟与超前的意识,使事情处于两种截然不同的状态,这就是服务意识的差别,也就从根本上决定了服务水平。

服务意识与服务技能,两者是辩证统一的关系。只有服务意识是不够的,必须有服务技能作保证,"服务意识到了,但没有做到",这是技能方面的差异。在提高服务意识的前提下,乘务人员还需要坚持不懈地努力,掌握全面、熟练的服务技能,保证服务质量。

第五节　我国空乘服务存在的主要问题及对策

与发达国家民航发展历程相比,我国的民航事业还处于发展时期。尽管经历了近几年民航体制改革的洗礼,新型的民航市场运行机制在逐渐建立,空乘服务不断地向国际化、规范化方向转变,但市场意识与服务意识仍然落后于民航本身发展的需要,面对国际竞争和人们对民航服务的期望,我国的空乘服务仍有很长的路要走。

一、我国空乘服务存在的主要问题

(一)服务文化形式化

"服务文化"所倡导的是人人倾心于为别人服务,人人以服务他人为快乐。尽管航空公司都在倡导服务文化建设,但内容轻于形式,文化并没有在绝大部分空中乘务人员的心中扎根。这是影响空中乘务的根本问题。我们知道当今的社会已经步入到"人人都是服务员,行行都是服务业,环环都是服务链,个个都是文化人,处处都显文化味"的服务时代。没有服务文化,服务就很容易流于形式;缺乏真诚,服务内容就显得苍白无力,没有热情。

(二)职业角色的错位

空乘服务是航空公司发展目标与服务宗旨在客舱这一微观环境中的具体体现。因此,空乘服务就是在微观环境下,实现公司的宗旨,充分地满足乘客的要求;作为乘务人员,就是致力于完美的服务。但现实中,人们往往将空乘服务神秘化,将"空姐"视为美丽的化身,过分追求形象化、形式化,忽视服务本身的内在规律。服务就是服务,没有服务就没有乘客的满足,也就没有稳定的市场。服务的形象化、形式化倒置了服务的根本,美丽不是服务质量的决定因素,只能在一定程度上提高服务的品位,丰富服务的内容。失去了服务之本,美丽与形式都是苍白的。

职业角色定位的偏差,一方面导致了对服务本质认识的片面化,忽视了在练就内功上下力气;另一方面导致空乘服务人员出现浮躁心理,使服务工作浮于表面。职业定位源自于服务的本质,服务的本质又决定了服务的内涵、内容与方式,空乘的职业定位就是全心全意、尽善尽美地服务于乘客。尽管业内人士都在重内在、淡化外在,注重服务质量、淡化服务形式上达成了基本的共识,但在空乘服务人员的选择过程与选择机制上,以"选美"为特征的趋势并没有改变,追求外在形象仍然是"空姐"选择过程的主要倾向。由于过分强调外在形象,削弱了内在条件的作用,而缺乏内在修养所带来的天生不足,无论采取什么样的措施,都很难从根本上扭转空乘队伍素质低下的现状。航空公司为提高服务质量所进行的一切设计、一切努力,都会大打折扣,"美丽"的作用也将荡然无存。没有内在素质为基础的服务技巧,服务工作很难顺利进行。空乘服务是实实在在的艰苦工作,需要意志、耐心,来不得半点虚假,扎扎实实做有利于提高服务质量的一切工作,就是服务人员的天职。

此外,职业定位的错位还会导致整个社会对空乘服务态度的扭曲,包括空姐的社会形象、对空乘服务的期望值,空姐个人行为等方面,这也导致了空乘服务环境诸多不利因素的滋长、空乘队伍不稳定等问题。

中外航空公司招聘空姐的差异

内航看长相

据了解,国内航空公司非常注重空姐的外形条件,近似"选美"。以某航空公司的招聘标准来说,对空姐的基本要求是五官端正、仪表清秀、身材匀称、肤色好,身高164cm～173cm。年龄一般为18岁～23岁,也有的航空公司将年龄限制在22岁以下。在学历上一般要求是大专。面试倾向个人形象、才艺等,外界反映疑似"选美"。

外航看素质

外航招收中国空姐对外形条件的要求宽松得多,更注重应聘者的综合素质、英语能力、心理素质、亲和力和服务意识等。在新加坡航空公司开出的招聘条件上,能讲标准的普通话和英语、学历在大专以上两项要求成为首选。而招聘年龄则放宽到20岁～30岁,有服务行业或民航业工作经验的35岁以下都有可能入职。

(三)空乘人员职业能力明显不足

职业能力是履行职业职责的根本保证,职业能力的欠缺不仅导致职业形象滑坡,更重要的是使空乘人员对空乘服务丧失足够的热情与信心。在空乘服务过程中,熟练的服务技能与灵活的应变能力是职业能力的基本要求,而职业能力的形成取决于两个因素,其一是教育水平,其二是职业经历。前者是受教育与职业训练的程度,后者是职业生涯的积累。而目前航空公司在招聘空乘服务人员时,对文化程度的要求普遍偏低,导致内在素质提升的空间狭小,领悟能力偏低,"知其然,而不知其所以然";从年龄结构看,从业者年龄偏低,职业生涯短暂,实践经验明显不足,同时,年龄的背后是生活经历、人生态度与价值观念的差异,这是乘务人员走向成熟不可逾越的过程。要知道,服务中的经验积累十分重要,遇到的问题多了,成功与失败的经历多了,再面对各种事情也就从容、振作与自信了。因此,空乘服务也是个经验型职业。

(四)职业激励机制不健全

人是企业发展的核心因素,决定着企业的发展。空乘服务是"人与人"之间交流最多的职业之一,需要依靠人的主观能动性。抽象而言,人需要在一定的环境与条件下才能满腔热情地投入到工作中来。空乘人员也需要有奉献于民航服务事业的环境与机制作为保证,才能够最大限度地调动他们的积极性。目前,我国空乘人员的职业生涯的政策环境并不理想,管理机制匮乏、管理观念落后、管理方法简单、激励机制不健全等因素,使空乘人员不能安心于本职工作,对工作缺乏足够的投入,将空乘职业作为"过渡性"职业,因此,人员流动性大,空乘职业生涯短期化是一个普遍现象。

(五)缺乏科学培养选拔体系

有什么样的人就能做什么样的事,在人才培养方面,尽管人们进行了多年的实践与探索,但作为人才培养的新领域,到底什么样的人才适合空乘服务职业,目前没有明确的标准。选择适合空乘职业发展要求的人才,一方面取决于这些专门人才的培养机制,另一方面是人才的选聘机制。在人才培养方面,存在的问题主要是重外在,轻内涵;重技能,轻文化底蕴;重眼前,轻发展潜质。对空乘人才培养的规律、培养模式与手段等方面缺乏足够的认识,师资队伍也不能适应人才培养的要求。而在人才选拔上,问题主要反映在以外在形象为主,对从业者的心理素质、职业态度、性格特征等缺乏科学的测试与评价体系,进入空乘服务行业的门槛过低等方面。

总之,我国空乘服务行业的总体水平和空乘服务人员的素质的全面提高,还需要长期的努力。发展塑造适合现代民航事业发展的空乘服务行业,培养高素质的空乘服务人才,塑造中国空姐的精神,将决定我国民航服务行业的健康发展,决定我国民航的未来发展。

二、提高我国空乘服务水平的对策

空乘服务水平涉及整个社会对航空事业的认可程度,好的空乘服务,可以使消费者切身感受到航空事业发展给消费者带来的便捷,从而树立对民航服务的信心。因此,空乘服务尽管是客舱微观环境下的服务行为,但作为一面镜子,映射出航空公司的理念、思想和管理水平,提高空乘服务水平,是航空公司努力奋斗的目标。

提高空乘服务水平是个综合性问题,既涉及航空公司的服务思想,也涉及如何发挥空乘人员的主观能动性;既涉及服务规范,也涉及空乘人员自身的修养与素质;既涉及航空公司的文化建设,也涉及整个社会对空乘服务人员社会地位的定位。从我国的实际情况出发,提高空乘服务水平,可以从以下几个方面着手。

(一)加强文化建设,树立正确的服务理念

服务作为一种为社会广泛认可的职业,需要在良好的文化氛围中孕育与发展,要提倡以服务他人、帮助他人为乐的职业精神,要崇尚服务他人就是自己责任的职业道德。不仅如此,不同的航空公司还要根据自己的经营特点,系统地建立自己的企业文化,将服务的理念贯彻到为旅客服务的方方面面,落实到服务工作的每一个细节。

加强企业的文化建设就是通过道德体系、思想意识体系、服务意识体系、行为规范建设,使每一个员工明确自己的目标和责任,并在工作细节中体现出公司的服务理念。在这里,需要解决三个问题:

1. 航空公司靠什么取得消费者的信任

消费者是航空公司发展的基础,也是公司利润的源泉,取得消费者的信任就为争取更多市场份额增加了砝码。因此,为消费者服务必须实实在在,来不得虚假与投机;愚弄消费者,就是为自己的未来发展设置障碍。不要忽视消费者目光中流露出的信任与不信任,因为那些点滴的信任与不信任积累起来,必将成为公司发展的法宝或不可逾越的鸿沟。让消费者信任,是要做让消费者信任的事,而不是哗众取宠。

笔者切身经历——实实在在为乘客做事

笔者在乘坐国内航班时发现,例行服务结束后,就很难看到乘务人员的身影了。但在新加坡航空公司的航班上,即使例行服务结束后,只要你放眼向客舱巡视,总会看到空姐的身影:偶尔伏身观察熟睡的乘客,偶尔伏身回答乘客的问题,偶尔为乘客提供服务,偶尔疾步走到求助的乘客面前。看着那专注的神情,乘客就感到特别亲切,有困难愿意请她们帮忙。笔者曾有幸询问新航的一位空姐:"你们巡航值班时,为什么工作做得这么细?"她的回答让我印象深刻:"巡航时乘客最需要亲人般的关怀呀!"是呀,熟睡中的乘客,就像一个孩子,多么需要乘务人员像母亲一般的关怀!也许例行工作结束,但乘客的需求是不会停歇的!

2. 我们的服务贴近消费者需要吗

服务是体贴入微的工作,"想乘客之所想"是空乘服务的基本境界。乘客究竟需要什么?我们做的是什么?两者一致吗?面对这几个既简单又复杂的问题,航空公司不见得可以回答得很好,更难说做得很好。我们需要向国外的航空公司学习,从乘客的角度去思考问题,以乘客的需要为出发点设计服务内容与服务方式,而不能凭自己的想象去设计。其实,乘客的需要并不像想象的那么高、那么复杂,关键是要抓住"迎合"乘客真实需要的关键环节。

3. 我们的空乘服务够精细吗

对服务内容、服务过程要求精细是旅客的心理需求所决定的。乘客看待一个服务,不仅仅是看内容,关键是看这里包含的情感因素有多少,尽心与否。服务是感情传递的过程,只有心到,服务才能温馨体贴。我们说空乘服务质量有问题,不是说内容有欠缺,关键是情感的投入不够,因而工作不可能细腻,乘客对服务的体验就不可能深刻。空乘人员要发自内心地去服务,做到心细、动作轻柔、神情亲切,这样才能体现出空乘服务高雅的品位与不俗的格调,乘客才真正从服务中获得享受和喜悦。

空乘服务是由一系列细微的服务要素组成的服务链,服务质量是这些细微服务的积累,而每一个细微的服务要素出现问题均可能"否定"整个服务。也就是说,服务遵循这样的定律:不满意仅仅来源于某个细微的服务环节,而满意来源于所有的服务细节。因此,细心、细致是提高空乘服务内涵的基本途径。乘务人员只有让细微之处都充满爱心,才能令乘客对空乘服务满意。

(二)客观定位空乘服务人员的地位,让整个社会认可空乘服务

不可否认的是,社会对空乘服务人员的定位有偏激的趋势。一方面,将空乘服务人员神圣化,认为她们是天使的化身,用各种美好的词汇去形容她们;另一方面,认为空乘服务人员只有美丽的外表,而缺乏内涵。这些褒贬对空乘队伍建设与空乘服务水平的提高都造成了不良的影响。客观地讲,空乘服务人员仅仅是在特殊环境下从事高级服务的人员。空乘服务本质上还是服务,如果说与其他服务有所不同的话,那就是乘务人员的形象与服务质量涉及的范围更广、影响更大,工作责任更大,工作过程更艰苦,更为人们所关注。

空乘服务的健康发展需要良好的社会环境,需要公众客观、公正地看待空乘服务职业,看待空乘服务人员,以便空乘服务人员在宽松的环境和向上的舆论下自律、自勉,激发其奉献航空的志向与热情,避免视空乘服务职业为"时尚"的倾向。

(三)建立科学的管理机制,调动空乘人员的积极性,延长其职业寿命

空乘服务队伍的稳定,也是影响空乘服务质量的重要因素。只有建立科学管理体系,健全管理、考核与激励机制,才能最大限度地调动空乘人员的积极性。我国的空乘队伍普遍存在年轻化、职业周期短、队伍不稳定的倾向,这除了乘务人员的个人因素外,与我们的用人机制有很大关系。很多乘务人员存在对未来职业发展的担心,担心年龄过大后的二次就业问题,担心在高强度工作环境下身体健康的问题等。如何让乘务人员安心于空乘服务工作,让其全身心地投入到乘务服务中来,延长其职业寿命,需要从机制与管理上入手,采取科学的方法加以解决。

我们从国外航空公司空乘服务队伍的年龄结构上可以受到启发,高质量的服务不是取决于人的年龄和外表,更重要的是取决于服务意识与服务态度,对生活的体验更能加深对服务的理解,生活的经历更能使人体会到爱与被爱、关怀与被关怀的真谛。改变空乘服务人员的年龄结构,对提高空乘服务质量至关重要。

（四）建立科学的人才选拔、培养体系

什么样的人更适合空乘服务职业？这是人们十分关注的问题，也是决定空乘服务质量的基本问题。要在人才选拔中更关注亲和力、服务意识、服务态度等因素，而避免单纯"以貌取人"的选拔原则，要建立行业人才选拔的标准和程序，避免随意性太大的问题。

另外，目前各种办学机构繁多，培养模式、教学体系与内容也不尽相同，培养质量也存在着一定的差异。这就需要从教育管理与行业发展的角度，规范空乘人才培养与培训机构，在鼓励社会各方面力量为民航服务培养人才的同时，对办学条件、师资队伍、培训内容等进行评估，建立培养质量监控体系，建立教育机构"准入门槛"，从源头入手，提高人才培养质量，为我国航空服务水平的不断提高提供人才保证。

为了什么而工作

一群铁路工人在上班时，铁路公司的总裁由一群下属陪同到基层视察。总裁满面春风地跟其中一位工人打招呼："嘿，比尔，你好！"那位名叫比尔的工人跟总裁寒暄了几句之后，总裁离开了。

其他工人好奇地问比尔是怎么认识总裁的。比尔说："20年前，我和总裁一起在这里工作。"

"那为什么他现在是总裁而你还是一个铁路工人呢？"工人们七嘴八舌地问。

"因为，"比尔回答，"那时候总裁就是在为铁路事业而工作了，而我只是为一小时50美分的工资而工作。"

点评：对于空乘服务人员而言，我们是为航空公司的服务事业而工作，不是单纯为了工资而工作。工资不是工作的唯一报酬，从自己优秀的对客服务中得到的成就感、塑造公司形象的自豪感，都是我们努力工作的报酬。

 **本章小结**

1. 通过对服务概念的解析,分析了服务的内涵以及空乘服务的核心与本质。服务就是为集体(或他人)利益或为某种事业而工作;空乘服务就是以客舱为服务场所,以个人影响力与展示性为特征,将有形的技术服务与无形的情感传递融为一体的综合性活动,其本质就是以心灵融通为特征的社会行为。

2. 结合航空服务的实际情况,总结了空乘服务的特点与未来发展趋势。

3. 分析了空乘从业人员的基本要求,特别强调内在素质在空乘服务中的作用。

4. 剖析了我国空乘服务中的主要问题,并提出基本对策。

 **思考与练习**

复习题

1. 什么是服务?什么是空乘服务?
2. 空乘服务的本质是什么?
3. 在空乘服务中服务理念有什么作用?为什么说空乘服务传递着文化与精神?
4. 结合空乘服务的特点,正确认识对空乘服务人员的基本要求。
5. 未来空乘服务的发展趋势怎样?

思考题

1. 结合自己的实际情况,进行职业能力评估,设计自己的成长方案。
2. 如何成为一名优秀的空中乘务人员?

分组讨论

1. 空乘服务人员应具备哪些素质和修养?如何提高这些素质和修养?
2. 结合个性、情绪对空乘工作的影响,讨论怎样在工作中控制自己的情绪。

第二章 空乘服务的目标

课前导读

　　空乘服务既是满足乘客需求的基本手段，也是航空公司寻求发展的基本途径。对航空公司的发展而言，空乘服务目标是公司总体目标的基础。通过完善的服务过程让乘客满意，寻求公司长远的发展，是空乘服务的基本目标。以乘客作为航空公司市场的基本要素而言，空乘服务的目标就是围绕着乘客的利益、以乘客满意度为核心的目标体系。本章全面分析了空乘服务目标的基本含义、目标体系的内容，以及目标与空乘服务的关系，并根据空乘服务的特点，提出实现空乘服务目标的途径。通过本章学习，使读者明确：空乘服务目标是约束与激励空乘人员努力工作的导向，按照空乘服务目标体系的要求，有效地开展服务工作，是航空公司持续发展的基本源泉，同时，作为一种体系性的目标，要求目标的实现必须全面、系统，只有全面地体现乘客的价值，航空公司的市场基础才能扎实。

教学目标

1. 明确空乘服务目标的概念与内涵，加深对空乘服务目标特点的理解。
2. 掌握空乘服务目标的意义，建立目标导向的思维体系。
3. 掌握空乘服务目标的体系，理解空乘服务目标与航空公司目标之间的关系。
4. 了解影响空乘服务目标实现的因素以及作为乘务人员在实现服务目标中应该做哪些努力。

"乘客朋友们,再过20分钟,飞机将抵达本次航班的目的地——广州。"机舱广播传来乘务长亲切甜美的声音。空乘服务人员伴随着乘客就要到达本次航班的目的地了,本次航班任务就要结束了。目送着乘客的背影,看着乘客满意的微笑,乘务员觉得一切辛苦都是值得的。就像一位乘务长所说:"让乘客满意,再苦再累心也甜!"是呀,正是乘务员们辛勤地劳动,付出了汗水,才圆满地完成了航班服务任务,正是她们的努力,细致的服务,使乘客感受到乘务员的热情与耐心,让乘客记住了航空公司。

第一节 空乘服务的目标及其作用与特点

目标是人们一切行为的动力源泉,空乘服务目标决定着航空公司对乘客的态度,决定着乘务服务过程的方向。空中乘务工作的目标不仅是做好服务工作的动力因素,更是每个人为之奋斗的目标,约束着空乘人员的行为。通过目标激励,使每个人的行为统一到实现公司目标上。

一、空乘服务的目标解读

(一)目标的含义及作用

一般来讲,目标是一个群体在未来行为中努力达到的预期目的、具体的成绩标准或结果。目标也是一种预期,即人们的任何行为都是具有目的性的,行为之前,必须明确:为什么而为?如何而为?有了目标,就会使每个人知道自己要做什么,做了这些事情对组织有什么意义,行为也就会更果断,更富有激情。

有人将目标比喻成河的彼岸,在目标导向下,通过资源优化,形成了计划体系,这就搭设了从现实到未来的桥,使原来不可能实现的东西成为可能。可见,目标启动了人们的智慧,使各自的行为集中在共同的指向上,协调了人们的价值与行为,而且坚定不移地去执行。

目标的作用主要体现在三个方面:第一,明确了一个企业在行业中的使命,使企业的宗旨具体化;第二,协调了企业的整体行为,使个体的行为转化为共同的价值;第三,具有激励作用,使每一个人有努力工作的动力。

目标设置是基于"人类的活动是有目的的,它受有意识的目标引导"这样一个理论假设。目标需要管理。目标管理源于美国管理专家杜拉克,他在1954年出版的《管理的实践》一书中,首先提出了"目标管理和自我控制的主张",认为"企业的目的和任务必须清晰。企业如果无总目标及与总目标相一致的分目标,来指导职工的生产和管理活动,则企业规模越大,人员越多,发生内耗和浪费的可能性越大"。概括来说也就是让企业的管理人员和工人亲自参与工作目标的制订,在工作中实行"自我控制",并努力完成工作目标的一种管理制度。

目标管理的原则是:

(1)企业的目的和任务必须转化为目标,并且要由单一目标评价变为多目标评价。

(2)必须为企业各级各类人员和部门规定目标。如果一项工作没有特定的目标,这项工作就做不好。

(3)目标管理的对象要包括从领导者到工人所有的人员,大家都要被"目标"所管理。

(4)实现目标与考核标准一体化,即按实现目标的程度实施考核,由此决定升降奖惩和工资的高低。

(5)强调发挥各类人员的创造性和积极性。每个人都要积极参与目标的制订和实施。领导者应允许下级根据企业的总目标设立自己的目标,以满足"自我成就"的要求。

(6)任何分目标,都不能离开企业总目标而自行其是。在企业规模扩大或分成新的部门时,不同部门有可能片面地追求各自部门目标的实现,而这些目标未必有助于实现用户需要的总目标。企业总目标往往是摆好各种目标位置,实现综合平衡的结果。有些公司(包括咨询公司)运用另一种不同的方法来进行绩效考核,他们专注于目标和设定目标值,这种方法被称为目标管理法。

通过目标管理体系,使企业中的每个人注重那些对自己重要的目标,因为这与他们的绩效评估和薪资体系联系密切。公司会组织中期评审,讨论目前的进展状况以及离年度目标的差距。年终时,经理和员工在一起座谈公司的目标和个人目标,以及所取得的进展。

例如,海尔把"彻底的第一主义"作为发展目标。这样的目标,成就了海尔全国第一、世界第四大白色家电制造商、中国最具价值品牌的地位,创造了民族工业的辉煌。世界顶级航空公司——新加坡航空公司"致力于以创新的产品与优质的服务为顾客提供最佳的飞行体验"的目标,铸造了新航完美的价值体系。

可是在现实中有的公司设定了目标,但是并未取得很好的效果,甚至利润下降。为什么公司设定了目标(并与工资挂钩),反而导致了矛盾的加剧和利润下降呢?这是因为:首先,设定的目标不全面。每个部门只专注于对自己重要的几个目标;其次,公司的传统是一年进行一次绩效评估,目标一旦定下来就不能改变,所以即使发现了某些目标的问题,也不能进行及时修改;再次,各部门的目标之间没有联系,只是在组织内上下级之间有联系;最后,目标不符合公司扩大市场份额的特定战略。原来的目标只关注销售额和按时交货,但实际上,公司目标管理最重要的战略是建立关键部门之间的联系。

(二)空乘服务目标的含义

空乘服务目标就是在航空公司总体目标下,机组成员在航班服务过程中努力要达到的目的,也是通过机组人员的努力,服务所能达到的一种状态。

空乘服务目标通常反映了航空公司在服务中达到的水平,一方面,服务目标很好地反映了乘客的期望,以乘客为核心的服务目标体系体现了公司在满足乘客需求过程中的保证措施,使服务落实到了实际工作的每一个环节,落实到每一个服务人员的具体服务中;另一方面,目标激励着乘务人员自觉行动,通过自律自控过程,确保为乘客服务的宗旨得到执行。

正如一位空姐所言:"因为我知道为什么工作,我知道我该工作到什么样,所以我的工作才出色。"她明确地道出了目标的含义:当你为乘客服务的时候,你想的是什么?如果你仅想着完成服务的技术程序,那么你只能是疲于应付,你的心无法贴近乘客,也就无法让乘客满意;如果你知道自己在公司目标中的作用与价值,你就会有大局观,你就会以满足乘客的需求、赢得公司的信誉为行为准则,使提供优质服务成为自觉的行为,你的创造力才能发挥出来。可见,服务目标不仅是一个服务的质量的标的,它蕴含着启迪思想、维系心理、引导行为、激励热情的作用。

二、空乘服务目标的作用

(一)启迪思想

航空公司的优质服务是由每个人的服务状态所决定的,而人作为自主的行为主体,其工作态度与服务意识,决定着人的行为方向与工作的主动性,进而决定着服务质量。在航空公司的整体目标下的空乘服务目标,描绘了空乘服务的境界、服务目标以及服务标准,明确了每个人所分担的工作与公司及空乘服务目标之间的关系,使每个空乘人员明确了自己的主人翁地位。

(二)维系心理

心有所归,情有所系,这是一个空乘服务团队所应具备的基本条件。凝聚力源于大家心甘情愿地为集体的目标而不懈地努力,最高层次的凝聚力不是简单的经济利益,而是对事业的追求与信念。空乘服务的目标,维系着大家的共同价值,心往一处想,劲往一处使,这样的团队才具有战斗力。

(三)引导行为

有了坚定的信念,大家向哪个方向努力?怎样做才能做得更好?在客舱复杂的服务过程中,大家的行为必须一致——共同努力,追求完美。目标规定了各项工作的内容、应达到的标准,也就明确了每个人的责任,知道该做什么,怎么做,这样公司的目标就有了实现的基础。

(四)激励热情

工作的状态不仅取决于技术,更在于对工作的热爱与坚持不懈的努力。空乘服务不是简单的劳动,需要智慧与体能的付出。让一个长期从事一项重复性工作的人能持久保持高涨的工作热情,就需要不断地激励他们,使他们能不断地寻找到工作的动力,将服务作为一种崇高的追求。空乘服务目标将大家的理想、志趣和个人的奋斗目标维系在一起,是使人们保持长盛不衰的工作热情的重要手段。

三、空乘服务目标的特点

空乘服务的基本目标是通过周到、温馨、细致、热情的服务,保证乘客安全、舒适地到达目的地。而要实现这个目标,需要从服务的大局出发,从细微的服务入手,从过硬的技术上着眼。可见,空乘服务的目标必须符合空乘服务的特点以及乘客服务要求的心理特征,才能够使目标更好地发挥其应有的作用。

从空乘服务目标的内容、空乘服务目标的实现以及乘客需求满足来看,我们可以将空乘服务目标的特点归纳为以下几点。

(一)目标的"无形"性——乘客对服务的需求无处不在

空乘服务的衡量主体是乘客,乘客满意是目标设计的出发点,空乘服务存在于乘务员为乘客服务的每个细节中。因此,空乘服务的目标具有无形性,不同的环境下,乘客有不同的需要;同时,受乘客的个性、态度、情绪、身体状态等因素的影响,乘客的需求是动态的。

航班在飞行中,乘务长来到乘客中间,征求乘客对航班服务的意见与建议。在问及对设施、服务技术、服务内容、服务态度的意见时,乘客均表示满意,但最后说了一句,"我就对某某号乘务员不满意,希望能不断改进!""不满意"、"不断改进"多么简单的几个字,恰恰反映了空乘服务目标的"无形"性特点,尽管大家都努力了,但细微的纰漏也会被乘客注意到,进而也就成为评价航班服务的一个依据。

(二)目标的"延伸"性——涉及的范围广泛性

空中乘务是航空公司与乘客联系的前沿,体现着航空公司的服务理念。与乘客接触的每一个瞬间,每一个细节,都与航空公司的整体相联系,即使是乘务员的个性因素所导致的服务残缺,公司也难辞其咎。可见,空乘目标尽管是一个点,但它的影响却延伸到公司整体形象,具有无限放大的效能。

"细致,细致,再细致",可谓是很多航空公司的服务理念之一。一位空姐在为乘客提供饮料时,恰巧遇到了气流引起的飞机颠簸,使一滴咖啡落到了座位的扶手上,空姐进行了紧急处理,又特意取来清洁用品,反复地进行清洁,那种极其认真的态度,使乘客为之感动,不快之感也随之消失,最后还温和地对这位空姐说:"看你这认真的态度,说明你们公司真的把我们乘客当做上帝了。咖啡溅到扶手上,不是你的错,下次我还会选择你们公司的航班。"这可谓是"一滴水反映太阳的光辉"。

(三)目标的"归一"性——乘客满意

无论多么庞大的航空公司,无论航空公司的管理多么复杂,空乘服务目标是所有目标的灵魂。航空公司所有工作目标的结果都是指向空乘服务目标,即让乘客满意。一切服务措施都是为了对乘客负责,每个细节都是为了让乘客满意,而每一个满意的乘客都是最有说服力的。空乘服务目标的牵动性,远远地超过了目标本身。

当乘客对服务不满意时

乘客在用餐时发现食物中有异物,十分生气,说要投诉。乘务员及时、诚恳地向乘客致歉,并立即更换食物。乘客不愿接受,于是乘务长请其留下电话号码,表示一定会向相关部门反映,尽快给他一个满意的答复。在接下来的服务过程中,乘务员面带微笑并特别关注该乘客及其周围乘客的需求,主动、及时地满足他们的需求,化解了乘客心理上的不满。飞机下降前,乘务长代表机组送给乘客一份纪念品,感谢他对自己工作失误的谅解。

点评:乘务组的处理比较妥当。在处理这类问题时应特别注意:一定要将有异物的饭食带回基地,交给调度室或配餐员,不要让乘客带下飞机,如果乘客要投诉,应主动提供意见卡。要有维护组织形象的整体观念,不要推脱责任,不能告诉乘客这是配餐部或外配公司的问题,与乘务员无关。可由乘务长出面,向希望投诉的乘客申明,所有对外有法律效力的证明材料,由公司专门的部门负责,乘务员不能代表公司签署任何法律文件。然后将公司有关部门的电话留给乘客。最后请乘客相信,乘务组回到基地后一定会将情况如实上报有关部门处理,并尽快将处理结果告知乘客本人。

(四)目标的"引导"性

为乘客提供优良的服务是民航企业的核心价值观念,而通过空乘服务的目标体系,以目标为载体,将为乘客服务的思想贯彻到客舱服务的每一个角落,落实到每一个服务细节。"让乘客满意"应该是空乘服务的基本目标,但这不足以保证公司的发展。因此,在公司基本服务内容趋同的情形下,高水平的满意度才能吸引乘客。那么让乘客满意到"什么程度"就成为问题的关键。公司的目标如果能够统领航空服务的全局,能够站在发展的高度,这样的目标就会引导公司未来的发展。否则,企业就会安于现状、不思进取,沉睡在以往的成绩中,渐渐地落在其他航空公司的后面。

(五)目标的"系统"性——完美的统一体

有人会问:乘务长在做什么?首先应是把握大局,保证服务过程尽善尽美。完美是由细节所决定的,而细节之间是相互联系的,尽管空乘服务目标可能包含多种具体目标,但是这些目标一定是相互关联的,并形成一个统一的体系。

空乘服务的目标可以分为公司目标与个人目标两个层次。公司目标是针对公司发展的整体需要而言的,它强调公司发展战略对企业形象与信誉的要求,强调服务对已有客户和潜在客户的影响。公司的目标具有战略性、整体性与长远性,它是根据市场竞争及乘客心理需求的不断变化来确定的。如新加坡航空公司的目标就是:以精致、高品质的温馨服务,给客户提供一种真正令人愉快的体验,保证持之以恒的优质的服务。也正是这样的目标,使新航通过服务创新,将服务目标体现在服务的细微之处,体现在每个乘务人员的温馨服务之中。

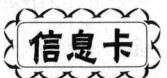

新加坡航空公司的目标:创造出其不意的效果

新加坡航空公司利用员工的反馈、其他航空公司的信息、客户表扬/投诉分析和对旅行者所作的大规模调查来帮助他们产生新的想法。Yap先生说道:

"只有新生事物才能创造出出其不意的效果。我们要为客户提供他们所意想不到的服务。有许许多多的东西,客户并不知道这些就是他们所需要的。我们试图去研究这种趋势。我们有产品创新部,他们会不断地关注这种趋势:为什么人们以某种方式去做事,为什么人们去做某件事。然后我们把眼光放在3年到5年内,我们设法跟踪短期和长期的趋势。"

第二节 乘客心目中的服务——目标期望

所谓服务期望是指在顾客心目中服务应该达到和可以达到的水平,有时也称顾客的期望。

一、顾客期望的分类

(一)"硬"期望和"软"期望

硬期望是指那些能够通过计数、计时或观测得到的期望,如航班正常率。据调查,顾客对企业关于航班正常承诺的实现程度的期望是很高的,调查也显示,联邦快递已经把大多数顾客的要求转换成硬期望或硬约束。当然,并非所有期望都那样易于转换。

软期望是指那些无法准确描述,只能用感性的体验、交流表现出来的期望或要求,如空中小姐的态度。软期望为员工满足顾客需求的过程提供指导、准则和反馈,并且通过评估顾客的理解与信任得以度量。这些期望对于需要人际互动的服务十分重要。

(二)模糊期望与具体期望

很多时候,顾客心中虽然有自己感知的期望,但往往是模糊的、笼统的,这些期望因缺乏操作性,不能直接用来做服务标准,只有经过企业的加工,具体、明确、数量化,才能转变为有效的服务标准。建立空泛的口号式的标准,如我们"竭诚为顾客服务",是没有效果的,因为这样的标准难于传达、衡量和落实,公司收集顾客需求数据时,往往只得到一些抽象的东西,服务人员很难找到有用的参考信息。有效的服务标准应以具体的方式表述,使员工理解他们应当做什么。美利坚航空公司几乎为所有的运营区域制定了标准,同时对这些标准进行定期检查,如回复订票电话的时间、顾客办理值机手续需要等待的时间。

二、顾客期望对于空乘服务目标的意义

研究顾客期望对于决定空乘服务的目标以及实现服务目标的途径十分有价值。

(一)有助于制定服务质量标准

服务质量很大程度上是顾客主观评价的产物,而且对于服务质量的感知过程也是复杂的,顾客实际所接受的服务并不能决定感知质量的好坏。通过了解顾客的期望,了解顾客最为关心、最看重的因素,抓住重点,可以有针对性地制定顾客导向的服务标准。因此,应将服务期望的重要因素与决定因素区分开来。

重要因素,是消费者的体验中比较重要的针对竞争对手的服务因素。对于消费者的购买决定来说,它是重要的,但不是决定性的。比如一家航空公司提供预订餐食,这可以是一项重要的附加成分,但如果几乎所有航空公司都能够提供这类服务,这就不是顾客决定在这家航空公司消费的关键要素了。

决定因素,是对消费的购买起决定作用的因素。20世纪80年代初,英国航空公司制订了一个改善服务质量的计划,对英国飞机能够吸引乘客乘坐的特点进行了广泛的调查。商务乘客喜欢飞机准时正点,能够当日往返,如果延误了预定的班机可以改乘下一班,这些都是合理的预期;度假旅行的乘客喜欢飞行期间得到娱乐和良好的饮食;首次飞行者则希望飞行安全。调研得到了各种类型乘客的服务体验,但是没有发现商务乘客所关注的决定因素。英国航空公司国内航线上的竞争对手英国大陆航空公司(British Midland)在主要城市间推出了一种精心研究的服务,叫作香肠早餐,专门针对商务人士,其效果斐然。很多被认为只追求正点和航班频率的乘客改乘英国大陆航空公司的航班飞行,这表明英航的调研没有发现这个潜伏着的决定性因素。与重要因素相比,一些因素可能并不是多么优先的,但却在顾客选择时起了决定性的作用。例如,在若干家提供预订餐食服务的航空公司之间作选择时,一些看上去不重要的因素,如餐食品种的可选性、乘务人员服务的周到礼貌、不用排队等候,却可能是选择的决定因素。

(二)有助于服务设计

任何服务活动的成功,都依靠角色设计,或者说依靠表演者——员工和顾客——怎样很好地把他们的角色扮演出来。提供服务的员工需要依照顾客的期望来扮演自己的角色,假如他们不这样做,顾客就会感到失望。同时,顾客的角色也一定要扮演得好,如果顾客就有关服务的期望和要求与提供服务的员工进行很好的沟通,那么服务的效果就可能很好。

(三)有助于服务沟通

在实际中,企业管理者感到困惑的是,即使企业实施了质量改进计划,包括功能、质量改进计划,顾客感知的服务质量可能仍然很低,甚至还会不断地降低,这很可能就是企业与顾客的沟通不够造成的。例如企业过度的宣传、过高的承诺提高了顾客的期望,使企业实际提供的服务无法超越顾客的预期,此时,尽管服务质量很好,但由于顾客的预期过高,他们对服务的评价仍然不高。

对于服务,适当、准确的沟通属于营销和生产运营部门的职责,营销部门必须准确反映服务接触中的实际情况,生产运营部门必须提供沟通中承诺的服务,在服务促销的过程中,企业不能把服务的期望提高到自己所能稳定提供的水平之上;如果广告、销售部门或任何形式的外部沟通使顾客建立了不合实际的期望,实际接触时就会使顾客失望。在日益激烈的竞争环境下,企业经常过度承诺,会使整个行业的规范都倾向于过度承诺。

(四)有助于管理顾客期望

顾客对服务的期望影响他们对质量的评价,期望越高,传递的服务就越被认为应该是高质量的,因此,在广告中要作可靠的承诺,只有确保能够可靠实施的承诺才是合适的。管理顾客期望是企业服务管理活动的重要组成部分。服务承诺是形成顾客对服务的期望的一个关键因素,民航企业通过广告、宣传、推销员、公共关系活动等沟通方式向顾客公开提出的承诺,直接影响着顾客对服务的期望。服务承诺可以用来引导和调节顾客的服务期望。当顾客对服务的兴趣不大和期望不高时,民航企业可以增加承诺的内容和力度,以此调节顾客对服务的期望。

顾客期望管理

像英航这样服务卓越的公司,在顾客期望管理方面做得也非常出色,他们深悉顾客对公司的期待以及公司的行为对顾客的影响,也知道如何谨慎地创造顾客期待,并通过对环境、服务态度及激励措施的有效管理,使得公司各种行为与顾客期望相一致,甚至超过顾客的期望,从而达到使顾客满意的目的。相反,有的企业为了短期利益,随意承诺,向顾客隐瞒信息使顾客非常失望。

三、顾客期望管理

要达到乘客满意的服务目标,乘务员提供的各种服务一定要满足乘客的期望。在乘客评价服务时,他们所抱的期望起着关键的作用,航空公司的服务和营销人员一定要了解乘客期望的形成因素,但不要试图控制全部因素,因为影响乘客期望的因素实在太多了。乘客自身的因素、环境因素和服务企业的服务策略、理念、承诺、员工表现以及环境不可控因素等都会不同程度地对乘客期望产生影响,民航企业应做的是,对可控因素加以调整和引导,对不可控因素的影响尽可能预见到,以便采取应对措施。

(一) 个人差异

乘客的个人差异涉及很多方面,一般可从以下角度来考查。

1. 乘客类型

商务乘客与休闲乘客的期望显然有很大差别,前者对航班时刻、正点起飞以及随时更改航班等很敏感,而后者对票价波动非常在意。

2. 地区分布

大城市的乘客与小城市的乘客的期望也有所不同,对于所在城市只有一个小机场的乘客来说,他们很少有多个航班的选择,这样的乘客对飞机服务有较大的容忍力,因为替代者很少,不像大城市有更多航班和航空公司可供选择,所以乘客更容易接受不利的时间安排和低水平的服务。

3. 乘客的价值观和服务理念

乘客的价值观和服务理念,即乘客对于服务的意义和服务提供者行为正确的理解和根本态度。如果乘客有一些关于提供服务的个人理念,那么他们对服务提供者的期望将被加强。例如,一个对航空运输业务流程比较熟悉的乘客,可能比其他人更不能容忍以天气情况为借口对航班的延误进行解释。因为他知道许多航班延误是由计划不当、机务故障造成的。一般说来,在服务业工作或以前在服务业工作过的乘客似乎有特别强烈的服务理念。

4. 乘客过去的消费体验

乘客过去乘机、享受服务的经验,对其影响巨大。乘客会把这次旅行与乘坐其他航空公司班机旅行的经验进行比较,这一方面增加了服务的难度,另一方面,乘客的期望也是改进服务的一面镜子,因为乘客对服务的期望正是空乘服务所要提供的内容。

5. 乘客的态度和情绪

因为服务是一种体验,所以态度和情绪都是影响服务过程感知效果的关键因素。假如当乘客进入候机楼时心情不好,他对地面服务的评价可能就不如他处于开心快乐时的评价。如果此时空乘人员也正处于恼怒状态,那他与这名顾客之间的接触、互动则有可能被这种心情所影响。而且,一个乘客的坏心情会直接影响在场的其他乘客的服务体验。另外,态度和情绪还会使乘客在判断服务接触和服务提供者时产生偏见,例如,销售人员在失去大客户后沮丧地赶到机场时,比他刚刚赢得大订单时更容易被飞机延误和拥挤所激怒。

(二)服务过程

1. 远程航班与短程航班

远程航班的旅客对客舱设施非常在意,他们希望座椅十分舒适,娱乐设备非常先进,而短程航班的乘客对这些因素就没有太多关心。

2. 高峰时间与低谷时间

一个明显的例子是,在每年的春运和"十一"长假期间,乘客已预见到座位会非常紧张,能买上机票就满足了,对服务质量的关心就少于消费淡季。

(三)服务特性

1. 参与程度

也就是指自我感知的服务角色,当乘客感觉到他们没有履行自己的角色时,其容忍区域会扩大;相反,当乘客认识到他们在服务传递中的作用时,会提高对服务的期望。

2. 服务价格

对许多乘客来说,机票的价格反映着服务质量。票价被视为质量水平高低的有形实据。乘客心中对航空服务的容忍区间与票价升降成反比。机票涨价,容忍区间就会变窄;机票降价,容忍区间则会变宽。

3. 竞争对手情况

如果其他航空公司引进了新技术或采用了新的服务方法,那么乘客对相关的服务期望也会增加。

(四)服务承诺与沟通

1. 服务企业与制造企业的区别之一是,顾客购买服务时买的是一种承诺

就航空服务来说,过去的经验似乎很重要,但航空公司自身在创造和改变顾客期望方面起着非常大的作用,企业可以通过多种方法传递出有关的服务信息,

以影响或改变顾客的期望。购买服务的特殊性在于,顾客在没有看到自己购买的无形产品前,要先掏钱,然要再享受服务。比如,制造企业的顾客则可以试穿服装、试用汽车,而服务企业的顾客却不能试酒店或航空公司的服务。他们只能先掏钱成交,再期望能得到公平完满的服务。

正是由于航空服务的无形性的特性,为了保护消费者的合法权益,民航总局在 2004 年初的全国民航工作会议上决定,从 2004 年开始在全行业推行"顾客服务承诺制"。民航总局将建立法规强制与企业"承诺"相结合的维护消费者权益体系,并要求所有航空公司、机场和代理企业,都应制定并推出符合相应法规标准的"顾客服务承诺",并向社会公布。

民航总局运输司结合消费者投诉的热点,向各运输航空公司推荐了七项服务承诺参考清单。七项内容包括:关于客票变更、签转和退款时的服务承诺;航班不正常包括代码共享航班不正常时的服务承诺;非自愿提交或降低座位等级时的服务承诺;托运行李无法正常交付或行李遗失之后办理赔偿时的服务承诺;以折扣价格出售客票时的服务承诺;航空公司不定期航班在委托服务代理和销售代理时保证服务质量和水平的承诺;旅客服务部门的热线号码和服务承诺。

目前,大多数航空公司和部分机场都发布了自己的"服务承诺"或"顾客服务计划"。

2. 口碑传播

航空企业在市场上的口碑是影响顾客期望和适当服务形成的一个重要因素。口碑好的服务企业及其所提供的服务,容易在顾客心目中形成较高的理想期望和适当服务,而口碑差的服务企业容易在顾客心目中形成较低的理想期望和适当服务。

3. 从媒体、社会权益组织得到的信息

从媒体等得到的信息对顾客的服务期望也形成很大影响,如从消费者协会等权益组织的报告、报道等得来的信息。

第三节　空乘服务的目标体系

公司目标应该是一个有机的整体,公司的任何目标都应该围绕着公司的总体目标。因此,目标要代表组织内部成员的共同愿望,这一方面需要大家为总体目标共同努力,需要局部目标满足整体目标,个人目标满足部门目标;另一方面,每个人的行为必须符合目标实现的要求,不允许有违背目标实现的行为存在,目标统一着人们的行为。

一、空乘服务的宏观目标

航空公司的一切工作都是公司工作的组成部分,都在实现公司目标的实践中发挥着应有的作用。尽管空乘服务工作具有明显的微观性,但所带来的效应远远超过客舱本身。客舱虽小,却体现着公司胸怀的博大;空姐工作虽然细微,却积累着公司的伟业。因此,空乘服务的宏观目标远远超出服务本身,空乘服务的宏观目标应融入公司发展的总体之中。

从宏观上看,空乘服务的目标主要体现在以下几个方面。

(一)树立公司的良好形象,确保市场稳定

乘客选择航空公司不外有两个原因:旅行时间与对航空公司的信任。在旅行时间硬性约束的前提下,如何选择航空公司、选择航班,取决于对航空公司的信赖,而航空公司的形象,其对乘客的服务态度与能否满足乘客需求的服务内容,成为人们评价航空公司服务水平的标准。长期服务信誉的积累,形成了公司良好的形象,也就形成了人们对航空公司的心理定位,形成了稳定的消费取向。航空公司也就会拥有稳定的消费群体,在此基础上保持乘客的忠诚度,从而稳定了自己的市场。

在空乘服务中,树立良好的公司形象是最高目标,要以乘客为本,以乘客的利益为最高利益。通过空乘人员细心的服务,让乘客在旅途中获得愉快的体验,让航空公司良好的形象永驻于乘客心间。

(二)展现公司为乘客服务的宗旨,让乘客感受公司的关怀

踏踏实实地为乘客服务是公司发展的基本途径。无论是公司的宗旨,还是公司的服务理念,都时刻体现在为乘客服务的过程中。乘客所感受的服务过程以及内心体验具有很强的真实性,他们会敏感地体察到不同宗旨与理念下服务的差异。所以,每一个空乘人员的服务态度、每一个动作,不仅是个技术性问题,更是公司服务理念的具体体现。感动乘客,是服务境界的最高体现。

在空乘服务中,细微之处充分体现公司的服务宗旨是其基本目标,公司之间的差异也往往体现在公司服务宗旨的差异上。如果你能感动乘客,你就拥有了

永久的乘客,如果给予了乘客真诚的关怀,乘客会给予你回馈的。在乘务员细心为旅客提供周到服务的同时,也就提升了公司的价值。

(三)通过全方位的服务,获得高乘客满意度

航空公司的发展需要市场的支持,而市场是乘客的集合。要获得市场,就需要对乘客有足够的吸引力,在服务竞争中具有相对优势。满意度是衡量乘客对航空公司服务满意程度的综合性指标,它检验服务承诺的兑现程度,也反映服务产品的设计水平。因此,服务内容是全方位的,既要提高服务质量,也要增加服务项目、改善服务产品,甚至要提高服务的硬件设施。

二、空乘服务的微观目标

微观目标就是客舱服务过程中直接体现出来的服务质量,是乘客直接的内心体验。微观目标反映在空乘服务过程中,是空乘人员在贯彻公司服务宗旨与理念的过程中,通过行为而实现的目的。

(一)保证客舱秩序,创造舒适的旅行环境

在旅行中,客舱形成了一个具有共同目标的临时组织。在乘客旅行过程中,大家的目标与利益是一致的,都是为了平安、准时地到达目的地。同时,由于乘客之间存在着差异性,使得旅途中,乘客与乘客之间、乘客与机组之间不免存在各种冲突与不和谐的因素,这些问题一旦出现,势必影响旅途的氛围,影响乘客的心情。因而,空乘服务的基本目标就是保证客舱内和谐的氛围,制止不文明、不礼貌以及影响他人旅行的行为,化解各种冲突,确保客舱的文明与秩序。

(二)消除安全隐患,保障旅途飞行安全

飞机是特殊的交通工具,安全是航空旅行的最基本目标。飞机在飞行中,飞行环境、飞机状态以及客舱内的秩序,都会影响飞行安全。空乘人员在面对突发事件时,要及时果断地采取措施,消除各种可能带来不良后果的隐患。

(三)提供优质服务,体现乘客的核心价值

服务是乘客所期待的直接、基本的产品,服务体现在服务的内容、体系、规范以及服务的技能等方面。航空公司为乘客设计的服务产品,是通过具体的服务过程来体现的。这就需要做到:一切要以乘客为核心,服务过程要精准,服务技能要娴熟,服务态度要真诚,服务作风要端正。

> **美国西南航空公司了解顾客期望值的独特做法**
>
> 今天的顾客具有强烈的价值导向,他们重视价值,远远超过了重视价格和获得成本。在西南航空公司,顾客感知的价值很高,即使航空公司没有提供全套服务也能够达到客户的满意。西南航空公司的领导层服务导向在于,高度的顾客满足来源于航班频率、准时起飞、友好的员工和低票价。因为公司主要的市场营销单位——涉及了超过24 000位员工——成天与顾客接触并向管理层报告。
>
> (资料来源:詹姆斯·赫斯克忑等.服务利润链.北京:华夏出版社,2001.)

(四)渗透真挚情感,传递温馨的全面呵护

在空乘服务过程中,空乘服务人员与乘客扮演着不同的角色,前者是付出、奉献,后者是得到、体验,而心理体验越来越成为乘客的内在需求。这种角色的不同,就为空乘服务人员的服务过程以及服务状态提出了明确的要求:渗透情感。这就是要求在服务过程中,用心体会自己的角色,用情感去体会乘客的感受,把温馨传递给每一个乘客。

(五)以满意服务为诉求,创造和谐的客舱氛围与文化

客舱服务是航空服务体验的重点,是其他方式所无法替代的。乘客的需求就是在旅行中休闲自在,而客舱的氛围与文化是乘客感受最深刻的内容。这个氛围源自于机组人员之间的和谐,源自于乘客之间的和谐,源自于机组人员与乘客之间的和谐,最关键的因素是空乘人员温暖的笑容、真挚的感情,以及热情周到的服务。在和谐的氛围中,服务就会得到提升,顾客的价值才能够得到认可。尽管客舱空间有限,空乘人员也应提供带有休闲性的客舱服务,使乘客的旅行成为一种享受。

(六)通过具体服务,体现公司的服务宗旨

乘客服务期望的实现更多地来自于心理体验,而决定这种心理体验的是服务过程中的细节。实践表明,如果为旅客服务的思想不能落实到具体的服务细节中,再好的服务设计都将成为空谈;再好的服务宗旨,没有目标的保证以及以

目标为导向的服务措施,都将成为一句空话。

优秀的航空公司能够在实现服务宗旨的过程中将服务目标具体化、系统化,其突出的表现是目标明确,体现着满足乘客期望的理念,并在目标体系中体现出为乘客提供完美、超值服务的愿望。

东方航空公司的使命与目标

东方航空公司的使命——让旅客安全舒适地抵达

● 安全舒适是旅客选择航空运输的前提。保证航程平安,满足旅客出行需求,是航空运输企业存在的价值体现。

● 我们致力于成为安全、信誉优良、旅客放心的航空公司,并在此基础上为旅客提供舒心服务,让旅客充分体会到高效和便捷。

● 让旅客安全舒适地抵达,需要每一位员工的共同努力,需要每一道工序的密切配合,需要每一个环节的有机衔接。任何一个环节出现问题,都将影响使命的完成。

● 航空安全不允许失误和疏漏。"不让差错发生在自己手中"是企业对员工的最基本要求。唯有恪尽职守,方能不辱使命。

东方航空公司的目标:追求卓越　求精致强

● 航空市场永远是优秀运营者生存的舞台。我们努力创造具有显著市场号召力和市场竞争力的产品(服务)和品牌。只有不断追求卓越,才能有无限的发展空间。

● 公司的目标不是规模的简单扩大,而是以精品意识和行动打造品牌形象、树立品牌地位,努力跻身于世界主流航空公司的行列。

● 公司讲求实现全方位的、可持续的协调发展,成为航空安全的最可信赖者、满意服务的最佳创造者、员工成长平台的最好搭建者、社会效益和经济效益的最优运营者。

第四节 实现服务目标的途径解析

一、影响空乘服务目标实现的因素

(一)乘务人员的个性因素

个性因素是考察一个人是否适合服务工作的基本要素,个性决定着服务质量,也就是说决定着空乘服务目标的实现程度。个性是独立于所从事行业之外的因素,有的人个性略显张扬,有的人略显内敛;有的人细致入微,有的人不拘小节;有的人热情奔放,有的人内心体验深刻;有的人沉着冷静,有的人易于激动,等等。个性因素是长期养成的,会表现在人们的日常行为与工作过程中。每个人的不同个性因素都会在工作的过程中留下痕迹,改变起来十分困难。根据空乘服务的职业特点,就从业要求而言,个性张扬、粗心大意、不拘小节、缺乏爱心的人是不适合服务行业的,更不适合空中乘务工作。

(二)乘务人员对公司服务宗旨的理解与实践

人的活动是有意识的主动行为,当一个人身处组织之中时,他的行为必须服从组织的要求,与组织目标相统一。当空乘服务人员能够深刻理解公司的服务宗旨,对公司使命有着深刻的认识时,他们就会更加忠诚于企业。这样,他们可以自觉地将公司的宗旨体现于行动中,空乘服务的目标就能够实现。否则,员工的思想就会处于游离状态,服务质量就会大打折扣。所以建设公司文化,深化公司的宗旨,明确公司的使命,建立系统的文化体系,通过文化统一人们的观念,鞭策人们的行为,对实现公司的经营战略至关重要。

(三)服务意识、技能与艺术

空乘服务是特殊场所中的特殊服务,要求空乘服务人员具有很强的服务意识、熟练的服务技能与高超的服务技巧。

意识是深层次启发人们行为的推动力。有良好的服务意识,服务就会主动、热情、体贴、超前。如果从空乘服务对乘客需求的反应速度来衡量,我们可以看出服务意识的差别:乘客按求助铃后,三分钟到位,算是正常规范的服务;一分钟到位,属于有服务意识;在乘客没有按求助铃,而能超前体察乘客需求,提供超前服务,属于有很强的服务意识。也可以从提供服务的延续性来看服务意识:就事论事,解决一事,属于规范的服务;事情解决了,主动提出还能提供什么帮助,属于具有服务意识;而在处理完事情后,主动提供超前的相关服务,属于具有很强的服务意识。

技能是完成服务的保证,服务技能是实现服务目标不可或缺的条件。而服务艺术和技巧是服务的灵魂。空乘服务是一种高尚的服务,空乘服务艺术是在服务过程中表现出来的灵活性,是一个服务人员的"灵性"所在。空乘人员高超的服务艺术会让接受服务的旅客有一种自豪感、一种满足感。

(四)客舱组织与管理

客舱中乘客与机组成员组成了一个临时组织,在这里大家的目标一致——安全抵达目的地。但由于分工与角色的不同,他们在路途中有着不同的责任。机组人员担负着保障的责任,所以做好客舱的组织与管理工作至关重要。这里组织与管理体现在两个方面,其一是机组人员的组织与管理;其二是乘客行为的组织与管理。管理好机组人员的行为与管理好乘客的行为同样重要。

机组人员的管理主要是针对机组人员的责任,根据服务规范,对服务过程进行的组织与管理,包括责任分工、工作协调、紧急事件处理等,在紧急情况下的执行力与执行能力至关重要。

乘客行为的组织与管理就是对乘客的不可控因素所采取的措施。在服务过程中,即使空乘服务人员不折不扣地执行了服务规范,来自于乘客的因素仍可能是客舱中不和谐的音符,使航班无法正常运营。据统计,在某些时段,因乘客迟到而造成的国内航班延误率达20%。而在航班取消,或由于空管、气候原因飞机不能起飞的情况下,有些乘客会大发脾气,出言不逊,提出无理要求,甚至做出威胁飞行器等无礼和非法的事情。另外,也会出现乘客因好奇或不懂规矩,乱动飞机上的设施而引发的航班延误。此外,乘客之间的不和谐也是影响客舱秩序的重要原因。这就需要机组人员耐心、细心观察乘客的心理状态,做好乘客的工作,预防不良行为倾向的出现。

二、实现空乘服务目标的途径

(一)协调服务关系

实现空乘服务目标是航空公司发展的需要,也是公司承担社会责任的基本要求。有了明确的目标后,如何在实际工作中保证目标的实现,是关键问题。实现空乘服务目标,需要注意协调以下几种关系。

1. 机组成员之间合作

机组成员是实现服务目标的直接责任者,担负着实现服务目标的重要责任。当机组团队组成后,大家的命运就已经联系到了一起,而维系大家的就是机组的目标。调查显示,合作是一种无形的氛围,当机组成员团结合作时,乘客能够感受到一种融洽的气氛,乘客对服务的满意度就会提高,安全感也会增加;而对机组来说,置身于团队合作的环境中,会有助于减轻冲突和紧张感,每一个感受到团队支持和以团队为后盾的员工会更好地保持工作热情。员工之间的互相帮助、互相分忧、共同努力,是保持服务热情不竭的力量源泉。

在执行航班任务的过程中,机组成员是个合作的团体,并在分工与合作中完成机组的使命。面对执航过程中复杂的环境与任务,需要他们各行其是、各负其责、团结协作、互相依托、互相关照、互相鼓励。只有机组成员充分地合作,才能更好地理解各自的使命与责任,才能体会到服务的精髓。

2. 机组人员与乘客之间和谐

"同舟共济"可谓是机组与乘客之间关系的最好写照。这里关键的问题是如何在有限的时间内,愉快地相处,把公司的关怀传递给每一位乘客,让他们体会到公司无微不至的关怀。和谐意味着乘客能够体会到"宾至如归"的感觉,与机组人员融为一体,体会到轻松的氛围。在愉快的相处中,机组人员才能为旅客提供细致的服务,旅客才能感到由衷的满意。

在实际服务的过程中,经常出现航空公司对服务的要求与乘客要求不一致的情况。在一般情况下,服务人员是按照以顾客导向为依据制定的规章制度、服务程序为乘客提供服务的。当这些规章制度、服务程序不能满足乘客的要求,或乘客提出了更高的要求时,服务人员与乘客之间就会发生冲突,就会影响机组人员与乘客的和谐。为此,乘务人员必须充分了解公司的服务章程与规范,认真理解公司的服务思想,把握以乘客为核心的服务宗旨,才能忠诚于公司,让乘客的满意度提高。

3. 乘客与乘客之间和睦

乘客作为服务的对象,是共同的目标使大家走到一起的,目标一致,利益相同。但是,在乘客的群体中,也蕴藏着变化的因素,如:矛盾、冲突、安全隐患,甚至极端倾向。为此,乘务人员必须关注乘客的状态,及时处理可能出现的问题,化解各种矛盾,保证乘客之间和睦相处,使之安全抵达目的地。

乘客之间的冲突是多方面的,有来自于服务过程中,比如当服务人员无法同时满足几个乘客的不同期望和要求时,会出现乘客之间的冲突,因为乘务员为一个乘客服务,就意味着别的乘客需要等待,因而导致对服务的不满;另外也有来自于乘客之间的,比如,通道的拥挤、行李的放置、座位之间的相互影响等。这些来自于乘客之间的冲突,表面上看是乘客本身的问题,但实质上是服务的问题。如果服务过程能够提供便利,这些乘客之间的冲突就会化解,甚至消除。所以乘客之间的和睦,主要源自于航空公司为乘客提供便捷服务所进行的设计,源自于服务人员对乘客之间的矛盾进行有效的化解。

(二)实现目标需要注意的问题

1. 责任明确,责无旁贷

乘务组的明确分工是客舱服务目标实现的保证,也是服务工作的基本要求。各个舱位的乘务人员,必须明确自己的职责,明确自己的工作规范与目标,这样才能使服务工作形成一个整体。如果每个岗位都能很好地完成任务,客舱的服务质量就有了保证。相反,每个人都得过且过,缺乏责任心,那么,漏洞就会出现,服务过失也就在所难免。从服务过程的实践来看,任何微小的事件都隐含着极大的责任,都有可能演变成不可控制的事件,危及飞行过程,甚至飞行安全;从乘客的心理来看,任何微小的服务过失,都可能引起乘客的不满,使努力付出的服务付诸东流。所以,空乘人员在执行任务的过程中,必须时时明确自己的责任,尽心尽力地履行自己的责任,不能以任何借口推脱责任。

好奇的乘客穿上了救生衣

某航班上,乘务员在巡视客舱时突然发现有一位乘客身上穿着一件已充了气的救生衣,询问后得知是该乘客看完安全演示录像后,好奇地想看看救生衣到底是什么样子,当拿出来摆弄时,不小心碰到了充气阀门,造成救生衣充气。乘务员立即进行了以下紧急处置:报告机长;制止乘客的不当行为;向乘客宣传应急设备只有在紧急情况下才可使用;根据机长下达的处理原则,协调地面人员做好善后工作。这件事情发生后的处理方式比较正确,但造成这一事件的主要原因是乘务员对客舱监控不力。乘客中的很多人特别是初次乘坐飞机的人会对飞机上的设备有着强烈的好奇心,有的人还会亲自动手触摸尝试,极易发生危险,乘务员应该保持高度的责任心,对乘客的好奇心加以正确引导,以防止此类事件的发生。

2. 互相补充，协同作战

客舱服务是以经验为基础的积累型服务，每个乘务人员的经验与水平各异，作为服务的团队，团结合作是弥补能力不足的有效办法。当某个乘务人员在处理问题的过程中陷入尴尬境地时，有经验的乘务人员需要挺身而出，协助调节矛盾，化解纠纷。

3. 提高标准，保证服务质量

服务标准是实施空乘服务的基本依据，服务标准高低直接决定着服务过程与服务质量，如果服务标准能够适应服务目标的要求，那么，空乘服务目标的实现就有了良好的保证。服务标准应该适应乘客多样性的需求，根据乘客的期望及时调整服务标准，才能使公司空乘服务处于领先地位。

这里需要指出的是，服务标准是客观的，而服务质量是主观的。服务质量是个十分模糊的问题，其模糊性来自于人的强烈的主观感受和选择判断的倾向性。心理学上有个著名的玻雷斯伯效应，指出人类的感觉器官是极端脆弱和不准确的。比如，把毫无药效的生理盐水注射给声称全身疼痛的人，结果多数人在测试报告中称"疼痛大大减轻"。玻雷斯伯效应告诉服务业者：高质量的服务表述和高质量的服务过程同等重要，顾客感知的满意程度才是企业真正关心的，而不应该抱着这样一种心态："我们的服务这样好，顾客应该满意了。"

4. 细心观察，灵活应变

乘客构成的多样性和需求心理的复杂性，决定了服务过程中要细心、灵活应对各种情况。通常所说的"服务于服务之前"就是要求乘务人员在不断的观察中发现乘客的需求迹象，跟踪乘客需求的变化，选择合适的时机为乘客提供及时、灵活的服务。服务是个细致的过程，勤于观察，才能在第一时间获得乘客的需求信息，正确作出判断，在第一时间出现在需要服务的乘客面前。

一个乘务员的真实经历

今年6月16日，我执行 CZ 3589 深圳至上海航班的飞行任务，航班因天气原因延误了4个多小时，部分乘客对天气原因造成的延误不理解，心浮气躁，登机后，在客舱里故意找'碴'，吵闹不休，我与同伴不停地在客舱内解释、送饮料，并将机组自备的快餐面发给部分需要的乘客,但情绪激动的乘客却听不进任何解释,发下去的意见卡被撕毁,送上的饮料、杯子被摔在过道上。这时,我无意中听到坐在11排的中年男子轻轻地感叹了一声:"我也是搞服务的,干这一行真不容易。"我马上意识到这是实行"开口"服务的好机会,我从询问他的职业、虚心向他求教服务技巧入手,与这位从事酒店服务业的吕姓乘客攀谈起来,他除了对我们的工作给予理解之外,还主动担当了调解员,与我们一道向周围的乘客解释。真没想到,在酒店当老总的他说服能力很强,不一会儿工夫,乘客的情绪就平静下来了。在航班结束的时候,我们互留了电话号码,打这以后,他就成了南航的常旅客了。

(资料来源:罗小君.中国民航报.)

5. 坚定不移,有始有终

服务满意程度除了服务过程的完美以外,还需要十分重视服务过程的关键环节,因为某一个敏感的细节往往成为乘客不满意的导火线,成为引发服务冲突的诱因。服务过程伴随着长时间的体力、精力与耐力的消耗,而乘客也会随着时间的推移产生身体疲劳、心情烦躁等不良反应,从而具有易于激动、情绪失控的心理特征。资料显示,旅途的后半程是最容易出现服务冲突的阶段。因此,服务人员在服务过程的任何阶段都不能有麻痹思想,也不能减轻服务的强度。乘务长更要加强客舱巡视,提供个性化服务。

6. 身心互动,以情动人

空乘服务之所以是高层次服务,关键在于服务过程的心理投入。情感是通过眼神的交流和温馨、甜美的笑容来传达的,乘客最不能接受的是心不在焉的服务过程,因为那是对他们的不尊重,是服务的懈怠。神情与服务内容合一,才能传递真心的呵护,才能使乘客体会到温暖。

7. 技能精湛,万无一失

空中乘务的技术性很强,需要专项技能的支持。空乘服务是在运动的空间内完成的,这又加大了服务的难度。所以,服务人员必须具备精湛的服务技能,这是需要长期磨炼的,特别是那些应急设备,必须熟练掌握使用方法和使用条件,绝不能得过且过,否则就是在安全方面的渎职。再有,对特殊情况的处理,必须具备高超的技能,以应付可能出现的各种情况。

8. 创造内部环境，激发责任感

国泰航空公司的理念是：乘客要得到最好的服务。只有服务人员的服务发自内心才是真正的好。但怎么能让员工对乘客的服务发自内心呢？他们的答案是：如果公司首先给予员工安全感，员工在这里工作就会有归宿感，就会更好地表现出责任感，更好地回报公司。他们认为，员工自己需要得到公司的良好服务，才能把这种情感转移到为乘客服务上，才能够提供发自内心的服务。正因为公司的关怀，激发了员工的工作热情，许多国泰员工终生为其工作。

国泰航空公司的实践表明，公司必须将一线的空乘服务人员作为宝贵的资源，而不能认为他们是公司组织中最底层的人员，随意更换与辞退。这样才能真正激发乘务人员持续的工作热情。当员工感受到他们的价值，感受到"他们所做的一切正在改变、影响着整个公司的服务"时，他们就会将实现服务目标置于自己自觉行为的最高层面，内在的潜能就会得到最好的激发。

本章小结

1. 通过对空乘服务目标的解析，分析了服务目标的内涵、作用以及特点。服务目标具有启迪思想、维系心理、引导行为、激励热情等作用。

2. 结合空乘服务的实际情况，分析了空乘服务的目标体系，将空乘服务目标分为宏观目标与微观目标。宏观目标描述了空乘服务与公司发展的关系；微观目标定位了客舱服务过程应该到达的基本目的，并指出空乘服务人员应该胸怀公司的远大目标，在实际工作中以微观目标为具体服务行为的指南，通过微观目标的实现，来保证公司宏观目标的实现。

3. 分析了影响空乘服务实现的因素，并就实现空乘服务目标的途径进行了分析，认为处理好机组成员、机组与乘客、乘客与乘客之间的关系是实现空乘服务目标的基本保证，而明确责任、用心服务、提高技能、具有团队精神是实现空乘服务目标的具体措施。

思考与练习

复习题

1. 什么是目标,什么是空乘服务的目标?
2. 空乘服务目标的特点与作用是什么?
3. 空乘服务的目标体系包括什么?
4. 影响空乘服务目标实现的因素是什么?有哪些对策?

思考题

1. 如何理解空乘服务目标的激励性?
2. 如何定位每个乘务人员在实现空乘服务目标中的责任?如何更好地履行责任?

第三章 空乘服务思想与服务文化

课前导读

空乘服务是一种有意识的主动行为,在服务的过程中,一个眼神、一个举止都反映着航空公司对乘客的态度以及为乘客利益所作出的努力。思想意识决定行为,有什么样的服务思想与服务意识,就会有什么样的服务方式,也在根本上决定了服务质量。树立现代空乘服务的思想,并将服务思想固化在行为中,对于航空公司的发展,提高全社会的服务水平至关重要。本章全面阐述了空乘服务思想的内涵与积极作用;从民航服务的发展趋势角度,提出了空乘服务思想体系,并就如何塑造空乘服务思想进行了分析。通过本章学习,使读者明确:树立正确的现代空乘服务思想是保证服务质量的前提,而服务思想的核心就是尊重旅客的价值。

教学目标

1. 明确空乘服务思想的概念与作用,强化对现代空乘服务的全面认识。
2. 掌握空乘服务思想体系,理解服务思想的本质。
3. 明确如何塑造空乘服务思想,提高服务意识。

案例

一位空姐在完成一次航行任务后迈着沉重的脚步返回基地。航班服务中的一幕在眼前挥之不去……

当一位乘客提出需要湿巾的时候,她想:这是航班,不是酒店,不是你家,不是你想怎样就怎样。于是脸上露出不快的神情,并说:"现在飞机上可能没有湿巾,我找找看吧!"然后,她一直没有给乘客圆满的答复。飞机着陆后,乘客找到了她,说明了情况。原来,该乘客在上飞机后,眼睛被眯住了……

最后乘客说:"小同志,其实我的要求并不过分,但是你的态度令我很不满意,能不能解决问题是一回事,但你的态度却说明了另一个问题呀!"

此时,这个空姐才意识到自己犯了不该犯的错误!当乘客有需要的时候,她把满足乘客的要求放在脑后,违背了公司的服务思想……于是她陷入了自责中!

空乘服务是在一定的思想驱动下的主动行为,服务思想决定了行为方式以及行为结果,有什么样的服务思想,就会有什么样的服务行为。因此,提高空乘服务质量,必须首先从服务思想的塑造入手,让服务意识深深扎根于每个乘务人员的心灵,固化在日常行为中。

第一节 空乘服务思想的内涵及作用

一、空乘服务思想的内涵

(一)什么是空乘服务思想

空乘服务思想即是对服务意义和服务行为的理解与态度。在空乘服务过程中,乘客与公司的关系、乘客与机组之间的关系、乘客与每个乘务人员之间的关系,构成了公司与服务对象关系的集合。这些关系,看起来很明确,但在实际工作中未见得能够完全体现出来。空乘服务思想就是站在市场、公司发展、企业竞争的高度,去正确认识上述关系,从而指导空乘服务的发展方向。

思想是指导行为的哲学或态度,也是服务行为方式的发源地。在实际服务过程中,优秀的服务案例和失败的案例的区别,表面看是问题处理的结果不同,其实关键是指导行为的思想不同。

比如,有些乘客刁蛮,而乘务员也寸步不让,据理力争,即使乘客退步谦让,乘务员仍觉得委屈,"我没有错呀,是乘客不对!"再有,乘务员中规中矩地为乘客服务,而提到为乘客提供延伸服务时就觉得不耐烦,认为:"我做得足够好了,为什么乘客还不满意?"其实,这些事例反映出的都是乘务人员对乘客核心地位的漠视,服务思想片面,服务意识缺乏。

(二) 空乘服务思想的延伸

服务应从被动到主动,从单一到全面。空乘服务是一项项细微的服务环节的综合,某个环节出现失误,就会使乘客对整个服务失望或不满,做好一个服务环节是比较容易的事,但把每一个细微的环节都处理好是很难的,这需要树立牢固的服务意识与正确的服务思想,并渗透在行为中。服务思想作为服务行为的指南,决定着服务人员的态度,引导着服务人员的价值取向。俗话说"服务是个良心活",而这里的"良心"就是建立在正确服务思想基础上的价值取向。

如果服务意识淡薄,服务思想扭曲,必然带来服务质量上的问题,而且是根本上的问题。我们比较优质的空乘服务与差劲的空乘服务之间差距的时候,很容易看出:服务思想的差距是根本问题,是致命的缺陷。服务思想超前,服务贴近乘客的需求,那么服务内容就更丰富,服务过程就更细腻,服务行为就更完美。

二、空乘服务思想的作用

(一) 空乘服务思想是实现空乘服务目标的推动力

空乘服务思想是对乘客与航空公司关系的定位,这种定位确定了空乘服务人员的角色,也确定了乘客的角色。空乘人员就是公司为乘客服务方案的具体实施者,全心全意地为乘客服务是空乘服务人员不可推卸的责任。

其实,空乘服务过程是空乘人员的心理准绳、职业习惯与技巧的结合,体现着一个航空公司的服务思想。这些思想除了体现在规范的服务过程之中,更重要的是体现在当乘客提出责任、规定以外的要求时。如果乘务人员不知道该怎么办,或者延误了服务时间,或者简化了服务内容,就会损害乘客感知的质量。只有在强有力的服务思想的指导下,在强烈的服务意识的氛围中,乘务人员才能清楚地知道自己应该做什么。先进的服务思想,能开启服务的思路,指导人们的行为,并使空乘人员感受到工作的乐趣,实现自己的价值,进而达到对自身的满意,满意的员工也会为乘客主动提供满意的服务。

(二) 空乘服务思想统一了空乘人员的行为

面对形形色色的乘客,服务过程到底有没有一个统一的标准?结论是:服务过程没有一个绝对的标准。因为,乘客的需求无法用同一个尺度去衡量,同样的服务规范也很难包容不同的乘客的需求。服务标准的最高境界在于空乘人员对服务思想灵魂的把握。

空乘服务思想，统一着人们的行为，也就给出了怎么做的答案，即只要是乘客需要的，只要是为了满足乘客的需要，我们都应该去做，而没有分内分外的区别，更没有任何推脱的理由。

小事折射服务意识

航班就要起飞了，一个乘客匆匆忙忙地找到乘务长说：在离开家之前，她将太阳能热水器的上水开关打开了，由于走时太匆忙了，忘记了关闭，而如果水溢出来，不仅家里被淹，楼下邻居也要遭殃。听了这个情况后，乘务长以安慰的口吻说："你放心吧！我们尽全力帮助你解决。"乘务长认真仔细地询问了一些情况后，便走向驾驶室……

半个小时后，乘务长告诉乘客："你的问题解决了，别担心了，安心旅行吧。"

原来，机组通过塔台通信，与当地的110取得了联系，运用特殊办法，解决了乘客的问题。

本来，乘客家里的事情是空乘服务以外的事情，不能解决，不构成自己的失职，但从乘客的利益出发，乘务人员采取了积极果断的措施，为乘客提供了具有附加价值的服务。乘务人员在该做与不该做的选择上，体现了高尚的服务精神，实现了企业的服务思想，得到了乘客的认可。

（三）空乘服务思想是从空乘服务目标到乘客满意的桥梁

为乘客提供温馨优质的服务是航空公司永恒的追求，是空乘服务人员崇高的目标，然而，从目标的追求，到乘客的满意，不是仅靠朴素的感情就能办到的，需要在心灵深处确定乘客的地位，坚定不移地贯彻为乘客服务的理念，并落实在行动中。

其实，当面对需求各异的乘客的时候，当面对服务过程中复杂的具体问题的时候，特别是当乘客提出过高的要求，甚至有无理之嫌的时候，乘务人员的服务思想与服务理念将面临严峻的考验。平时思想意识不到位，行动就会走样，即使有良好的想法，但处理具体问题的时候也很难把握尺度。所以，一个优秀的乘务人员,必须牢固树立正确的服务思想,时刻将乘客利益放在首位。是否具备正确的服务思想是衡量一名乘务人员是否合格的基本标准,也是选拔空乘服务人员的基本标准。

为乘客服务坚定不移——你比我的姑娘还好

一位六十多岁的老者第一次坐飞机,也许是对飞机上琳琅满目的饮料感到好奇,有全部品尝的想法,他多次向乘务员要了多种饮料,甚至还有啤酒。不一会儿由于对飞机的不适应,加上过多地饮用饮料和啤酒,他开始呕吐,将座位周围的几个乘客全部熏走,舱内地毯上和座椅上也到处是污物。老人非常不好意思,但是他已经没有力气自己处理污物了。乘务员小张走到他面前,拿来温水,给老人漱口,并用干净的毛巾将老人脸上身上的污物擦洗干净,然后拿来一条毛毯给老人盖上。把老人暂时安顿好后,小张蹲下一点一点地清理地毯和座位上的污物。那种难闻的气味使人很不好受,好多乘客用手捂着鼻子,但是小张仿佛没有感觉到。清理完后,看到老人仍然虚弱地躺在座位上没有精神,她倒来一杯温水,慢慢喂给老人,并不停按摩老人的后背和胸口。10分钟过去了,20分钟过去了,她坚持做着同样的动作,脸上一直含着关爱,所有看着她的乘客都感动了。老人慢慢好多了,他睁开眼睛,看到周围人关注的目光,再看看身边服务周到的小张,伸出那满是皱纹的手拉着小张眼含热泪地说:"我不知道说什么好,你比我的姑娘还好!"

(四)空乘服务思想是检验航空公司为乘客服务状态的标准

乘客是航空公司的基本市场,是公司赖以生存的基础,长期维系与乘客的关系,创造永久的客户是公司经营工作的基本方针。而能否保证为乘客提供的服务的质量,首先是看它的服务思想与服务意识。无论是新加坡航空公司的"致力于以创新的产品与优质的服务为顾客提供最佳的飞行体验"的服务思想,还是中国南方航空公司秉承的"客户至上"的承诺,"可靠、准点、便捷"以及"规范化与个性化有机融合"的优质服务理念都是公司宗旨的写照,体现着公司的服务宗旨和对社会、乘客的承诺,体现着航空公司的社会价值。

第二节　空乘服务思想体系

空乘服务的特殊性决定了空乘服务思想是一个体系,它描述的不仅是单一的服务哲学,更是空乘服务过程中对乘客态度的整体描述。

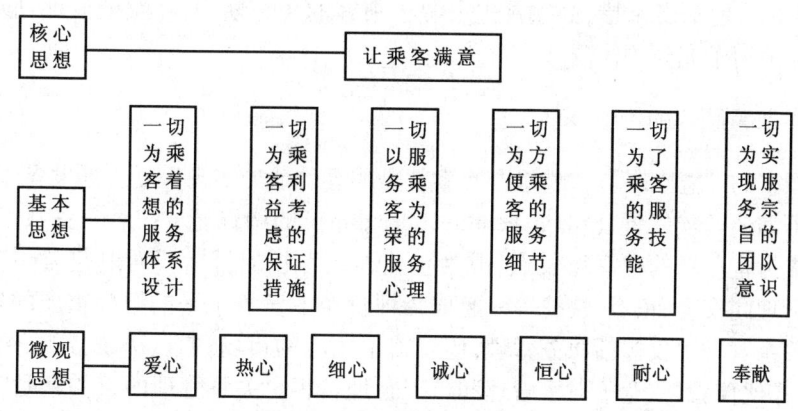

图 3-1　空乘服务的思想体系

一、空乘服务的核心思想

"让乘客满意"是空乘服务的核心思想,是企业的精神所在,也是空乘服务追求的境界。它要求航空公司必须树立乘客第一、服务至上的思想,以满足乘客需要为己任,实践自己的承诺与社会责任。

"让乘客满意"也是航空公司争取乘客的基本武器,是航空公司建立企业信誉、树立良好企业形象、取得市场竞争优势的法宝。

"让乘客满意"的核心服务思想是航空公司建立系统服务思想的根本导向,通过服务思想的具体化、细化,全面塑造企业的服务文化,形成为乘客服务的良好氛围。

"让乘客满意"的思想来源于三个方面:

1. 乘客的服务期望

服务期望是乘客对航空公司服务的预期,是乘客期待在航班中获得的体验的总和。航空公司的服务目标就是实现"让乘客满意"的宗旨,乘客是否满意,不是由航空公司本身界定的,而是由乘客的心理体验决定的。因此,乘客对服务的满意度就成为评价服务的唯一标准。我们重视乘客,不仅仅体现在服务过程严格执行规范方面,更重要的是通过分析乘客的服务期望,发现乘客的诉求,使公司的服务有的放矢,更具有针对性。其实,发现了乘客的期望,也就找到了满足乘客需求最灵的钥匙。很多公司立足于自己的设计,想尽办法来满足乘客的要求,"一厢情愿"地为乘客提供多样的服务,可到头来效果并不理想,这说明航空公司的各种服务举措,必须首先来源于乘客的服务期望,在服务设计、服务实施过程中给予充分的体现。

2. 尊重顾客的价值

顾客的满意点究竟在哪里?答案就是顾客价值的实现程度。据世界著名的管理咨询公司埃森哲公司(Accenture Consulting)的调查显示:"客户关系管理正逐渐成为企业新的利润增长点,成为企业绩效考核的目标。"对航空公司来说,客户管理同安全、正点、快捷等一起成为评价企业竞争水平的极为重要的指标。客户关系管理不仅包括服务管理,还涵盖了相应的市场调查、决策分析、销售管理、合作伙伴管理、竞争对手管理和员工管理。客户关系管理的核心就是"顾客价值管理"。顾客价值已经成为企业未来竞争策略的核心。

21世纪顾客的价值体现为超越顾客满意。顾客是主人,顾客追求成功(事业的、身心的享受、体验、获利)。单纯的顾客满意已不能适应未来的顾客服务,在现实中,很多时候顾客的行为是非常令人难以理解的,即使他很满意你的服务,也不意味着会重复购买你的服务,仅仅通过提供服务形成的企业与顾客的关系是很脆弱的。留住老顾客,维护顾客的忠诚度,必须尊重顾客的价值,从而实现市场、销售、服务的协同。

另外,在追求顾客满意的时代,企业是服务的提供者,顾客是服务的享受者,企业提供什么服务,顾客就购买什么服务,顾客处于被动地位。在电子商务时代,顾客成为主人,企业由服务提供者转为帮助顾客成功的侍者,顾客购买服务,是为了获得知识、能力和机会。旧的思维方式是企业能为顾客做些什么,新的思维方式是企业能让顾客做些什么。一字之差,反映了服务含义的变化,旧的服务模式仅能满足顾客的某些需要,新的服务模式则帮助顾客增添一种能力、一种机会。

美利坚航空公司在客户关系管理方面是业内的佼佼者,公司A级会员体验到了做主人的滋味:他们可以提出许多要求,进行个人旅行设计,如乘客可以提出"从我居住地的机场到有海滩的地方票价低于500美元的班次有哪些"这样"苛刻"的查询条件。如果乘客将自己对于座位位置的偏好和餐饮习惯等列入了个人基本资料,就可以享受到公司提供的各种体贴入微的服务。

为保证顾客的主人地位,企业需作如下改进:

(1)从助顾客成功的角度出发,全面审视企业的服务策略、业务流程,加速企业的流程再造,使内部组织结构日益扁平化,给顾客创造自我管理的空间。顾客可以通过网络自己进行旅行设计、自己办理值机手续、自己选择机上座位等,甚至员工的考核、员工的工资制定——以前纯属企业内部的管理行为——也请顾客参与。

(2)发展顾客承担新角色的能力,引导顾客的价值观。在新的服务模式下,顾客部分地充当了企业员工的角色,这种角色的转变可能带来积极的影响,也可能产生消极的作用,如航空公司的常客得到了"飞行专家"的身份,可以帮助其他新乘客,协助他们找登机口或者系安全带,帮助他们缓解起落时的不适感或者向服务员索要饮料。但是"专家"也是抨击航空公司各类问题的主角,如能引导顾客认同企业的价值观,使之积极地与企业合作,则对提高航空运输服务质量大有好处。

(3)为顾客提供"量身订制"的服务,即为顾客提供极富"个性化"的服务,成为航空服务发展的必然趋势。现有的服务项目,主要还是以传统的、统一的标准式服务为主,尽管也是按顾客所需设置的,但都是批量生产的,就是说它至少是为满足一部分顾客需要设计的,不是为某一个顾客单独设计的,还不是真正的"个性化"服务,这既是因服务理念的局限所致,也因信息技术的限制。现代信息技术飞速进步,掣肘的因素日益减少,主要还是观念转变的问题。

以往的看法是"量身订制"一般适用于有形产品的生产,不太适合于航空运输这类以无形产品为主、批量生产更有利于提高服务效率的服务业。这样的观点还对吗?让我们看两个例子:学校教育与航空服务相比,可以说更加具有无形的特点。在香港,一所知名中学有七百名学生,就有七百份课程表。学校根据每位学生学科成绩、爱好制订课程计划,即每个学生都有适合自己情况的课程表。在业内,素有创新传统的英国航空公司已为21世纪空中旅行设计了新模式,目前正在研制一种智能座椅,它将具有读取乘客体温并自动调整椅面温度的功能,还能测出乘客的身高和体重,并据此给椅身中有序放置的空气囊袋充气或放气,以符合乘客体形,保持最大舒适度。在商务航班中,这种座椅能利用存储在信息卡上的信息,在旅客每次乘坐飞机时将其个人资料下载,从而及时调整座椅,实现"量身订制"。

3. 公司的长远发展

一个显而易见的问题是公司的长远发展靠什么。其实,企业发展最宝贵的财富是企业长期积累起来的企业形象与信誉,而这种积累需要正确的指导思想来指引。如果说服务过程的一个失误,属于技术性的,那么思想上的偏差再小,也是全局性的,是致命的,具有深远的影响。比如,公司对乘客态度上的偏差,会导致公司服务政策上的偏离,会影响服务人员的服务意识和服务作风,其结果是失去乘客的信任,而要纠正这个偏差则需要长期的艰苦努力,甚至几代人的努力与付出。公司的长远发展要求企业的行为要建立在正确的指导思想的基础上,绝不动摇,通过培育过程,建立企业的服务信誉,建立赖以生存的基础——忠诚的顾客。显然,公司的发展是正确思想指引的结果。

二、空乘服务的基本思想

服务不是机械性行为,服务过程的态度、意识和指导思想,时刻影响着服务人员用什么态度对待每一位乘客,决定着服务质量。空乘服务的基本思想体现在为乘客服务的细节上,具体体现在以下几个方面。

(一)一切为乘客着想的服务体系设计

服务质量是否让乘客满意,固然离不开服务过程中服务环节的保证,但为乘客提供什么服务内容,提供什么质量的服务等预期的质量问题也至关重要。如果没有想到为乘客提供什么样的服务,也就谈不上如何为乘客提供服务。

服务体系的实践,就是航空公司根据乘客的需要与变化,通过服务创新,以乘客的需求为导向,进行服务产品的设计。这种服务产品的设计往往能够使企业站在服务竞争的制高点,更容易让乘客感到被企业所重视,使其通过自身价值的被承认而感到无上的满足。

(二)一切为乘客利益考虑的服务保证措施

空乘服务是一项效果后置性很强的工作,在事情发生之后即使采取服务补救措施,其后果也难以令人满意。所以,防患于未然是空乘服务的基本原则,为此,必须充分考虑乘客的利益,制定详尽的保证措施,防范到位,措施到位,而措施到位必须服务思想到位。当把乘客作为体贴关照的对象时,为其提供什么样的超值服务都不为过。

(三) 以服务乘客为荣的服务心理

服务对乘客来说是一种享受,而对服务人员来说是一种付出。这种付出,有人认为是一种快乐,有人却认为是一种负担。不可否认的是服务需要付出艰辛的劳动,有辛酸、有汗水,甚至付出血的代价,但换来的是乘客愉快的旅途生活,这是职业的要求,也是投身于空乘服务行业所享受的快乐。所以,空乘服务中,每个人都需要树立以服务为荣的思想,以全心全意的服务投入,换取自己价值的体现,赢得乘客对公司的满意评价。

(四) 一切为乘客方便的服务细节

服务是一项注重细节的工作,因为它伴随着乘客强烈的心理体验和个性的检验。服务工作中,经常出现的除了重大的问题以外,更多的是细微之处的安排与操作。"细心是消除服务冲突的有效手段"、"细微之处见真情"道出了为乘客服务的真谛。细节是构建乘客满意的基本要素,也是服务品质的重要体现。注重服务细节就是服务过程要细致入微,服务技巧要游刃有余,对乘客的需求要明察秋毫,每个服务动作要稳、柔,用表情传达服务的内涵。

"与人方便就是与己方便"。服务中的过失与失误往往是处理问题的出发点出现了问题。服务人员过于自我,必然导致忽视乘客,潜意识上的地位错位带来的不良后果便接踵而来。要学会细致、细心,在服务中体现细致;要贴近乘客的心理,从服务中体现乘客的价值。

(五) 一切为保证服务质量的技能

技能是提供优质服务的根本保证。服务质量是工作质量的反映,工作质量除了工作中的态度外,还需要精湛娴熟的技能。空乘服务技能具有两个功能,其一是完成服务过程,其二是体现空乘的高雅性,体现服务的高品位。空乘服务的技术动作特点就是雅致,体现着服务技能与服务艺术的完美结合。

三、空乘服务的微观思想

空乘服务是由一系列微小而琐碎的具体服务工作组成的,通过每个乘务人员的工作来完成。每一个乘务人员都是身心结合的统一体,所表现出来的行为品质构成了公司的服务品质。因此,在实现空乘服务目标,打造航空公司品牌方面,每一个乘务人员在工作细节方面所表现出的服务品质至关重要。任何服务过程都离不开乘务人员身心的统一,通过服务向乘客传递着一种信息——被重视的程度,使每一个乘客感受着不同的心理体验。

空乘服务的微观思想固化在乘务人员心灵中,体现在服务的细节中。在现实层面上,空乘服务的微观思想具有直接的决定意义。比如,在空乘服务的过程中,每一个服务动作都需要做到神情与动作的有机结合,动作离开了神情,表情木讷,目光游离,服务动作就是机械的,乘客就会感觉到乘务人员心不在焉。空乘服务的微观思想就是对乘务人员心态与行为特征的具体要求,并将这些要求固化在行为中,体现在服务过程中。

(一)爱心

爱是一种力量,爱是人与人交流中的核心信号,是人类行为的基本特征。在任何行为中,付出了爱心,这种行为就具有感染力,就使人感动,空乘服务之所以是高层次、高品位的,"爱心至上"是其本质特征。在空乘服务过程中,将乘客作为爱的对象,服务工作就会具有主动性,就会使服务行为充满生机与活力。

(二)热心

如果说爱心是人类活动的本质特征,那么,热心是爱心在行为表现中的外在特征,是一个人的主动意识与行为的表现。一个热心的乘务人员,在服务中就会具有主动性——主动观察乘客的需要、根据乘客需求的潜在特征去主动询问、提供帮助。另外,热心也会反映在为他人提供帮助的频率上,从这个角度看,乘务人员应该是个"热心肠"的人,他会在为他人提供帮助中获得愉快的内心体验,感受服务于他人的快乐。热心的动力来自于爱心,热心的强度取决于性格,所以,培养热心必须首先塑造爱心,同时注意外向型性格的培养。

(三)细心

细心是服务质量的基本保证,也是对空乘服务人员的基本要求,细心既是一种态度,是一种行为方式。说细心是对空乘服务人员素质的基本要求,就在于细心体现着体贴,体现着关怀;说细心是一种态度,就在于服务本身"没有借口",不细心就意味着缺乏职业感与责任感,缺乏敬业精神;说细心是一种行为方式,就是说空乘服务需要细心的思考,需要长期养成的、习惯了的行为模式。细心就是在服务中把握分寸,因时、因地、因人提供个性化服务。粗心是细心的对立面,也是空乘服务潜在的敌人。树立细心的服务思想,就是要想得细、做得细,将服务过程置于细腻的服务之中。

(四)诚心

古语中"心诚则灵"、"精诚所至,金石为开"是对"诚"的最好描述。就像我们反复强调的那样,服务是心的贴近与爱心的传递,如果身心分离,敷衍了事,疲于应付,那就是缺乏诚心,就是缺乏服务意识与职业道德。每次乘客登机的时候,服务人员迎宾、微笑、鞠躬,看似简单,也似乎机械。但迎宾这一空乘服务的序幕,决定着乘客对航空公司、航空机组认可的程度,如果落座后你听到乘客讲"你看那迎宾小姐多亲切!"或"你看她那神情,简直就是一个木桩",你就会明白乘客对乘务人员的态度多么在意。可以说,真诚的态度可以使乘客带着愉快的心情度过枯燥的空中旅行,忘记烦恼;相反,一份好的心境被破坏,服务冲突就由此埋下伏笔。

(五)恒心

空乘服务过程是在特殊的环境下完成的,这种环境不仅增加了劳动强度,而且对人的身心都具有一定的影响;同时,长途旅行,对乘客的心情造成的不良影响,使乘客容易产生烦躁、不安的情绪;另外,乘客对航空服务的期望值很高,且多样化,增加了服务的难度与强度,长期的积累也容易使乘务人员的心理发生微妙的变化,产生厌烦情绪。因此,恒心是乘务人员必备的心理素质个性特征。一个人要能持之以恒地坚守在空乘服务的第一线,需要坚强的意志品质和顽强的毅力。

(六)耐心

耐心是对付出的一种坚持,是保持同一种行为的持久性,是面对重复出现的服务现象所保持的忍耐力,耐心表现为当重复事件出现时,特别是一个简单的事件反复出现时,仍能保持斗志与热情的心理倾向。通常情况下,耐心具有随时间而衰退的特征,亦即随着时间的推移,耐心的强度就会减退,就会变得不耐烦、敷衍,也就埋下了服务不满意的隐患。所以,空乘人员必须从职业角度,培养自己的耐心,增强职业责任感;从个性的角度,培养自己的持之以恒的品性,始终如一地爱自己的岗位。

(七)奉献

奉献于社会、奉献于乘客是空乘服务微观思想的最高体现。奉献是行为动力的源泉,当奉献精神在乘务人员的心灵深深扎根的时候,他就会无私、大度、豁达、充满激情;奉献是乘务人员投身于服务的最高境界,奉献在服务过程中无法用语言描述,但会在服务的行为中得以体现,它使服务行为更加完美无瑕,更加人性化,能更好地提升服务层次。

东航的服务思想与文化

东航精神——满意服务高于一切

- 满意服务是履行使命和实现目标的基本保证,展示了东航人的奉献精神。
- 满意服务的内容是真诚回报的服务过程和用心关爱的服务境界。
- 满意服务的基础是保证安全。没有安全,便没有一切。
- 满意服务的对象是社会、客户、股东和员工。服务对象的认可与否,是评定我们服务质量的唯一标准。
- 满意服务永无止境,需要不断创新。

东航核心价值观之一——精

- "精"意味着千锤百炼中打造的精华。精益求精是公司的致强之道,是公司矢志培育的竞争优势。
- "精"将永远作为公司一切工作的出发点:航空安全上坚持一丝不苟和预防为主的原则,以确保旅客安全抵达;航空服务上倡导精诚努力和细微关怀的姿态,以营造满意服务的最高境界;人力资源上吸引和培养具有精明头脑和综合素质的人才,以提升企业竞争力;管理上树立精简务实的工作态度和精打细算的理财意识,以追求最大收益。
- 公司推崇精细务实的工作作风,注重对产品(服务)的精雕细镂并强调细节改进。

东航核心价值观之二——诚

- 诚信是公司立业之基。诚信是赢得客户、赢得市场的前提。放弃诚信就会使公司丧失生命力。
- 诚信是员工立足之本。诚实守信、忠诚正直,是必须恪守的职业道德。

● 公司忠诚于社会、客户、股东和员工,并要求员工忠诚于公司。我们倡导诚实守信的责任意识和诚恳真心的待人原则。

● 敬业是对岗位的诚信。我们包容诚实的错误,拒绝损害公司利益的虚假。

东航核心价值观之三——共

● 公司发展和社会、客户、股东、员工的利益相一致,同舟共济、和谐与共的发展是我们坚定不移的信念。公司相信员工满意是客户满意的前提,坚信事业成功来自全体员工的共同努力。

● 公司尊重员工的个性,同时要求员工具有团队意识、整体意识和大局意识。

● 公司接受地域文化的差异,但是更强调服从企业整体战略。公司承认利益的个体性,但是更强调团队管理的整体性,强调团队整体利益高于一切。唯有同心同德,才能不断战胜困难。

东航核心价值观之四——进

● 发展是硬道理,进取和创新是公司可持续发展的动力。

● 公司发展是保证安全前提下的发展,是确保服务质量的发展,是社会效益和企业效益相和谐的发展。同时,公司发展也是促进员工成长的发展,是实现与合作者共赢的发展。

● 树立忧患意识,才能赢得发展、不断前进。我们要始终保持发展的意愿,积极战胜困难,并付诸行动。

● 与时俱进是公司基业长青的保证,开拓创新是赢得市场的有效方针。我们尊重和鼓励员工的首创精神,并为此创造和提供必要的条件。

第三节　空乘服务思想的塑造

正确的服务思想不是从天而降的,更不是天生就有的,是长期培养与塑造出来的,一个人潜移默化的成长环境是培养与塑造正确的服务思想的基础。从空乘人员的职业素质培养与要求来看,需要强化服务思想。

一、深刻理解服务内涵，不断强化服务意识

在常人看来,服务是一种简单的劳动,然而空乘服务作为航空服务的外向领域,深刻地影响着行业的发展,以及行业的社会形象。真正站在航空服务的领域看空乘服务,空乘服务本质上已经超越了服务本身。特别是在市场竞争的推动下,航空公司不断地寻求服务创新,通过服务内涵的外延扩充,寻求企业发展的突破口,由此带动了与乘客关系的深刻变化。新型的顾客关系的核心就是重视顾客价值,而在顾客价值的导向下,服务意识则是服务人员智慧发挥的催化剂。我们必须承认,服务思想是个人素质与心理品质在职业平台上的升华,具有服务意识,服务人员才跨入了服务的门槛,才与"服务"匹配。

就像人们探索我国空乘队伍水平时所描述的那样,"缺乏服务意识是我们空乘服务的致命伤"。塑造乘务人员的服务意识,是提高服务水平不可逾越的台阶,缺乏服务意识必然缺乏职业责任,服务必然处于一种游离状态,服务质量无从保证。

有这样一个需要治理的死角

飞机的客舱是乘客休息与乘务人员工作的地方。然而乘客们会经常发现,客舱的备品室却成为乘务人员偷懒、休息的地方。在飞机飞行中,服务巡视是乘务人员的基本任务,乘务员通过这个服务环节,去发现乘客的需求,并及时解决服务问题。然而,在国内许多航班上,很少见到乘务人员的主动巡视,呼叫铃倒成了乘客与乘务员联系的纽带,许多乘务员躲在备品室里偷懒,甚至有些不得体的行为举止。人们不禁要问:我们休息的时候,乘务人员在做什么?客舱的状态谁来监控?如果乘务员也休息,那么我们的安全由谁来保证?

这样一件平常的事情,反映了我们乘务人员的职业素质与服务意识——责任感的缺乏,别忘了乘客的安危都系在你的身上。

二、正确认识服务本质，明确乘务人员与乘客之间的关系

"乘客是人,乘务人员也是人呀,我们不比乘客低一等!"我们会在不同场合

听到乘务人员的抱怨。表面看来,乘务人员说得不错,乘务人员确实是与乘客具有同等权利的人。但仔细分析就会发现,站在职业的角度,乘务服务中无法遵守严格的平等关系,权利、人格上的"平等"会被职业所要求的与乘客之间关系的"不平等"所替代,这是利益关系所决定的。确定服务与被服务关系,就确定了服务过程中航空公司是满足乘客需要的主体,乘务人员是实现满足乘客要求的微观个体,一切必须服从于尊重乘客价值、体现乘客主导地位的思想。

不和谐的音符回荡在首都国际机场

2006年6月的一天,我在首都国际机场转机,走进2号候机楼的时候,发现在国内某航空公司的值机柜台前,聚集了三四十人,在与当班的工作人员进行激烈的争吵,甚至有发生身体接触的可能性。仔细听来,才知道事情的原委。原来,该批乘客乘坐该航空公司的飞机飞往包头,根据气象预报包头机场不适合飞机着陆,备降北京首都国际机场,等待飞往包头。结果,乘客已经滞留首都国际机场4个小时,该航空公司还未对其进行妥善的安排,对于续飞航班的飞行问题也未能作出满意的答复。乘客和当班的工作人员由此产生语言冲突。面对乘客的"质疑",当班的工作人员理直气壮地维护自己的"尊严",争取自己的"平等权利",使矛盾进一步激化。后来,公司高层人员谦虚的态度和公安人员的劝解,才化解这一冲突。

其实,这是个不该发生的事件。由于天气原因造成航班延误或备降其他机场,乘客是理解的,但需要航空公司妥善处理好在备降机场的相关事宜,耐心地解释,提供周到的服务,而不能置之不理。更不可原谅的是,当冲突出现的时候,航空公司的工作人员感情用事,语言粗鲁,个人情绪化,只顾争取个人颜面,结果必然影响公司的整体形象。

三、树立职业意识与职业精神,主动适应服务行业的要求

职业就意味着限制,它要求从业人员必须树立职业精神,遵守职业规范,执行公司的章程,这对从业人员来讲是毋庸置疑的责任。就选择空姐而言,具备良好的适应空乘服务潜质的预备空姐对于未来空乘服务质量的提高至关重要:对现有的空

乘队伍，以职业意识来判断其未来的发展空间也是很好的标准。

树立职业意识与职业精神，就是要通过学习公司的精神与宗旨，理解公司对乘客的态度，发现乘客需求，树立主动服务的意识。

四、磨炼自己的意志品质，体验服务的快乐

"服务是快乐的旅程"，当置身于服务之中的时候，心态是最重要的因素。任何态度的强化都是心理体验的结果，而心理体验在于体验过程中的心情与意志导向。热爱空乘服务职业是从业人员的基本要求，具有良好的心理体验、容纳百川的开阔胸怀是对空乘人员心理素质的基本要求。

一个人的意志品质是天生特质与后天培养的结果。后天培养的核心是在坚定的价值取向下的磨炼。有些人可能具有良好的意志品质倾向，但在具体行动中却没有表现出良好的意志品质，还需要在一定的环境中磨炼和固化，使这些优秀品质成为自己一贯的作风。

第四节　空乘服务文化

一、服务文化

在精神层面上看，服务是满足他人需求的价值多赢的情感性劳动。服务的过程离不开人与人之间的文化的沟通、价值的确认、情感的互动、信任的确立。服务是企业之本，而文化是服务之根、服务之魂，服务文化可以体现服务的最高境界。服务的竞争力在于服务文化的竞争力，具有文化竞争力的服务是不可战胜的。

服务文化是企业文化的组成部分之一，指体现企业的服务特色、服务水平和服务质量的物质和精神因素的总和。

企业提供服务的目的是满足消费者的需要，消费者的需要得到满足的程度是衡量服务水平和服务质量的最终标准。因此，服务文化就体现在为了满足消费者的需要而提供的服务设施、方式、手段、环境和贯穿于实际服务过程中的各种观念上。

二、空乘服务文化

空乘服务文化是指航空公司确定的服务宗旨、价值、服务精神、服务意识、对乘客价值认知的总和,体现在为乘客服务过程中企业服务行为的价值取向。"珍惜每一次服务的机会,珍惜每一个顾客的感受",这种对乘客的态度与自身行为的告诫,体现了企业的服务价值在于乘客满意度的实现。

三、空乘服务文化的作用

1. 提升服务品质

在人们对航空服务的体验中,文化的定格具有总体性与先行性,服务文化的差异是服务差异的核心。如,在对比国内外空乘服务的时候,人们不自觉地首先提出文化差异——人性化和人文化,即对人格的尊重;对比国内航空公司的差异时,往往也离不开对人格尊重的重视。一位受访的乘客在回答对航空公司的服务期待是什么时,脱口而出"要受到尊重",所以不难看出服务文化的品位决定着服务的品位与服务品牌。

2. 校正服务行为

不同的乘务人员在服务过程中,面对变化的环境与各类乘客群体,究竟是什么在"默默"指挥着其行为细节?是什么使他们在突发事件中不乱了"方寸"?应该是企业文化的导向。当服务中面临"是与非"的选择时,企业服务文化的沉淀就成为纠正服务行为偏差的"法宝",这是一种心理契约。

3. 凝聚集体力量

服务文化能凝聚乘务人员和顾客的忠诚度。把认同文化价值的员工和目标客户凝聚在一起,形成良好的经营服务发展循环链,员工有自豪感,客户有优越感,良性互动交相辉映,可以有效提高企业的认知度和美誉度。

4. 提高竞争能力

服务文化可以塑造乘务人员的自律、自觉与自我约束,创造出不可战胜的团队。

东航的"凌燕"服务

1989年5月4日,当时中国民航发展还处于起步阶段,党委领导经过深思熟虑决定以成立"凌燕"乘务示范组的形式来发挥共青团组织在企业中的主力作用。她们以主动的意识、饱满的热情和脚踏实地的努力,向中外旅客展示东航青年、上海青年敬业爱岗、诚实守信、办事公道、服务群众、奉献社会的整体精神风貌。

15年来,"凌燕"随着东航的发展越飞越高,从单纯的"两微服务"到"用心服务",从"亲情服务"到"个性化服务",从"诚信服务"到"特色服务","凌燕"一直以领头雁的姿态走在服务性行业的前沿,不断创新服务、突破自我、提升服务品质。

"两微"服务:用微笑拉近人与人之间的距离,超越语言的障碍、文化的差异;想旅客所想,察觉细微信息,服务在旅客开口之前。

"亲情"服务:顾名思义,就是给旅客以亲人般的关怀与体贴,"凌燕"组的亲情服务准则充分体现了这一点。如果您是年纪较大的旅客,"凌燕"就是您的孙女、您的"拐杖";如果你是可爱的小朋友,凌燕就是你的好姐姐;如果您是初次乘机的旅客,凌燕就是您的好导游;如果您是带着婴儿的年轻母亲,"凌燕"会是称职的保育员;如果您身体不适,"凌燕"会为您送上机内配备的常用药品。这样的服务可谓充满亲情、体贴入微。

"个性化"服务:根据旅客的不同类型为其提供适宜的服务,仿佛是在为旅客量体裁衣,而不是千人一面、千篇一律。举个例子来说:如果是商务旅客,最需要一个良好的办公环境,"凌燕"就尽量不打扰他;如果是一位面带倦容的旅客,"凌燕"会为他创造一个良好的休息环境。

"特色"服务:"特色"意味着比"优质"更高的要求,从旅客的需要出发,使他们满意,更给他们带来欣喜。在这方面,"凌燕"的思路是"突出主题,丰富创意"。

"诚信"服务:本着年轻人锐意进取的精神,以诚信为根本,以"安全、创新"为主题,以"旅客满意率100%"为目标。围绕既定方针,"青年文明号"集体制订了实施计划。

本章小结

空乘服务思想是航空公司的宗旨在为乘客服务层面的体现,是航空公司服务于乘客、奉乘客为尊的思想导向。空乘服务思想作为行为导向,必须牢固地扎根在乘务人员的心里,体现在服务过程中,缺乏正确的空乘服务思想所带来的危害是根本的、致命的。

1. 空乘服务思想就是站在市场、公司发展、企业竞争的高度,正确认识与乘客的关系。提高空乘服务质量必须从提升服务思想和服务意识入手,解决服务的根本问题。

2. 服务思想不仅具有指导空乘服务的导向作用,更体现在对空乘人员行为的影响上。

3. 服务思想是一套科学的体系,包括核心思想、基本思想、微观思想。关键是乘务人员要在实践中,将微观的服务思想落实到为乘客服务的行为中,始终如一,持之以恒。

4. 服务思想不是先天生成的,而是在一定的环境中培养、磨炼出来的。要具备良好的服务意识,首先要树立正确的服务思想,培养自己正确的价值观,形成正确的价值取向。

思考与练习

复习题

1. 什么是服务思想?什么是空乘服务思想?
2. 空乘服务思想的作用有哪些?
3. 空乘服务思想体系包括哪些方面?
4. 如何形成正确的空乘服务思想?
5. 为什么服务文化决定服务的差异性?

思考题

1. 当缺乏正确的空乘服务思想时,对空乘服务质量的危害是什么?请举例说明。
2. 如何在平时的生活和学习中,培养自己的服务意识与服务思想?请检讨自己的思想,总结自己的不足,提出改进计划。
3. 从报纸和其他媒体上,查找五个与服务思想相关的案例,并分析总结。
4. 分析某航空公司的服务文化及其特点。

第四章 空乘服务的内容与基本过程

课前导读

空乘服务内容与基本过程体现着空乘服务的特点。尽管空乘服务属于服务范畴,但与其他服务有着明显的不同,了解空乘服务的内容与基本过程,对于理解空乘服务职业、做好乘客服务工作有着重要的意义。本章根据空乘服务的特点,阐述了空乘服务的基本内容与延伸内容,使读者建立空乘服务工作的整体概念;根据服务与服务需求的关系,分析了未来空乘服务内容创新的基本趋势;结合空乘服务的技术特征,分析了空乘服务的基本过程。通过本章学习,使学生全面了解空乘服务的内容与基本程序,进一步体会空乘服务职业的特殊性,从而树立信心,全面提高综合素质,提高服务技能,适应未来空乘服务职业的要求。

教学目标

1. 明确空乘服务内容与空乘服务的关系。
2. 掌握空乘服务的基本内容与延伸内容,建立空乘服务的整体概念。
3. 掌握空乘服务的基本程序,并通过对服务程序的认识,理解空乘服务系统性与严谨性的特点。
4. 通过案例分析,全面认识空乘服务的职业性,明确未来空乘服务的努力方向。

英国航空公司通过对1500名乘客进行的一项机上娱乐调查了解到:商务旅

客把乘坐飞机的时间当做宝贵的个人时间,利用飞行中的时间消闲一下,以获得身心的放松,收听广播节目是远程航班乘客最为喜爱的休闲方式之一。英航就此推出了全新机上娱乐节目。

美利坚航空公司说:"我们掌握的最重要的信息就是乘客在飞行中仍然保持着充沛的精力,所以我们才斥巨资改造头等舱和公务舱的设施。"而美联航空说:"我们通过调查得知,公务旅客的忠诚已显得越来越重要,并且目前已经没有足够的头等舱座位满足公务旅客升舱的要求,所以我们才增设豪华经济舱,以提高服务等级。"

这些航空公司为乘客服务的举措说明,空乘服务的内容已经从基本服务向发现顾客期望、体现乘客价值方向转变。

忙忙碌碌的空乘人员在做什么?他们应该做什么?这不仅涉及空乘人员的责任,更关系到空乘服务的基本走向。从当代世界空乘服务内容的发展趋势来看,空乘服务的内容正从简单的项目型服务向更深层次的个性化服务、从形式化服务向体贴式的深层次服务方向转化。这些转变必将带动空乘服务内容的丰富与创新。了解空乘服务的内容,对提高服务质量、赢得乘客的信任与支持、树立企业的形象有着重要的意义。

第一节 空乘服务的内容

空乘服务需要为乘客提供全面周到的服务,只有服务设计周密,才能使"放心"、"顺心"、"舒心"、"动心"的"四心理念"落实到为乘客服务的行动中。只有将服务内容与乘客的需求相结合,从关怀、体贴的角度为乘客着想,才能为乘客提供满意的服务。特别是在民航竞争日趋激烈的今天,取得竞争优势,不能仅仅体现在口头上,必须落实在行动中,只有想到了,才有可能做到,也才有可能做得更好。

一、基本内容

所谓空乘服务的基本内容就是乘客必须享受的、具有一定标准与规范的服务内容。它是乘客从登机到离开飞机所必须得到的服务。这种服务是乘客具有的基本权利,也是航空公司的基本义务。从民航服务的特点和服务定位出发,空乘服务的基本服务内容应该包括如下几个方面。

（一）礼仪服务

1. 迎宾

以饱满的热情，规范的礼仪，迎接每位乘客的登机。迎宾礼仪是空乘人员直接服务于乘客的第一步，给乘客留下的心理感受将影响其对公司服务的评价，必须给予高度重视。

2. 问候

用真诚、温馨、甜美的语言送给乘客登机后的第一声问候："欢迎您登机！"这一句简单的问候，代表着机组成员对乘客真诚的欢迎。

（二）技术服务

技术性服务就是与旅客乘机有关的、协助乘客完成旅行过程的专业性较强的服务。

1. 完成乘机须知演示

主要是通过演示过程使乘客对机上的安全设备、设施、用具等熟知，如安全带、氧气罩、紧急出口等的使用；乘机过程中对乘客的基本要求，如紧急降落时的自我保护方式等。目前乘机安全演示有两种方式，一种方式是在播音员的引导下，由乘务人员通过示范动作和形体语言来完成；另一种方式是事先准备好演示的影像资料，通过多媒体进行播放。前者直观、明了，具有亲切感，较好地体现出乘务员与乘客的互动关系，但有时缺乏规范性；后者示范动作标准、规范，但由于缺乏现场气氛而缺乏对乘客的吸引力。无论哪种方式，乘机安全演示不仅是演示技术性的服务内容，更重要的是展示航空公司的整体形象与空乘服务人员的良好精神风貌。因此，演示者必须精神饱满，动作规范，眼神与动作一致，始终保持甜美的微笑。

2. 引导服务

就是对走进客舱的乘客进行引导，使其能够尽快找到自己的位置，安置好行装，尽快入座。机舱狭小、登机时间集中，会导致客舱内暂时的拥挤。因此，必须迅速对乘客进行疏导，否则容易引起混乱，延误航班。

（三）安全服务

1. 应急设备检查

乘务人员配合飞行员登机后根据各自的责任，对照"应急检查单"核实应急设备的位置，确认其处于待用状态。

2. 航前清舱检查

即在地面人员离机后、乘客登机前，有安全员的航班由航空安全员对客舱进行清舱检查，没有航空安全员的航班由乘务长指挥乘务员对客舱进行清舱检查。对检查出现的问题，按照安全规章，以必要的程序进行处理。

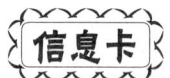

> **飞行的安全与管理——飞行前主要进行哪些检查**
>
> （1）航空器重量及状态；
> （2）固定驾驶舱内可移动之器物，保证所有控制系统均处于放松状态；
> （3）依照飞行手册，逐项认真检查；
> （4）检查计划中飞行所需之燃油供应，计算出起飞及爬高所需之15分钟燃油储备，以及在目的地上空等待45分钟所需之燃油储备；
> （5）从油箱底部或引擎下方之抽油阀提取油样，置于透明容器内化验燃油含量及杂质含量。

3. 乘客登机前的检查

在客舱安全检查和服务准备工作已经完成后，经济舱供乘客存放物品的行李箱全部打开，使其处于安全状态；机组成员的行李、飞行包等放在储藏间里。

4. 旅客登机时的安全检查

观察乘客的状态，确保行李摆放稳妥，确认出口位置的乘客，出现情况及时报告乘务长。

5. 机门关闭后的安全处理

确认所有便携式电子设备关闭,乘务长下达滑梯预位指令后,各区域乘务员操作滑梯预位,并相互检查,通报各区位滑梯预位情况;实施机门再次开启程序。

6. 飞机退出停机位安全措施实施

主要是根据飞行前的安全要求,对安全带系扎情况、椅背、餐桌、遮光板、通道畅通等情况进行检查。

7. 滑行至起飞前

主要是妥善处理有特殊要求的乘客,检查洗手间是否无人使用,处理客舱紧急情况,做好应对紧急情况的思想准备。

8. 飞行中的安全服务

即对飞行过程中的安全事项进行处理,清除各种事故隐患,保证全程飞行与旅客安全。包括全程安全带、行李箱关闭状态、餐车的滑动控制、全程监控驾驶门、客舱、洗手间、应急出口等。

9. 着陆前的安全服务

即为保障飞机安全着陆所采取的一系列安全措施,包括乘客自身方面、机上硬件设施状况,如便携式电子设备关闭情况检查、安全带情况,走廊与应急出口有无障碍检查,小桌板、电源、门、洗手间占用情况等检查。

10. 到达后的全面服务

做好乘客下机前的各项准备工作。如解除滑梯预位,打开舱门,确认客梯/桥停稳。

11. 下机后的安全服务

主要是清理客舱,检查有无滞留乘客与遗留物品。发现问题要登记并及时上报。

空中交通最安全

中外大量的调查与研究证明,空中交通最安全。如中国国际航空公司已保持了45年的安全纪录。美国也曾对航空安全作过统计,在26个月中,美国主要航空公司完成客运量5亿多人次,乘客周转量54亿多人/英里,起降1000万架次,而没有发生过重大客机事故。事实证明,航空运输的安全系数在各种交通工具中是最高的,比铁路高4倍,比公路高15倍,比出租车和小轿车高132倍。

(四)餐饮服务

按照服务规范向乘客提供餐饮服务。包括提供洗面巾、饮料、酒水、餐食;对特殊的乘客提供特殊餐食。依舱位不同、航程长短不同、时间不同,提供的餐饮服务内容各不相同。

(五)救助服务

1. 乘客安抚

对乘机过程出现恐慌、畏惧的乘客提供心理服务,像亲人一样关怀开导,并提供有益的帮助,使其平安到达目的地。

2. 机上医务急救

对由于乘坐飞机而出现不适的乘客,说明缓解症状的办法或提供药物;对有传染病的乘客,进行隔离或者特殊处理;对旧病复发或突发疾病的乘客,进行紧急救助。

3. 特殊救助

对乘客登机后出现的非常情况或困难给予特殊救助。如登机前事情的延续处理、物品丢失、下机后的延续问题等。

(六)娱乐服务

即为乘客提供报纸、刊物、视听等娱乐性服务,使乘客轻松愉快地完成旅行。

(七)咨询服务

即回答乘客关心的各种问题。如航线地理、旅行常识、航空知识(如所乘坐飞机的机型特点等)。

(八)乘客管理

即通过实施有效的旅客管理,保证整个航程旅客的人身与财产安全,使乘客感觉放心、顺心、舒心、动心,路途无忧。包括非正常乘客的处理、需要特殊服务的乘客、伤残乘客的处理等。

(九)应急处置

应急处置就是在紧急情况下,在机长指挥下,迅速采取处置措施,消除各种隐患。如应急撤离、火灾、客舱释压、应急求救、危险品处理、客舱排烟等。

(十)机上商务服务

主要是提供航线所经地区所特有的各种商品。目前,国际航线上,机上商务服务发展较快,向高档化、特殊化、民族化的方向发展。

二、延伸服务

空乘服务更多地表现出无形性的特点,乘客对航空公司服务满意与否也更多地来自于个体的感受与内心体验。通常情况下,最能感动人的事件也就最能引起人们的共鸣,能够留下深刻的记忆。在基本服务趋同的今天,各个航空公司的服务竞争,也在从技术层面的服务向内在服务转变,更加重视延伸服务。

(一)个性服务

即根据乘客的个性需要所提供的服务。个性服务是空乘个性化服务的重要体现,要求乘务人员根据乘客的不同需求,采取积极的态度与特殊化手段提供个性化服务。如喜欢言谈的乘客,就可以适度地与其进行多方面的沟通;对喜欢安静的乘客就不要过多地打扰等。

(二)关怀服务

即通过细致的服务,让乘客感受到如家的温暖与踏实。通过乘务人员的细心观察,发现乘客心理的细微变化,对乘客"问寒问暖",像对待朋友、亲人那样对待乘客,使他们感觉到乘务人员可亲、可爱。

(三)后续服务

即为乘客提供离机后的相关服务。包括旅游、住宿、商务等方面的服务。

三、丰富空乘服务内容的基本思路

随着市场竞争与乘客需求的变化,空乘服务内容在不断地丰富,体现了航空公司为满足乘客要求所作出的不懈努力。从世界各国航空公司的乘客服务内容的变革来看,空乘服务的发展趋势具有三个特点,其一是重视乘客的价值,不断通过服务内容的合理设计,更贴近乘客的心理需求;其二是通过服务内容的丰富,让乘客感觉到细致入微、关怀备至的服务;其三是空乘服务内容的无边性,即空乘服务涉及生活各个方面。总结起来,我们可以从以下几个方面观察未来空乘服务内容变化的基本趋势。

(一)重视乘客期望,突出乘客价值

乘客需求期望是乘机消费固有的特性,在乘客有了乘机的权利的同时,也就承认了乘客期望的价值,确认了空乘服务中乘客的核心地位。

在重视乘客期望、突出乘客价值方面,国际上知名的航空公司走在了前列。如大韩航空公司将乘客期望作为公司服务的根本,从实现乘客的价值入手,分析乘客所关心的问题,采取切实可行的措施来实现乘客的价值。2007年他们根据乘客需要和市场竞争的要求,将服务延伸到行李特殊处理上,对头等舱乘客的托运行李进行特殊包装与领取时的便捷处理,大大地提升了乘客的价值,使乘客真正体会到了什么是关怀与重视。

(二)延伸价值,为乘客提供全方位的解决方案

延伸价值指的是体现在主服务范围之外,而对主服务价值产生深刻影响的、具有互补性的服务产品所带来的价值。也就是说,当传统的服务处于静止的状态时,冲破局限的服务内容,重新建立乘客与公司的联系。尽管这些提升的服务微不足道,但却极大地提升了乘客的价值感,增加了乘客的收益。如英航为乘客提供了淋浴与熨烫衣服的服务,为乘客第二天出席会议或执行公务提供了便利。

将服务的概念贯彻于为乘客服务的每一个细节里。为乘客创造超额价值的机会存在于乘客与空乘人员的接触中,抓住这样的机会,为乘客提供服务,帮助顾客解决问题。对航空公司的空乘服务来说,它的价值体现在乘坐飞机前、飞行

中和乘坐飞机后三个阶段。三者是一个整体,乘客延伸的价值体现在这个服务过程中。

> **大韩航空为乘坐国际线头等舱的旅客推出新的行李托运服务**
>
> 从2007年4月1日开始,国际线头等舱旅客托运的行李,将被妥善地放进印有大韩航空标志的专用塑料袋内并密封包装,从而最大限度地防止行李因破损或污染而造成的不必要的损失。
>
> 大韩航空在确立了"成为世界航空业值得尊敬的领导者"这一目标后,将不断继续开发区别于其他航空公司的新服务。

(三)扩大价值,为乘客增加全新的体验

一个行业的竞争,通常不仅限于产品和服务本身,还涉及产品和服务的吸引力。围绕着可以计量的价格与功能的提高来吸引顾客的企业是理性的,被称为功能性企业,而通过体验提高竞争力的企业的吸引力是感性的。在长期发展的过程中,企业形成了自己的模式;或者关注功能的吸引力,来扩大顾客的价值;或者通过关注情感,来扩大顾客的价值。随着时间的推移,两种模式在不同的企业发展中表现得越来越鲜明。

空乘服务传统上具有功能性很强又兼有情感性的特点,目前其核心服务的成分正逐步变成日常的消费品,各个航空公司空乘服务的内容日趋同质化,机型、客舱设施等差别越来越小。目前空乘服务正向两个方向发展:其一是简约化服务。一些成本低、节俭型航空公司剥离了情感性的东西,只提供最基本的服务,如美西北航空以只提供花生米闻名,一直以低成本竞争战略在美国民航业独领风骚,持续赢利30多年。在欧洲,这类公司也迅速发展,EASY.JET的发展最具代表性,也最为成功,它看准了欧洲低价的旅行市场,适时地推出了国内与洲内的短途、经济廉价的航班,所有机票价格约是大公司同类价格的40%~60%,它不使用中介机构,90%的机票是直销。由于价格优势,大有与传统大公司分庭抗礼的势头,在该地区航空市场占有很大的市场份额。

（四）增加个性化服务项目

根据乘客多样化与个性特征，不断推出服务项目，丰富服务内容，满足不同乘客的要求。特别是针对VIP、CIP乘客提供有针对性的服务，将是未来民航服务的基本要求。这对稳定乘客群体、稳定市场具有积极的作用，也是体现顾客价值的重要方面。

华夏航空个性化服务——方便老人、小孩出行

据华夏航空公司市场部负责人介绍，华夏航空正式通航以来，陆续开通了一批以支线为主的航线，而支线乘客呈现出老人多、小孩多的特点。尤其是春运期间独自出行的老人和小孩越来越多，为了方便他们出行，让家人放心，华夏航空针对这部分乘客专门制定出一系列的服务细则。对无人陪伴儿童，为了让家人放心，乘务人员除提供常规服务外，还会根据不同年龄层孩子的需要，为他们提供玩具及动漫书籍，帮助他们轻松地度过乘机时光；考虑到老年人身体弱，华夏航空专为老年乘客提供引领卫生间与专人陪护的服务，同时，为老年乘客提供老花镜。

（资料来源：中国民航新闻信息网）

人性化——民航服务的灵魂

调查结果显示，机场/机舱设备的人性化不足是制约民航服务默契性的主要原因。一项服务首先是一次经历。在一次完美的服务行动中，为顾客提供服务的一切人和物都应该在服务本身之外首先体现服务的人性化，让顾客因体验到服务之中的周到、热情、理解和尊重而感知心有灵犀的默契感，从而拥有一份愉悦的心情。民航业在提供个性化服务和延伸服务方面有较好的表现，然而其服务设施人性化的不足制约了公众，特别

是民航乘客对民航服务默契性的感知，影响了服务价值层级中最高境界（默契性）的实现。人性化是个性化服务和延伸服务的基础，缺乏人性化的个性化服务空洞且没有生命力。"齐鲁之翼"山东航空公司号召"员工成为旅客的亲人和知心朋友，在服务过程中自觉完成这种角色的转变，为服务灌注真情实感，为旅客提供全方位、亲情化、人性化的特色服务"。《零点航服传播指数报告》调查显示，2005年公众对山东航空公司在各维度的表现评价均较高，这与山东航空公司认真落实人性化服务的管理机制是分不开的。

（五）落实细节化服务

就是在细节化服务的落实上更细致、有效。细节是实施乘务服务不可缺少的基本点，服务细节上的优秀是服务优秀的保证，也是对航空公司服务态度的检验。

大凡乘坐过新加坡航空公司航班、大韩航空航班的乘客都有这样的切身体验：他们的服务细致得不能再细致了！生活中的细节体现着人与人之间的关怀，细节化服务是乘客永远在意的、永不失色的金字招牌。

比如，在服务过程中需要有详细的服务流程的准备，要十分明确头等舱、公务舱的乘务员应该注意的事项，询问乘客如果睡着了要不要叫醒和提前多少时间叫醒，对于CIP乘客和普通舱不同的乘客在服务上应该注意什么；再如何处理在送餐饮时乘客容易忽视呼叫铃的问题，在客舱送水的过程中，有乘客要通过应该如何妥善处理等。细节是航空公司服务水平的保证，"细"无止境，"细"闪烁着情感的关怀与体贴。

（六）创新特色服务

特色是寻求差异、竞争优胜的基本途径，也是满足乘客个性需要、树立公司服务品牌的法宝，特色是航空公司创新能力、关注乘客需求的态度的检验。特色服务一般以某一主题和某一目标乘客群体为对象展开，其目的是吸引乘客，通过特色服务塑造公司的品牌，提高航班的市场竞争能力。

（七）贴近人性的服务

受到关怀、尊重与重视是现代人的基本心理特征。当一个人受到充分的尊重与重视时，就会表现出主动与配合，也就会很快融入这个集体中。一个受到人格关注与尊重的人，所表现出来活力是无限的。所以，以重视人与人之间的情感交流、相互信任、相互帮助、相互谅解为纽带的人性化服务内容,必将统率未来空乘服务内容的基本走势。

第二节 空乘服务的基本程序

办理登机手续

经常外出的人都知道,坐火车可以在火车发车前几分钟通过检票口进站上车,但为什么要规定在航班起飞前30分钟停止办理乘机手续呢?

首先,要明确何谓起飞时间。根据民航有关规定,民航班机时刻表向旅客公布的起飞时间是指地面保障工作完毕,飞机关上客、货舱门的时间,而不是飞机离地升空的时间。

其次,要了解从停止办理乘机手续到关机门之间,机场工作人员有哪些工作要做。

一是运输值机、配载人员结算乘客人数、行李件数,结合货物装载情况计算飞机载重,画出平衡表及重心位置,做好舱单后送交机组签字。

二是要将乘客托运的行李核对清楚后装运飞机。

三是要对办完乘机手续的乘客进行安全检查。

四是广播通知乘客到指定登机口检票,并引导旅客登机。如登机旅客须使用摆渡车运送,则耗时较长。

五是清点机上乘客人数、与地面检票情况进行核对。

综上所述,从停止办理乘机手续到关机门这30分钟时间内,机场方面还须做大量的工作。稍有延迟,就可能造成航班延误。为了让乘客有足够的时间办理乘机手续,民航已在《公共航空运输服务规则》中明确规定,100座以下飞机开始办理乘机手续的时间不迟于起飞前60分钟、100座以上飞机不迟于90分钟。为保证航班正点起飞,机场方面必须严格执行提前30分钟停止办理乘机手续的规定。

一、空乘服务的基本程序

空乘服务一般分为四个阶段：飞行前的预先准备阶段、飞行前的直接准备阶段、飞行中的飞行实施阶段和飞行后的航后讲评阶段。

（一）飞行前的预先准备阶段

空乘服务工作的预先准备是指客舱乘务员接受任务后、乘务组登机前所进行的各项准备工作。这个阶段是空乘服务工作的起始阶段，也是保证服务质量的重要环节。在准备中，要做到细致、周全、规范，准备过程科学严谨。包括明确飞行任务、了解航班状况，进行个人心理、仪态着装与携带物品准备等。

1. 接受任务

乘务员需要做好以下工作：

（1）从航班生产调度公告上确认航班信息，包括航班性质（辨别正班、加班、包机、急救或补班等）、航班号、航段、起飞时间、日期、报告机型、机号等。

（2）了解主任乘务长等乘务组的组员信息。

（3）熟悉航线，包括了解机场名称、方位、离城距离，飞行时间、距离与高度，航线地理。

（4）复习相关业务资料，包括熟悉紧急情况处理办法，熟悉重要乘客、特殊乘客的服务方法，熟悉各号岗位职责。

（5）完成个人准备，包括仪容、仪表、化妆、着装，准备业务资料、广播词、上岗证、登记证、乘务员手册、客舱服务规范手册以及个人必备物品等。

主任乘务长（代班乘务长）需要做好以下工作：

（1）完成乘务员接受航班任务的各项准备工作。

（2）领取任务书，确认飞机到场时间、停机位置、客座信息以及 VIP 乘客信息。

（3）领取相关的单据。

（4）领取乘务长包，确认包内物品齐全并签字。

（5）完成国际（地区）航线乘务员护照领取与管理工作。

2. 乘务组签到

（1）所有乘务组成员必须按时签到。

（2）了解乘务员的身体状况，如身体健康不合格，需及时更换乘务员。

(3)签到时乘务员的仪容仪表必须符合规范要求,确保个人携带物品齐全。

3. 业务准备会议

(1)起飞前1小时50分签到后开会,宣布机长、航班任务,明确各号分工,提出工作程序。

(2)乘务长向机长汇报预准备阶段的情况,提出机组成员主要应注意的问题,听取机长的指示与要求。

(3)复习各种情况处理办法,掌握机型设备、服务设备的使用方法,传递局方、公司和客舱部的最新信息。

4. 乘务组出行

在乘务长带领下,统一行装列队前往机场。

(二)飞行前的直接准备阶段

飞行前准备是指乘务组登机后检查相关设备保证飞行安全,以及检查为乘客准备的服务用具、用品的情况,以便迎接乘客登机。一般根据航班起飞时间,提前一个小时登机,开始下列工作:

1. 客舱应急设备检查

门、紧急滑梯的压力、救生船、移动式氧气瓶、移动式灭火器、救生衣、氧气面罩、安全带、麦克风、防烟面罩、信号机、手电筒、石棉垫、急救药箱(开启)。

2. 客舱服务设备检查

厨房设备、供水系统以及电源系统的情况,餐车与用具箱是否固定,娱乐设施的状态,厕所、行李架、呼吸器、小桌板、婴儿摇篮、座椅、靠背、阅读灯、观察窗等。

3. 各类物品的清点、检查与交接

(1)检查机供品。
(2)检查餐食的数量、质量。

4. 客舱卫生状态检查与确认

(1)责任乘务员(根据航班情况指定)依据检查标准对负责区域进行检查,验收合格后汇报主任乘务长(代班乘务长)。

(2)主任乘务长(代班乘务长)负责与清洁部门责任人签字确认。

5. 机组准备会

（1）机组准备会应根据机长的要求适时召开。

（2）主任乘务长（代班乘务长）主动遵循机长的要求，组织相关岗位机组成员参加。

6. 登机前的清舱

（1）主要包括处理可疑物品或无关人员。如发现可疑物品与人员，应及时报告安全员和主任乘务长（代班乘务长），主任乘务长（代班乘务长）及时向机长汇报，并由机长决定通知相关部门。

（2）乘务员如发现乘客遗留物品，按规定的交接程序处理。

7. 综合汇报

（1）各号位乘务员（由乘务长安排的机上指定位置的每个乘务员）在直接准备工作就绪后，首先向区域乘务长汇报准备情况。

（2）区域乘务长向主任乘务长（代班乘务长）汇报客舱的准备情况。

（3）主任乘务长（代班乘务长）向机长汇报客舱整体准备情况。

8. 登机准备工作

（1）乘务人员的仪态、仪表准备。

（2）客舱的灯光调节、温度调节、登记音乐播放。

（三）飞行中的飞行实施阶段

飞行中的飞行实施阶段是指乘客开始登机到乘务组下机之间所做的各项工作，直接体现着航空公司的服务质量。此阶段乘务员与乘客直接接触，乘客全面感受机组的服务工作与服务质量。包括起飞前、空中服务和落地后工作三部分。

1. 起飞前的服务工作

此阶段指从乘客登机开始至飞机从跑道滑行起飞止的全部过程，乘务员需要完成所有的飞行准备工作。主要工作如下：

（1）迎宾：热情迎接乘客，介绍座位号码，区别不同乘客引导座位，安排行装摆放，对紧急出口座位的乘客进行评估。

（2）公务舱迎宾服务。

（3）清点乘客数量，核对并报告。

(4)汇报机长,关闭机舱门,广播安全须知和注意事项。

(5)播放欢迎广播、起飞前的安全检查(包括内外场的安全检查,包括安全带、小桌板、座椅、遮光板、行李架、过道、紧急出口、电子设备等状态的检查)。

(6)乘务员就座,回顾应急程序。

2. 空中服务工作

(1)主服务阶段:广播航线、客舱巡视、餐饮服务、清洁洗手间备用、播放录像、客舱值班与健身、免税商品销售、协助旅客填写入境卡(中程夜航、远程国际航班)、预报到达时间、到达站温度、物品回收等。

(2)飞机下降阶段的乘务工作:广播致谢、安全检查、向机长汇报、再次确认安全带广播。

(3)落地后的滑行阶段的乘务工作:落地广播、监视乘客状况。

3. 乘客下机阶段的乘务工作

包括解除待命把手操作,汇报机长、打开机舱门,检查随机文件,特殊旅客交接,送客、清舱以及与相关部门交接。

(四)飞行后的航后讲评阶段

飞行后讲评是指乘务组下机后实施的各项工作,是对当日机上乘务工作的总结,也是乘务工作的结束阶段。

1. 对乘务组工作讲评

由主任乘务长(代班乘务长)主持,会议采取主任乘务长对乘务组进行综合讲评、检查员点评、乘务长讲评和乘务员自我评价等形式,对工作差错、麻烦事例、特殊乘客服务以及突发事件的处置、乘客意见反馈、乘务员业绩、需要改进的建议等进行沟通。

2. 填写乘务组质量记录

由主任乘务长(代班乘务长)亲自填写任务书、"机上事件报告"等。

3. 飞行后的交接

飞行后交接是航班信息反馈的一个重要环节,由主任乘务长(代班乘务长)按规定与各部门人员进行交接。包括护照、乘务长包、各类质量记录和单据等的交接。

二、航空安全员的工作程序

航空安全员的工作职责是在所执行的航班中,在机长的领导与乘务组的配合下,对劫机、炸机、非法干扰事件予以处置。

(一)预先准备阶段

(1)确认任务:明确航班号、飞机号、机型、机组人员情况、起飞时间、中途站、降落目的地以及航线情况。

(2)根据航线的特点,结合空防形势通报及上级对空防工作的要求,制定本航班的空防形势措施,在配有两名安全员时,要有明确的责任分工,密切配合。

(3)按时参加机组准备会,了解、熟知最新的业务通告,做好与乘务长、机长的沟通工作。

(4)按时领取个人器械,进行个人准备。

(5)在乘务组的准备会上要有空防预案,明确分工,专人负责。与机长、乘务员沟通预防措施,听取或执行机长的指示。

(6)各种证件齐全,自查证件在有效期内。

(二)直接准备阶段

(1)航空安全员登机后,对空舱进行全方位的检查。

(2)检查机上紧急设备是否处于良好的备用状态。

(3)在未派安全员的航线上,机上安全检查的工作由双执照安全员(具有服务员执照与安全员执照)完成,或由乘务长指定负责空防的乘务员完成。

(4)乘客登机前,安全员会同乘务员对客舱进行清舱,保证机上无外来物和人员。

(三)飞行实施阶段

(1)乘客开始登机时,安全员应处于合适的位置,密切注意乘客的状况,注意机场工作人员的情况,防止偷渡人员混上飞机。乘客登机后,确认地面工作人员已全部下飞机,核实旅客舱单与人数是否相符。安全员在乘客登机的过程当中,应协助乘务员维护机上的秩序,处理乘客非法干扰客舱安全的行为。关闭机门后,及时向机长报告,坐到指定的座位上,看护驾驶舱门。

(2)航空器起飞后,按照规定锁好驾驶舱门。进入驾驶舱的乘务组人员,必须按照事先的联络方式出入。

（3）航程过程中特殊情况的处置,均按公司《航空安全员管理手册》的规定执行。航程中注意观察乘客的情况,坚持巡视客舱,观察乘客的举动。

（4）对扰乱机上正常秩序的行为,经机长同意可采取必要的强制措施,并交地面工作人员处理。

（5）空中遇劫处置程序、空中发现爆炸物处置程序、执行遣返任务,均按照《国航安全员管理手册》的有关规定执行。

（四）航后阶段

任务结束后,应及时做好器械的交接工作、及时反馈航程中的各种问题,遇有重要情况及时向上级汇报。

大中小型飞机在空中的活动范围

天上飞的航空器和马路上跑的汽车一样,也有自己的"交通规则"。机型不同,其航行高度也不同。

3000米以下,一般是小型飞机的活动范围;3000米以上则是大中型飞机的活动范围。所谓的"超低空飞行"是指距离地面或水面5米~100米;所谓"低空飞行"是指距离地面或水面100米~1000米;以此类推,"中空飞行"1000米~7000米;"高空飞行"指7000米~12000米;"平流层飞行"指12000米以上。飞机彼此间必须保持一定的垂直间隔,我国民航现行规定6000米以上高空飞行,垂直间隔为600米,以确保飞行安全和交通顺畅。

第三节 空乘服务中的旅客运输常识

一、空乘人员专业术语

任务:所飞航班计划。

签到:起飞前规定的时间内,到航班调度部门,在乘务员所执行的航班登记表上签名或在电脑上确认。

准备会:飞行前按规定的时间参加由乘务长组织的航前乘务组会,主要内容是复习航线机型知识、分工、了解业务通知、制订服务方案和客舱安全紧急脱离预案。

机组会:在飞行前一天由机长召集,机组成员及带班乘务长参加的会议。主要内容是汇报各工种准备情况,听取机长的有关要求等。

供应品:为旅客和机组配备的、航班上所需的物品的总称。

回收:将机上剩余的供应品清点后放入规定的餐箱、餐车内,铅封好并填好回收单的工作过程。

操作滑梯分离器:将飞机客舱门紧急滑梯的手柄移到自动(预位)或人工(解除)位置的过程。

机上值班:长航线餐饮服务后,为保持乘务员的精力和体力而采取的轮换工作制度。

安全检查:飞机在起飞、下降、着陆、颠簸或紧急情况下,为确认旅客及各种设施符合安全规定而进行的检查,包括:

① 紧急出口、走廊、厕所无障碍物;

② 小桌子、座椅靠背在正常位置;

③ 行李架关好扣牢;

④ 厨房内所有物品固定好;

⑤ 拉开隔帘并固定好;

⑥ 系好安全带;

⑦ 禁止吸烟;

⑧ 禁止使用对无线导航设备有影响的电子设备。

巡视客舱:乘务员在客舱走动,观察旅客的需求及安全状况,处理特殊情况,提供及时、周到的服务行为。

清舱:旅客登机前,安全员或乘务员检查机上所有部位,确保机上无外来人、外来物。

关封:海关官员使用的公文。常用信封封好后在航班起飞前交给乘务员,由乘务员在到站后转交给海关官员。

旅客舱单:写有旅客姓名、目的地、座位号等内容的单子,通常由商务部门在飞机起飞前同业务袋一起送上飞机。

核销单:机上免税品出售后填写的表格,用于海关核销进口免税品。

特殊餐:有特殊要求的餐食,如婴儿餐、犹太餐、清真餐、素食等。

预先准备:空中服务的四个过程之一,指执行任务前至登机阶段的各项准备工作。

直接准备:空中服务的四个过程之一,指乘务员登机后至旅客登机前的准备工作。

空中实施:空中服务的四个过程之一,指飞机滑行起飞至下机前所有的服务工作。

航后讲评:空中服务的四个过程之一,指完成航班任务后的工作讲评。

航线图:标明飞机飞行航线、距离及地点的图示。

航班:在规定的航线上,使用规定的机型,按规定的日期、时刻进行的运输飞行。

载重表:载重平衡表是航班载运旅客、行李、邮件、货物和集装设备重量的记录,它是运输服务部门和机组之间、航线各站之间交接载量的凭证,也是统计实际发运量的根据,它记载着飞机各种重量数据。

载重平衡图:以空机重心指数作为计算的起点,以确定飞机的起飞重心位置,并根据飞机重心位置的要求,妥善安排旅客在飞机上的座位和各货舱的装载量的填制图。

随机业务文件袋:总申报单、旅客舱单、载重平衡、货运单及邮件路单等业务文件,客、货、邮舱图等。

二、民航客运术语

航班:是指飞机定期由始发站按规定的航线起飞,经过经停站到终点站或不经过经停站直达终点的运输飞行。在国际航线上飞行的航班称国际航班,在国内飞行的航班称国内航班。

航班号:航班号一般由执行该航班任务的航空公司的二字英文代码和四个阿拉伯数字组成,第一个数字是执行该航班任务的航空公司所在地的数字代码,第二个数字是该航班的终点站所属的管理局或航空公司所在地的数字代码,第三、第四个数字表示该航班的具体编号。第四个数字为单数表示去程航班(由飞离基地始发的航班),双数为回程航班(飞机返回基地的航班)。

航班次:是指在单位时间内(通常以一周计算)飞行的航班次数。

航班时刻表:各航空公司根据航线、时刻表等,按一定的次序汇编成册,称为航班时刻表。

干线航班:是指连接首都和各省会、自治区和直辖市首府的航班。

支线航班:是指省或自治区之内的各城市之间的航班。

航线:民航运输飞机飞行的路线称为航空交通线,简称航线。航线不仅确定了飞机飞行的具体方向、起讫与经停地点,还根据空中交通管制的需要,规定了航线的宽度和飞行高度,以维持空中交通的秩序,保证飞行安全。

民航航线分为国际航线、国内航线和地区航线三种。国际航线指连接国与国之间的航空运输线;国内航线指连接各省、市、自治区之间的航空运输线(通常称为国内干线);地区航线指内地各城市与香港、澳门之间的航空运输线。

区际航线:是指在两个或两个以上的民航地区管理局管辖区域之间的航线。

区内航线:是指一个民航地区管理局管辖区域内的航线。

地区航班:根据国家的特殊情况,在国境内与特定地区之间的飞行航线。

国际航班:飞机飞行的路线跨越本国国境,到达其他国家的航班称为国际航班。

班期:指每周班次确定后具体安排在哪一天飞行。

加班:指飞机在规定的航线上增加的航班。

开航:指空运企业用已营运的飞机飞行新开辟的航线或使用新机型投入航线经营。

航路:是由民航主管当局批准建立的一条由导航系统划定的空域构成的空中通道,在这个通道上进行空中交通管制和提供航行情况服务。

机型:指某条航线准备选用的飞机型号,正确选择机型是保证航线运行,产生好的效益的重要方面。

行李:旅客为了穿着、使用、舒适或便利而携带的必要或者适量的物品和其他个人财物。

逾重行李:旅客的托运行李和自理行李,超过该旅客免费行李额的部分,超过计件和计重免费行李额的部分。

托运行李:由旅客交承运人照管和运输并填开行李票的行李。

联程行李:在 24 小时以内需在 1 个以上航站转机的行李。

中转行李:联程旅客托运的需在中转站转机的行李。

逾重行李费:旅客交运行李超过承运人所规定的免费行李的重量部分所需支付的费用。

办理乘机手续:旅客登机前交验客票、有效证件、托运行李、领取登机牌的手续。

过站旅客:在航班飞机经停地停留等待,继续旅行的旅客。

截止办理乘机手续时间:承运人规定的飞机起飞前停止办理登机手续的时间。

常旅客:经常乘坐某一航空公司的飞机,参与里程累计奖励的旅客。

始发旅客:在航班始发站乘坐飞机的旅客。

中转旅客:乘坐某一航班飞机,在航班经停地或转乘非同一航班号的飞机继续旅行的旅客。

联程旅客：乘坐两个以上的航班飞机继续旅行的旅客。

特殊旅客：需要承运人给予特殊的安排或照顾的旅客。

特殊旅客的服务：为重要旅客、婴儿、儿童、孕妇、病残旅客等特殊旅客提供的服务。

航空运输企业：向社会提供或经营航班的企业。

公共航空运输企业：以营利为目的，使用民用航空器运送旅客、行李、邮件、货物的企业法人。

承运人：填开客票的航空承运人和承运或者约定承运该客票所载明旅客及其行李的所有航空承运人。

货物运输：将货物从一地移至另一地的过程。

货物：除邮件和凭客票及行李票托运的行李外，已经或将要用飞机运输的任何物品，包括凭航空货运单运输的行李。

危险物品：在航空运输中，可能明显伤害人身健康、安全或对财产造成损害的物品或物质。

航空邮件：航空邮件是由邮政部门交由航空运输企业运输的邮件，主要包括信函、印刷品、邮包、报刊等。

载重平衡：为保持飞机中心不偏离规定限度，对货物、邮件、行李、燃油及旅客的位置等进行的合理安排。

最大业载：飞机合格证上列出的最大载量。

最大商务载量：航班飞机实际允许装载旅客、行李、货物、邮件的总重量。

舱单：航班上载运的由始发站出发的旅客、货物、行李、邮件和集装设备重量的记录，它是运输部门和机组之间，以及相关航站之间交接载量的凭证，也是统计实际出发运量的依据。

随机业务文件：机组携带的总申报单、旅客舱单、邮件路单、载重平衡图等组成的业务文件。

三、国际旅客运输常识

（一）班期时刻

国际航班班期时刻，以印刷班期时刻表时所收到的内容为依据。本时刻表中公布的班期时刻、航班、机型、经停地，如有变动，不另行通知。

（二）订座

旅客乘坐国际航班,可根据有关规定向航空公司售票处或其代理人预订座位。已订妥国际、地区航班座位的旅客,应按航空公司规定的出票时限办理购票手续。如未在购票时限内购票,所订座位即被取消。已订妥国际、地区航班座位,包括联程座位的旅客,所订的座位不利用时,应尽早向所订座的航空公司售票处或其代理人提出取消座位。

（三）座位再证实

已订妥续程或回程国际、地区航班座位的旅客,如在上机地点停留72小时以上,应最迟在班机起飞前72小时对所订座位予以再证实,否则所订座位将自行取消。如在续程或回程地点停留72小时以内,无须办理座位再证实。

（四）客票

客票(包括行李票)是承运人与旅客之间的运输凭证,也是旅客乘机交运行李的凭证,客票只限客票上列出姓名的旅客本人使用。客票不得转让或涂改,经转让或涂改的客票无效。

（五）客票有效期

普通票价的客票,无论是单程、来回程或环程,有效期为一年。特种票价的客票和有折扣的普通票价客票的有效期,按该票价有关规定计算。

（六）儿童

12周岁以下的儿童按成人全票价的50%或75%付费。未满2周岁的婴儿,按成人全票价的10%付费,不单独占一座位。

（七）乘机

乘坐国际、地区航班的旅客,必须在规定时间内到达指定的机场,凭机票、有效的护照、签证及旅行证办妥乘机及出境等各项手续。旅客没有按规定的时间到达指定机场或携带的护照、签证及旅行证件不符合规定,而未能办妥乘机和出境等各类手续所造成的一切损失由旅客自负。

（八）机场费

对每一个从中华人民共和国际机场出境的国际旅客,收取机场费人民币

90元。对持有外交护照的旅客、24小时内过境的旅客以及12岁以下的儿童,免收机场费。

(九)退票

由于承运人及旅客本人的原因,旅客未能按客票列明的航程旅行或者旅客申请退票,可按规定办理退票手续。退票只限在原购票地点或经航空公司同意的地点办理。

(十)计重免费行李额

在国际、地区航线上,按旅客票价等级,每一全票或半票旅客免费交运的行李额为:一等票价客票40公斤,公务票价客票30公斤,经济票价客票20公斤,按成人票价10%付费的婴儿,无免费行李额。

(十一)计件免费行李额

计件免费行李额适用于中美、中加国际航线上的行李运输。按旅客所购客票票价的等级,每一全价或半价的旅客交运的免费行李额为:头等和公务票,免费交运行李数为两件,每件体积三边之和最大不得超过62英寸(158厘米)。经济和旅游折扣票,免费交运行李数为两件,每件体积三边之和最大不得超过62英寸(158厘米)。且两件之和不得超过107英寸(273厘米),每件最大重量不得超过32公斤。按成人票价10%付费的婴儿可免费交运一件行李,且体积三边之和不得超过45英寸(115厘米)。另外还可免费交运全折叠式或轻便婴儿车或婴儿手推车一辆。超过规定的件数及超过规定的最大体积的行李,应交付逾重行李费。

(十二)随身携带物品

除计重免费交运的行李外,每一持有全价或半价客票的旅客,还可免费随身携带下列物品:女用手提包一个、大衣或雨衣一件或旅行用毛毯一条、手杖一根或伞一把、在飞行途中用的少量读物、小型照相机一架、小型望远镜一具、婴儿食物(限旅途中食用)、婴儿摇篮(限一个)、供病人行动的可折叠的轮椅或一副拐杖、撑架或假肢。

(十三)行李包

随机交运的行李应有能承受一定压力的包装,应封装完整、锁扣完善、捆扎牢固。对包装不符合要求的交运行李,承运人可拒绝接受或不承担损失、破损责任。

(十四) 不得作为行李运输的物品

旅客交运的行李和自理行李内不得夹带易燃、易爆、有毒、放射性物质,可聚合物质,磁性物质及其他危险物品。旅客不得携带有关国家法律、政府命令和规定禁止出境、入境或过境的物品及其他限制运输的物品。旅客乘坐飞机不得携带武器或随身携带利器和凶器。交运行李内不得装有货币、珠宝、金银制品、票证、有价证券和其他贵重物品。

(十五) 旅行证件

国际旅客在办理乘机及出境手续前,应办妥护照、签证及旅行证件等一切手续。旅客的护照、签证及旅行证件应随身携带,不得放在交运行李中运输。由于旅客旅行证件不完备而受到的损失和支付的费用,承运人不承担责任。但对于由此使承运人受到的损失和支付的费用,包括(但不限于)罚金,旅客应当负责赔偿。

(十六) 货物托运

托运国际货物,应先交海关检验,货物应附有一切必要的证明,并应符合货物运输过程中入境、出境和过境国家的有关规定。

(十七) 禁运货物

禁止运载文物、毒品和易燃、易爆、腐蚀、有毒等危险物品,以保证运输安全,承运人对托运的货物须进行检查。

(十八) 危险货物

国际航线上可载运危险货物,其品名、数量和包装等须按照承运人的有关规定办理。

四、国内旅客运输常识

(一) 订座

订座指对旅客预订的座位、舱位等级或对行李的重量、体积的预留。

1. 订座的一般规定

承运人及其代理人可采取当地订座、电话订座等多种方法接受旅客的预订要求。接受订座时,一般按先后顺序办理,重要客人和其他有特殊情况的旅客可优先安排。接受团体旅客订座,须根据承运人的要求提前预订。团体旅客订妥座位后,应在规定或预先约定的时限内购票,否则,所订座位不予保留。旅客在订妥座位后,凭订妥座位的客票乘机;承运人可规定航班开始和截止接受订座的时限,必要时可暂停接受某一航班的订座;特殊旅客订座时须事先征得承运人的同意;承运人及其代理人接受订座后,遇有航班取消或变革,应及时通知旅客或订座单位,并对其要求改留的座位予以证实;不定期客票必须订妥座位后才能使用;合同单位应按合同的约定订座。

2. 团体旅客订座

统一组织的人数在10人以上(含10人),航程、乘机日期和航班都相同的旅客称为团体旅客。

团体旅客订座须预先申请。一个团体的订座申请建立在一个旅客订座记录(PNR)内,若有特殊情况不能建立在同一PNR中,必须在PNR内的PMK项注明团体人数以及相关团体的PNR。外宾团队申请国内航班团体订座,应在PNR内PMK项注明团体入境和出境航班的日期。

团体订妥座位后,订座单位按承运人规定或预先约定的时限出票,否则座位不予保留。团体订座申请被证实后,不得以散客形式销售。团队旅客订座联程或回程航班,应在PNR内注明衔接航班的代码及到达、中转的时间;注明旅客在联程或回程点的联系地址、电话、联系人。团体旅客订座在未输入全部名单和票号前,一律不得做"RR"出票代号。

3. 散客订座

订座单位设立的旅客订座记录要规范、完整。PNR内的旅客姓名必须与客票上的旅客的姓名完全一致。联程或回程票需要办理座位再证实手续的,在旅客办理再证实后才可将PNR内订座情况项的"HK"改为"RR"。旅客订妥座位后,按承运人规定的时限出票,如旅客有特殊要求,要保留座位,在PNR内PMK项注明。

(二)行李运输

行李指旅客在旅行中为了穿着、使用、舒适或方便的需要而携带的物品和其他个人财物。

1. 拒绝载运的行李

承运人在收运行李前或在运输过程中,发现行李中装有不得作为行李或不得夹入行李内运输的任何物品,可以拒绝收运或随时终止运输。由于旅客携带以上物品所引起的飞机或机上其他货物、行李的污染或损坏,应由旅客本人承担责任。

承运人在收运行李时,发现行李的包装、重量和体积不符合行李的有关规定时,应请旅客加以改善。如旅客不能改善,承运人可以拒绝收运。

承运人对未经安全检查的行李有权拒绝运输。承运人为了运输的安全,可以会同旅客对其行李开启包装,进行检查;必要时,可会同有关部门进行检查。如果旅客拒绝接受检查,承运人有权拒绝运输该行李。

在飞机载量不允许的情况下,承运人可以将旅客超出免费行李额的行李用后续航班运输。如果旅客不同意用后续航班运输,承运人可拒绝收运。

2. 运输要求

托运行李在托运前必须办妥海关手续并经过安全检查,附有安全检查标志。旅客托运的行李,应与旅客同机运送,特殊情况下不能同机运送时,承运人应向旅客说明,并优先安排在后续航班上运送。

旅客不得携带管制刀具乘机。管制刀具以外的剑、古枪械等利器应作为托运行李,不能随身携带。经承运人特别准许作为行李运输的器械必须符合包装要求,按照托运行李办理,但只能装在货舱内运输。

3. 合并计算的免费行李额

旅客的免费行李额可以合并计算。搭乘同一航班前往同一目的地或中途分程地点的两个(含)以上的同行旅客,如在同一时间、同一地点办理行李托运手续,其免费行李额可以按照各自的客票价等级合并计算。

4. 改变舱位等级的免费行李额

旅客自愿提高或降低座位等级时,免费行李额按照改变后的座位等级所规定的免费行李额办理。旅客非自愿提高或降低座位等级时,在座位等级变更后,仍享受原客票座位等级所规定的免费行李额。

5. 计重制与计件制混合航线的免费行李额

如旅客持联程客票且不中途分程,行李直接托运至美国或加拿大,免费行李额则按计件制计算。如旅客持联程客票并在相应的航段上中途分程,行李不能直接托运至目的地的,免费行李额按有关规定执行。

6. 逾重行李

逾重行李是指超过计重或计件免费行李额的部分。旅客携带逾重行李乘机,应当支付逾重行李费。

(1) 费率

超过计重免费行李额的逾重行李,每千克的费率按照填开逾重行李票之日所适用的、以当地货币公布的最高直达、单程、成人、经济舱票价的 1.5% 计算。

超过计件免费行李额的逾重行李,应当按照填开逾重行李票之日所适用的费率收取逾重行李费。

(2) 计算

计算逾重行李费时,应按单程运价,用销售货币计算。计算出的逾重行李费应以始发地货币为单位。

每千克逾重行李费率=适用单程普通运价×1.5%

逾重行李费=每千克逾重行李费率×行李超出的重量

(3) 混合等级逾重行李费的计算

混合等级客票的逾重行李费,应按各航段票价级别规定的免费行李额分别计算。

(4) 逾重行李费的收取

①根据旅客要求,可以收取从始发地点经中途分程地点到目的地全航程的逾重行李费,也可收取从始发地点到中途分程地点的逾重行李费,但要求旅客必须在其中途分程地点提取行李。

②对于收取全航程费用的逾重行李或收取到中途分程地点费用的逾重行李,如旅客在途中增加行李或重新托运行李,都必须另行加收或重新计算逾重行李费并填开逾重行李票。

(5) 行李声明价值

在国际航线上,旅客的托运行李每千克价值超过 20 美元,或自理行李价值超过 400 美元时,可以办理声明价值;在国内航线上,旅客的托运行李每千克价值超过人民币 50 元,可以办理声明价值。

旅客声明价值中超过限额部分价值的 5‰,收取声明价值附加费。声明价值行李的重量不能计算在免费行李额内。旅客携带的小动物不办理声明价值。

计算公式：

声明价值附加费＝[行李声明价值－（规定每千克限额×办理声明价值行李的重量）]×5‰

（三）小动物的收运

小动物是指家庭驯养的小狗、猫、鸟等小动物。野生动物和形体怪异或具有易于伤人等特性的动物如蛇等，不属于小动物范围，不能作为行李运输。

旅客必须在订座时提出，并经承运人和有关续程承运人的同意。旅客应在乘机之日按照承运人指定的时间，将小动物自行运至机场办理托运手续。必须持有国家运输小动物出境、入境和过境的有效证件。小动物必须装在适合其特性的坚固容器内。要求容器能防止小动物破坏、逃逸和伸出容器外伤害旅客，损坏行李或货物，并能防止粪便渗溢污染飞机设备和其他物品。除经承运人特别同意外，小动物不能放在客舱内运输，只能装在货舱内运输。旅客应对托运的小动物承担全部责任。由于运输过程中有关国家拒绝入境、过境，小动物未能按时运到，或由于正常运输条件下小动物受伤、患病、逃逸或死亡，承运人不承担任何责任。

1. 收费

旅客携带的小动物及其容器和食物，不得计算在免费行李额内，应按照逾重行李交付运费。

2. 计重制

按小动物及其食物的实际重量收取逾重行李费。

（四）导盲犬和助听犬的收运

导盲犬或助听犬是指经过专门训练为盲人导盲或为聋人助听的犬类，盲人或聋人旅客在旅途中必须依靠它们的帮助。携带导盲犬或助听犬的盲人或聋人旅客须持有医生证明，并按照下列规定办理：

经承运人同意携带的导盲犬或助听犬，可以免费运输。由盲人或聋人旅客带进客舱或装在货舱内。导盲犬或助听犬带进客舱运输时，必须在上机前戴上口罩和系上牵引绳索，不得占用座位及妨碍旅客的正常旅行和客舱服务；如果装在货舱内运输，必须按照小动物收运的规定办理。在长距离飞行中途不着陆的航班或某种机型，不适宜运输导盲犬或助听犬时，承运人可以拒绝运输。

(五) 信袋的收运

外交信袋可由外交信使随身携带,自行保管。根据外交信使的要求,承运人也可按照托运行李办理,但只承担一般托运行李的责任。外交信袋运输需要占座位时,必须在订座时提出,并经承运人同意。外交信袋占用座位时,重量限额不得超过75千克,每件体积的限制与行李相同。

外交信袋与信使的行李可以合并计重或计件,超过免费行李额的部分,按照逾重行李的规定办理。占用座位的外交信袋没有免费行李额,运费按下列两种办法计算,取其较高者:根据占用座位的外交信袋实际重量,按照逾重行李费率计算运费;根据外交信袋占用的座位数,按照运输起讫地点,按与该外交信使所持客票票价级别相同的票价计算运费。

(六) 特殊旅客运输

1. 特殊旅客的范围

特殊旅客是指需给予特别礼遇和照顾的旅客,或由于旅客身体和精神状况需要给予特殊照顾的旅客。包括VIP、VVIP、CIP、儿童、无成人陪伴的儿童、病残旅客、孕妇、盲人、醉酒的旅客、犯人。同时,根据航空运输的特殊性,下列人员属于拒绝运输的旅客:有特殊恶臭;外形怪异、有怪癖,可能对其他旅客造成不良影响者;患有传染性疾病者;其精神状态对其他旅客和自身有危害者。

2. 儿童

(1)儿童定义:2周岁以上未满12周岁的。

(2)儿童分类:有成人陪伴的儿童(包括婴儿)、无成人陪伴的儿童。

(3)票价:出生不到14天婴儿不予承运,出生未满2周岁的付10%,2周岁~12周岁的付50%或67%。

(4)行李:10%付费的婴儿,不享有免费行李额。

(5)限制:一个成人旅客携带四名或四名以上的儿童乘机时,应在乘机前七天向售票处提出申请,经有关部门同意后方可办理订购机票手续。

(6)购票程序:订座——订座时应注明儿童、婴儿代号;出票——应在客票中注明CHIN。

3. 无成人陪伴的儿童

（1）规定

无人陪伴的儿童指 5 周岁至 12 周岁以下无成人陪伴，单独乘机的儿童，5 周岁以下的无成人陪伴儿童，不予承运。无人陪伴儿童必须符合航空公司的运输条件方可运输。

（2）订座

订座时应填写一式两份的"无成人陪伴儿童运输申请书"，经同意后方可接受订座。

（3）票价

① 5 周岁或 5 周岁以上 12 周岁以下的无成人陪伴儿童，票价按成人全票价的 50%付费，可单独占一座位。

② 如需服务员随机陪伴的儿童，应事先提出，经同意后方可接受，票价按成人全票票价收费。

③ 超过 12 周岁的未成年旅客要求另派服务员随机陪伴时，除按成人全票票价收取之外，须为服务员另付成人全票价的 50%服务费。

（4）售票服务

① 拍发订座电报：座位控制部门拍发电报给始发站、经停站、到达站的国航驻外办事处。

② 售票：客票填写 UM 及年龄，填写无成人陪伴儿童运输申请单一式两份。旅客一份，售票处留存一份。

③ 拍发特殊旅客运输通知（SPA/UM）电报。

4. 病残旅客

由于身体和精神上的病态，空中旅行中不能照顾自己，需由他人照料的旅客，称为病残旅客。带有先天残疾，已习惯于自己生活的人不应视为病残旅客。

（1）确认条件

① 诊断证明书：

a. 医生诊断证明书，一式三份。

b. 诊断证明书在班机起飞前 96 小时内填开有效。病重者在起飞前 48 小时内填开有效。

② 填写特殊旅客（病残）乘机申请书：

a. 一式两份申请书。

b. 病人本人签字或家属、监护人代签。

③ 陪伴人员：
a. 病残旅客乘机,原则上由医生或护理人员陪同,以便旅途中照料旅客。
b. 除精神病人外,符合条件的可单独旅行。
(2)接受申请
① 在我国境内申请乘坐中国国际航空公司的班机,由售票处受理。
② 受理部门应了解旅客的病情及精神状况,对不能接受的旅客做好解释工作。
③ 通知旅客准备必要的证件。
④ 诊断证明书由指定医疗单位签署。
⑤ 接受后可为旅客订座。
⑥ 申请中包括特殊服务设备。
(3)病残旅客乘机申请电报的拍发
① 申请电报发给国航座位控制部门。
② 如有外航联运时,申请电发给有关空运企业的座位控制部门。
电报中应包括病残旅客情况和陪伴人员情况。

5. 孕妇

(1)条件
① 怀孕 32 周或不足 32 周的孕妇乘机,除不适宜乘机者,可按一般旅客运输。
② 怀孕超过 32 周的孕妇,应提供医生的诊断证明。
③ 怀孕超过 36 周的孕妇,预产期 2 周以上者,一般不接受运输。
(2)订座
① 怀孕 32 周~36 周的孕妇,填写一式两份的医生诊断证明书和特殊旅客乘机申请书,经检验合格,方能办理订座手续。
② 孕妇必须申请订座,电报中说明孕妇情况。
(3)处理程序
① 座位证实后方可开票。
② 应将"诊断证明"及"乘机申请书"附在客票上,同时在客票各联中注明。
③ 起飞前 48 小时,拍发特殊旅客运输通知 SPA/PREGNANT 电报给经停站和到达站。

6. 盲人

盲人指双目失明的旅客,不是指眼睛有疾病的旅客。眼疾旅客,应按病残旅客处理。这样的乘客有两类：

其一是有成人陪伴或有导盲犬引路的盲人旅客；其二是无人陪伴、无导盲犬引路的盲人乘客。

（1）有成人陪伴的盲人旅客

按一般旅客接受运输。

（2）有导盲犬引路的盲人旅客

① 运输规定：

a. 导盲犬必须是经过特别训练的狗。

b. 导盲犬必须申请同意后方可运输。

c. 导盲犬可免费带入舱内。

d. 导盲犬应持有国家规定的动物入境或过境必要的检疫证明。

e. 航班不适宜运输狗时可拒绝运输导盲犬。

f. 导盲犬需戴口套及牵引的绳索。

g. 空中禁止喂食。

h. 每一客舱只能运一只导盲犬，不能同其他动物同运。

② 处理程序：

a. 检验各种手续，证件齐全方可办理订座手续。订座电报中在SSR组应注明是携带导盲犬的旅客，经控制部门同意后可售票。

b. 办理完售票手续的应拍发SPA/SED BLND电报，电报应发给始发站、经停站、到达站。

（3）无成人陪伴和无导盲犬引路的盲人旅客

① 运输条件：

a. 盲人旅客能自己走动，有照料自己的能力。

b. 上下机地点（始发、到达站）有人接送。

c. 订座时填写一式两份特殊旅客乘机申请书。

d. 如有联程运输应得到有关空运企业同意后方可运输。

② 处理程序：

a. 售票处应检验盲人旅客是否符合运输条件。

b. 拍发订座电报。在SSR组中注明UNAC BLND。接到座位证实后方可售票。

c. 售票手续办妥后，应拍发SPA/UNAC BLND电报。

7. 犯人

（1）一般规定

① 由于犯人是受到国家现行法律管束的，在运输犯人时，必须与有关公安

部门,以及通过外交途径与有关外交部门取得密切联系。

② 在运输犯人过程中,应注意符合我国有关法律、法令和对外政策及有关国家的法律。

(2) 接受犯人运输的限制条件

① 运输中必须有两人监送。

② 监送人员在运输中对犯人负有全部责任。

③ 监送人员携带武器,在飞行中,一般应交由机组保管。

④ 运输犯人,只限在运输始发地申请办理订座售票手续。

(3) 接受犯人运输的批准权限

运输犯人,必须经运输始发地最高一级运输业务部门负责人根据有关规定负责审校批准。在国外由办事处负责人批准。如果需要通过外交途径与有关国家外交部门取得联系和配合时,必须事先请示总局,遵照总局指示办理。

(4) 办理运输犯人的工作程序

① 接到运输犯人的申请后,即发电给始发地运输部门申请批准。

内容包括:犯人姓名、国籍、监送单位和监送人员姓名,运送日期、航程、定位等级和其他有关事项。填写订座单,并在单上附上申请运送犯人的单位公函。包括"监送人员在运输全过程中对所监送的犯人负全部责任"的字样,并加盖监送人员单位的公章。

② 获得批准后,办理订座售票手续。

拍发订座电报:通知订座部门犯人的姓名、性别、国籍、年龄。

③ 办妥售票手续后,拍发特殊旅客(犯人)运输通知(SPA/PRISONER)电报给各经停站、终点站。

④ 运输业务部门应办理相应的手续,同时,始发站值机部门应办理相应的事项。

8. 酒醉旅客

(1) 酒醉旅客一般不予运输。

(2) 根据酒醉旅客的外形、言谈、举止自行判断决定。

(3) 对酒后闹事、影响其他旅客旅行的旅客,国际航空公司有权拒绝其乘机。

(4) 在飞行途中,如发现旅客仍处于酒醉状态不适于旅行,或妨碍其他旅客时,机长有权令其在下一个经停站下机。

(5) 当酒醉旅客被拒绝乘机时,退票按非自愿退票处理。

本章小结

1. 本章阐述了空乘服务的基本内容,具体包括:礼仪服务、技术服务、安全服务、餐饮服务、救助服务、娱乐服务、咨询服务、乘客管理、应急处置、机上商务服务等内容。这些服务是乘客应该享受的权利,是具有一定标准与规范的服务内容。
2. 本章介绍了空乘服务的延伸服务,如个性服务、关怀服务、后续服务等,并就如何丰富空乘服务内容进行了分析。
3. 本章说明了空乘服务的程序及各阶段服务的主要任务和工作重点。
4. 本章介绍了空乘服务中的旅客运输常识,如空乘人员专业术语、民航客运术语、国际运输常识、国内旅客运输常识等。

复习题

1. 空乘服务的基本内容包括哪些?
2. 空乘服务的基本程序是什么?
3. 空乘人员需要掌握哪些旅客运输常识?

思考题

1. 如何理解空乘服务的延伸服务,如何丰富其服务内容?
2. 在飞行前的直接准备阶段有哪些任务? 如何更好地完成这些任务?

第五章

空乘服务的组织与空乘人员的工作职责

课前导读

由于飞行系统的复杂性和安全性的特殊要求,乘务服务工作不是简单的个体活动,需要通过一定的组织形式、责任分工来和团队合作来完成。特别是随着机型的升级以及人们对乘务工作质量要求的不断提高,现代乘务工作越来越向高度的组织化、系统化、规范化的方向发展。本章全面阐述了目前民航客运的基本情况,介绍了航空公司的人员构成、运行方式以及空乘服务的组织方式,并详细说明了乘务组不同服务岗位成员的主要工作责任。通过本章学习,学生可以对航空公司的人员分工、乘务组成员的组织方式、每个岗位的乘务员的工作责任有比较全面的了解,进而为未来的专业学习与工作奠定一定的基础。

教学目标

1. 明确航空公司的人员构成,理解航空公司人员结构与基本分工。
2. 了解航班机组人员的工作方式,加深对乘务服务的理解。
3. 掌握乘务服务的一般组织形式。
4. 掌握各岗位空乘人员的工作责任,理解责任化是实施乘务服务的基本要求。

透视航空服务

当你翻开各个航空公司介绍资料,看到那密密麻麻的组织结构图时,一定会为航空公司那几万甚至十几万人的编制感到惊讶;如果你近距离接触航空公司的工作,还发现他们的桌案前、书架里布满了各种标准、规范、章程等资料;如果你接近公司的具体人员,你还会发现,飞行员、乘务员、维修人员等都接受过入职的专门培训、每年的复训,每个人都经过多次考核,才具有一定的上岗资质。在飞机上,你也可以清晰地感受到,乘务组组织严谨、纪律严明、分工明确,工作过程程序清晰、步骤分明,乘务组的每一个人都在做他应该做的事。

空乘服务早期,航空公司的航班中增加的男性客舱服务生,主要是为了装载行李或安抚紧张的乘客以及帮助乘客在飞机上活动,到1930年,一位名叫艾伦·丘奇(Ellen Church)的年轻护士和波音航空运输公司的史蒂夫·斯蒂普生(Steve Stimpson)一起推荐了一种新型服务员——8名被波音公司雇用的护士。以此为标志,新型的服务员——"空中小姐"诞生于世。直到今天,现代化空姐已经成为航空业人员构成中不可分割的一部分。

乘务工作的组织与服务过程也是不断演变的。早期空乘服务以"殷勤服务和母性关爱"为特征,空乘服务以呵护乘客、关怀备至为己任,你会感受到乘务员的热情、善良、友好、主动的服务意识。受军航模式的影响,现代民航乘务服务队伍的管理具有"军事化"特征,等级严明,令行禁止,行动统一。空乘服务的组织与队伍建设,保证了民航服务的高标准、高质量,也确立了自身的服务规范。

第一节　航空公司的人员构成

航空公司给我们的印象是气势庞大、运行复杂,但仔细分析起来不难发现:虽然每家航空公司的规模、运营模式各不相同,其组织结构却有着相似之处。

航空公司最重要的资产是飞机和人。但即使航空公司拥有世界上最先进的机队,如果没有员工,也会一事无成。所以,飞机只是实现航空公司运输任务的工具,是运输的载体,而员工才是实现这些载体按航空公司的预期计划飞行的组织者、驾驭者、保障者,因此,人是航空公司运行的核心。

在航空公司所有的人员中,飞行员和乘务人员等与乘客接触最多,通常代表着航空公司在公众面前的形象,肩负着飞行与服务的任务;同时,在航空服务庞大的系统中,还有许多在幕后工作的员工,他们默默地为乘客、为安全付出艰辛的劳动。通常情况下,航空公司的员工有以下几种。

一、一线员工

这类员工直接接触乘客,为航班的运行提供直接或间接的服务,包括飞行员和乘务人员、订票人员、机场检票人员、登机口人员和机上安全员等,他们的工作围绕乘客服务而展开,为乘客提供各种便利与保障。这类员工是乘客在实施航空旅行中见到最多、接触频繁、感受最深刻的一类员工。一线员工一般占航空公司员工总数的80%左右。

二、运营人员

这类员工接触的不是乘客而是"事物",肩负着客航的运行与管理。如果说一线人员是航空公司的心脏,那么运营人员的作用就是为"心脏"不断地输送"血液"。运营人员负责根据公司运输计划的安排,对飞机以及操纵飞机的机组人员、客舱服务人员进行管理、调度,同时,运营人员根据民航管理部门的标准制定工作守则、工作规范、对机组人员进行培训与复训,对航空公司的所有航班提供保障、跟踪与管理服务。

三、机务维修人员

这类人员的工作对象是飞机,其任务是保证飞机处于良好的技术状态。安全是航空公司的生命线,没有安全就没有飞行。飞机飞行过程中必然出现磨损或某种故障,必须经常保养与维修,才能使飞机安全地飞行。只有飞机能够运送乘客到达目的地,航空公司才能赚钱。航空公司有大约10%的员工专门从事飞机保养与维护工作。

四、销售和营销人员

航空公司是个经济组织,决定其发展的是客货运输市场,占有市场就需要市场营销。如何确定合理的机票价格?如何吸引更多乘客选择本公司的航班?为了提高竞争能力需要实施什么样的营销策略?这些都是营销人员的工作。同时,广告、货运销售、订票、客户服务和餐饮服务等工作,也需要销售和营销人员辛勤劳动。

第二节　航班机组人员的构成与工作方式

一、飞行员

有飞机就必须有飞行员,正是这些飞行员让飞机这一尖端设备能正常工作,保证航班正常安全。所以说,飞行员是航空公司最宝贵的人力资源,是不可或缺的。在商业航班上,飞机上一般至少有两名飞行员,很多航班中会有三名。所有航班的飞行员都进行过大量的训练,积累了丰富的飞行经验,从第一次训练飞行到进入航空公司飞机的驾驶座是一条漫长而艰巨的道路。

1. 机长

在一架客机上,起指挥作用的飞行员被称为机长。机长通常坐在左边的驾驶座上,对航班上发生的一切负最终责任,包括作出重大指挥决策,领导机组成员处理紧急情况和应付特别棘手的乘客。机长在很大一部分行程中也驾驶飞机,但通常会与副驾驶交替工作。

2. 副驾驶

副驾驶是飞机上的第二负责人,坐在驾驶舱右侧。副驾驶与机长拥有同样的控制权,接受过同等水平的训练。每个航班配备两名飞行员主要是为了安全。显然,如果机长发生什么情况,必须由另一名飞行员接替。另外,为了最大限度地减少驾驶失误,副驾驶也为驾驶决策提供参考意见。

飞行员

许多1980年之前制造的客机有一个给飞行工程师的驾驶舱座位,又称第二副驾驶。通常,飞行工程师是经过充分训练的飞行员,但他们在普通的旅程中并不驾驶飞机,而是监测飞机的仪表并计算相关数据,如理想的起飞速度和着陆速度、动力设置和燃料管理。在新型客机上,这些工作大部分由电脑系统来做,不再需要飞行工程师,因此这一职位将会逐步被淘汰。

航班机组中的飞行员具有同等的训练水平,但通常资历等级不同。在大部分航空公司,职业道路的发展情况几乎完全以服务时间为参考依据。要成为一名机长,必须一级一级往上升,必须等待轮到并且有位置空出来。资历还决定着飞行员所驾驶飞机的型号,以及他们的飞行计划。航空公司里比较新的飞行员称为"储备",意味着他们没有一套固定的飞行计划。后备飞行员可能需要连续待命12小时或更长。在这段时间内,飞行员必须装备整齐随时可以执行飞行任务,因为航班调度员可能随时呼叫他们。飞行员被召来后要马上向机场报到,并随即执行飞行任务(很多航空公司要求飞行员必须在被呼叫后的一个小时内随时准备出发)。当预定的飞行员生病或由于其他原因不能工作时,后备飞行员就会被召唤。后备飞行员的生活具有很大的不可预知性:他们可能数天作为储备而不被召唤,也可能每天都被召唤。

3. 飞规定航线的飞行员

较资深的飞行员可以挑选有规律的飞行计划,称作固定航线。拥有固定航线的飞行员工作较规律。

二、飞行员的工作方式

飞行员通常至少在出发前一个小时到达机场(国际航班为出发前两小时)。大部分航空公司在飞行员的休息室配有电脑登记系统,该系统可以给飞行员提供航班细节,包括天气、乘客数量和其他机组成员。为了把所有东西都放在一起,飞行员通常把自己的飞行文件和其他资料装在一个大的公文包里。

起飞前飞行员要审查这些资料,制订飞行计划,呈交空中交通管制部门备案,并和其余机组人员会面。飞机降落后,机长与到岗的机组成员会面,询问是否遇到任何不正常现象。副驾驶对飞机进行常规检查,以确保一切状态良好。排查过后,飞行员在驾驶舱集合,检查所有仪表和控制器,确保工作正常。

起飞前机长必须签署飞行许可,这份文件用来证明全体机务人员已准备好,且飞行员已检查过飞行资料。飞行员为起飞作准备时,会得到最新天气预报、乘客统计及起飞前结关表格。为简化文书工作,许多飞机的驾驶舱都内置有打印机,可接收来自登机门管理员和指挥塔台的资料。

当文书工作完毕后,乘务员紧闭所有的舱门,然后机长发出"向后推"的放行许可(把飞机从登机门向后推,使其移动到跑道)。然后飞行员只需等待并按照空中交通管制员的指示起飞即可。

在正常飞行中,起飞和降落的驾驶操作最复杂。在现代客机上,飞行员的主要职责是监测自动化系统,以确保飞机正常飞行,并在必要时改变航线。当然,在紧急情况下,事情可能会变得复杂得多。所有航空公司飞行员都接受过广泛的培训,以便在危急的情况下能保持冷静的头脑,处理突发事件。幸运的是,飞行员必须将这些训练内容付诸实施的情况极少,但他们必须随时准备迅速采取行动。

三、空中乘务员

根据有关规定,每架商业班机上可配备不等的乘务员(视机型与航程)。这些乘务人员组成乘务组,担当航班的乘务任务。他们在工作中要承担多种职责,从第一名乘客登机之前开始,贯穿整个飞行过程,连续不断地工作。上飞机之前,全体机务人员开会,机长检查飞行计划和安全事项,然后主任乘务长把乘务员分派到飞机的各个部分。飞机起飞之前,乘务员必须做到的基本工作有以下几点:

① 向乘客问候,并把他们引向各自的座位;
② 协助乘客放置随身携带行李;
③ 确保坐在紧急出口附近的乘客遇到紧急情况时能提供帮助;
④ 扼要讲述安全步骤,或播放一个安全视频;
⑤ 检查每个座椅,确保所有乘客系上安全带,且座椅位置正确;
⑥ 锁好舱门并打开保险,以保证舱门打开时紧急滑梯能够充气。

在完成上述的工作之后,乘务员自己坐进折叠座椅并系好安全带。飞机进入平飞状态后,乘务员准备食物和饮料,将它们装入餐车,为乘客提供餐饮服务。

除此之外,乘务员必须确保所有乘客遵守安全指南,还要应付任何出现的紧急情况。如果飞机出现问题,机组人员必须使乘客保持冷静,并帮助乘客在必要时撤离飞机。乘务员还必须准备应付恐怖分子、发怒的乘客以及各种医疗紧急情况。在大多数人会因恐慌而不知所措的情况下,乘务员却要保持清醒,做好应急工作。

要处理好所有这些工作,乘务员必须具备一定的能力和个性特征:友善、记性好、在压力下能保持冷静。要想获得航空公司的一份工作,必须接受面试、通过体检、通过严格的训导和表现测试。培训期可能持续3个月,课程内容非常广泛,包括从餐饮服务到如何应对武装劫机等内容。直到完成整个培训课程并通过所有测试后,他们才会被正式聘用。

申请成为乘务员的人数远远超过航空公司所能提供的职位,所以只有少数人能通过整个流程并被航空公司雇用。乘务员职位竞争激烈的首要原因在于职业的优越感以及航空公司提供的特殊待遇。

与驾驶员一样,乘务员的工作日程是根据资历决定的。新到的航班乘务员只能飞"储备"航班,很少知道第二天会飞往哪里。谁要飞往哪里取决于对乘务人员的调度安排。

空中乘务员

从商业飞行开始至今,乘务员和飞行员的工作生活发生了很大变化。自商业空旅时代开始,乘务员的世界也大为改观。第一批客机实际上是邮件飞机,只留出额外的空间供乘客搭乘。在这些航班上,乘客得自己照顾自己:机务人员只有飞行员,而他们都忙于驾驶飞机,没有时间去照顾乘客。

最终一些早期航空公司的航班中增加了客舱服务生,这些空乘人员通常是青少年或小个子男性,安排到飞机上主要是为了装载行李,安抚紧张的乘客以及帮助乘客在飞机上活动。1930年,一位名叫艾伦·丘奇(Ellen Church)的年轻护士和波音航空运输公司的史蒂夫·斯蒂普生(Steve Stimpson)一起推荐了一种新型服务员。丘奇建议让注册护士加入航空乘务人员队伍,她认为这是一个理想的做法,因为她们可以照顾生病的乘客。波音公司当时既是航空公司又是飞机制造商,于是采纳了这一建议,雇用了8名护士,进行了为期三个月的试用。这种新型的服务员后来被称为"空中小姐",很快成为美国航空业不可分割的一部分。后来这些服务员不再需要有护理学位,但是殷勤服务和母性关爱仍然成为这个职业的重要特征。

在20世纪60、70和80年代,航空服务员工会以及来自平权运动的代表给航空工业带来翻天覆地的变化。70年代以来,主要航空公司的政策是既聘用男服务员也聘用女服务员,而且没有年龄和体重限制。乘务员享有许多与飞行员同样的待遇,并且航空公司承认他们是航空旅游业的一个重要组成部分。毕竟,对大部分乘客而言,乘务员是整个航空公司的形象。

四、乘务服务的组织

客舱部是航空公司完成乘务服务的职能部门,是完成航班乘务任务的直接部门,肩负着对乘务人员的组织、管理,各航班乘务组的安排,服务质量的监督、考核等任务。

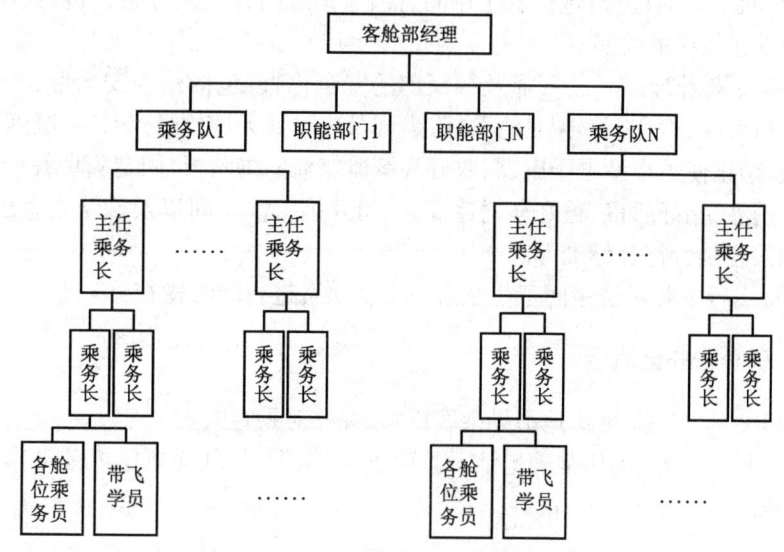

图 5-1　乘务服务的组织

第三节　空乘服务人员的工作职责

空乘服务是通过乘务组来完成的。乘务人员在乘务岗位上有着明确的分工与岗位责任,且在工作中协调与合作。因此,乘务员的工作与岗位责任的划分是完成乘务工作的基础,也是体现客舱服务精细性、预见性、全面性、安全性的保证。民航部门和各个航空公司都对不同机型、不同岗位的乘务人员的工作责任提出了系统而规范的规定。

一、乘务服务人员的一般工作职责

1. 各项检查工作

(1)安全设备与设施检查:包括检查所负责区域内的氧气瓶、灭火瓶等紧急设备的数量和完好情况,并掌握使用方法;紧急撤离指示灯是否正常等。

(2)安全状态检查:检查各安全区域、设备是否处于安全状态,并向乘务长报告。

(3)机上备品检查:包括卫生用品、报刊、杂志的种类及数量,餐食数量以及其他向乘客供应的物品。

(4)飞机滑行、起飞、下降及颠簸前的安全检查:包括检查安全带、小桌板,调直座椅靠背,检查行李架是否关好、走廊及出口处无堆放行李,禁止吸烟,打开遮光板,禁止使用小型电子电器,收好头等舱座椅的脚踏板,固定厨房餐具、餐车及服务用品,扣好门帘、盖好马桶盖,门关闭并锁上洗手间以及确认紧急出口座位处的乘客是否符合标准等。

(5)飞行中要对洗手间卫生状态与安全状态进行随时检查。

2. 引导与安全演示

(1)主动、热情、迅速地引导乘客就座,并核对乘客人数。

(2)仪态大方、动作准确地演示救生衣、安全带、氧气面罩等规范动作,并与广播相协调。

3. 安全职责

按规范要求完成安全检查工作,客舱安全巡视,及时发现报告并处理各种安全问题。

4. 特殊乘客服务

(1)精神病患者和犯人乘机,应安排在适当位置,并向随行人员介绍防范注意事项,协助做好保卫工作。

(2)对老弱病残者和儿童,应主动了解情况,给予特殊照顾。

5. 保洁工作

飞行中要随时检查和打扫洗手间卫生，喷洒香水，保持清洁无异味。普通舱每三人使用后至少打扫一次，头等舱每一人使用后至少打扫一次。

6. 常规服务工作

（1）供餐：按预先的供餐计划为乘客提供餐食，注意清晰地介绍配餐食种类，准确为殊餐乘客送餐。

（2）热情、有礼貌地向乘客供应物品。

（3）主动征求乘客意见，了解乘客的需要，耐心、细致、准确地回答乘客问讯。

（4）注意客舱温度，及时同机组联系予以调整。

（5）飞机落地后，要及时送还代乘客保管的物品，为驻外办事处带的报纸、文件都要及时卸下。

（6）乘客下机后，应认真仔细地检查客舱，如发现有遗留物品，要尽快设法归还失主。如有无人认领的物品，要及时交给地面工作人员处理。

（7）过站期间，负责整理报纸杂志、增补卫生用品及安全须知卡，检查落实客舱及洗手间的卫生状况，并向主任乘务长汇报。

二、主任乘务长的工作职责

主任乘务长（或称客舱经理）是航空公司执行空中乘务服务的直接管理者，属于机长领导，所有乘务员均在其管理与协调下开展服务工作。一般而言，除承担航班、乘务人员调配、定位外，主任乘务长直接承担宽体客机的服务管理与指挥责任，指挥整个乘务组履行乘务职责，以确保完成乘务任务。主任乘务长的具体工作职责归纳如下：

（1）行使组织、指挥、协调等管理职能，保证乘务组人员在执行航班任务时，严格执行安全、服务规范和程序，以保证为乘客提供满意的机上服务。

（2）服从机长指挥，建立向机长汇报制度以及与机组沟通制度。

（3）负责与地面各保障部门的协调与沟通，并做好相关工作的交接与记录工作。

（4）负责收集乘客对乘务组工作情况的反馈信息。

（5）根据相关的规范与要求，承担相应的带教任务。

（6）对乘务组的各类服务质量进行记录，向职能部门提出合理化意见与建议。
(7) 负责对乘务组成员的工作业绩进行评估。
(8) 负责乘务组的驻外与护照的管理工作。

三、乘务长的工作职责

乘务长隶属于主任乘务长领导与指挥,可以单独承担单体机乘务的管理与指挥工作,或在宽体机担任区域乘务长。在经过允许的情况下,也可以在宽体机上独立承担乘务的领导与指挥工作。乘务长的具体工作职责归纳如下:
(1) 在与主任乘务长同机服务时,服从并执行主任乘务长的指令。
(2) 承担窄体机带班任务时,承担主任乘务长的工作责任。
(3) 执行宽体机航班任务时,担任区域乘务长工作,协助主任乘务长完成航班的管理工作:组织、监督、检查、指导本舱乘务员按规范实施安全和服务工作。
(4) 根据规范与要求,承担相应的带教工作。
(5) 主任乘务长不能履行责任时,区域乘务长按舱序接替并行使其职责。
(6) 在机长或主任乘务长的统一领导下,协调所属乘务员与乘客妥善处理机上突发事件。

四、头等舱和公务舱乘务员的工作职责

头等、公务舱乘务员是由具有一定航班乘务工作经验,经过考核、登记、检查合格的乘务员担任,承担着高端乘客的安全与服务任务。其工作职责包括以下几方面:
(1) 按照服务规范标准与要求,为本舱乘客提供满意的机上服务。
(2) 根据主任乘务长(代班乘务长)安排,负责航班的广播工作。
(3) 根据规范与要求,承担相应的带教工作。
(4) 负责机组的服务工作。
(5) 服从机长、主任乘务长(代班乘务长)、乘务长的管理与指挥,及时处理本舱的突发事件并汇报。
(6) 在乘务工作中,与乘务组成员相互配合。

五、普通舱乘务员的工作职责

(1) 按照服务规范标准与要求,为本舱乘客提供满意的机上服务。
(2) 承担机组成员的供餐工作。

(3)服从机长、主任乘务长(代班乘务长)、乘务长的管理与指挥,及时处理本舱的突发事件并汇报。

(4)在乘务工作中,与乘务组成员相互配合。

六、内场乘务员厨房工作职责

(1)熟练掌握机上配电板和服务舱设备的使用。

(2)按"配餐单"、"随机供应品服务用具配备回收单"检查和核对本次航班所规定携带的服务用品、食品、饮料及餐食数量是否与单据上一致,并检查质量是否符合要求。

(3)起飞前检查服务舱内服务用具是否完好,并全部放置安全妥当。

(4)按工作程序做好乘客的服务供应准备工作,并确保服务用品摆放整齐。

(5)负责中途站、终点站装卸和交接供应品、食品的工作。

(6)负责厨房水车和餐食的摆放,服务过程中负责补充客舱中的饮料和食物。

(7)保持服务舱和用具的整齐、清洁。

(8)严禁将腐烂或变质的饮料、食物供给乘客。提供饮食饮料前先检查生产日期,如发现问题及时向飞行乘务长反映。

(9)飞机到达前整理、清点、收回全部服务供应品,填写回收单。

(10)熟练掌握各种紧急设备的使用。

(11)检查并保证水箱、马桶处于良好工作状态。

七、承担广播任务的乘务员的工作职责

广播员由飞行乘务长兼任或由乘务长指定的、具备资质的一名乘务员来担任。其职责包括以下几方面:

(1)飞行前要认真熟悉和复诵广播词。

(2)携带广播词和航线介绍资料。

(3)广播时热情、准确,语速和音量适中,语调流畅柔和,语言通俗易懂。

(4)航班飞行中,广播器不得给乘客使用。但执行专包机任务时,可酌情处理。

(5)正确使用广播设备,按照规定操作进行,爱护设备。如发现失效或损坏,应报告乘务长及时填写客舱记录本。

八、乘务员的安全检查职责

（1）当所有清洁、供餐和机务人员离机后，或在乘客登机前，乘务员和安全员必须对客舱进行清查。在检查中，发现任何可疑的物品，如非标准的设备或梳妆用具，非正常的导线，误放的手提行李、包裹、照相机等，不要触动，要立即报告乘务长和机长。

（2）在过站时，所有乘务员都要留意下列情况：允许留在飞机上的乘客或行李一般可以不检查，但在起飞前要对驾驶舱、厨房、卫生间等处进行检查。只有特殊许可的人，出示适当证件后，才可允许上飞机。在过站时，所有箱、柜的门都要关好。

（3）厨房乘务员要检查餐食的内容，如果有不能打开的容器或餐具，必须向乘务长、主任乘务长报告，即使在最后一刻装上飞机的食品，也要认真检查。

（4）主任乘务长或乘务长必须确保已作过合适的广播或安全须知简介，确保乘客对于安全须知卡上的中英文指示的责任是理解的。

（5）客舱乘务员在乘客登机时必须对每一个坐在紧急出口座位上的乘客讲解紧急出口的特殊性，确认后，报告主任乘务长或乘务长。在离港之前，主任乘务长或乘务长将出口座位的确认情况报告机长。不能坐在出口座位处的乘客，例如双臂缺乏运动者、无成人陪伴的儿童、视力不佳者、听力不佳者，或不愿遵守出口规定者，乘务员有责任为其调换座位。

九、民航安全员的工作职责

民航安全员肩负处理突发事件、保卫飞行安全的责任。民用航空保卫部门根据航空安全保卫工作需要和民航总局公安局及民航地区管理局公安局的指令，派遣航空安全员登机执行任务。安全员在执行航班任务时，归属机长、主任乘务长或乘务长指挥与领导。为了保证飞行器与乘客的安全，安全员要做好以下工作：

（1）在乘客登机前和离机后对客舱进行检查，防止无关人员、不明物品留在客舱内。

（2）制止与执行航班任务无关的人员进入驾驶舱。

（3）在飞行中，对受到威胁的航空器进行搜查，妥善处置发现的爆炸物、燃烧物和其他可疑物品。

（4）处置劫机、炸机及其他非法干扰事件。

（5）制止扰乱航空器内秩序的行为。

(6)协助有关部门做好被押解人犯、被遣返人员在飞行中的监管工作。

(7)协助警卫部门做好警卫对象和重要乘客乘坐民航班机、专机的安全保卫工作。

(8)执行上级交给的其他安全保卫任务。

本章小结

一个航班的顺利安全是个十分复杂的系统性工作,完成这项工作需要飞行员、乘务员等一线人员的艰辛努力,也离不开其他岗位人员的共同努力。通过本章学习,我们应该对下列问题有比较清晰的理解:

1. 航空公司的员工基本是由四部分构成,每类员工都有着自己的工作责任。其中,乘务员与乘客的接触最直接最、频繁,决定着航空公司的公众形象。
2. 乘务服务是一个有组织、有明确分工的系统性工作。对一个航班而言,机上有主任乘务长、乘务长、各舱位的乘务员。主任乘务长(或乘务长)的直接领导者是机长,其他乘务员的直接领导者是主任乘务长(或乘务长)。
3. 每个岗位的乘务员都有明确的工作责任,这种责任清晰、细致、明确。责任是必须履行的义务,是不能协商的,具有强制性。安全责任是所有乘务员必须共同承担的。
4. 理解机组成员是如何协同工作,来保证飞行安全,为乘客提供满意的服务的。

思考与练习

复习题

1. 航空公司的人员构成与分工有哪些?
2. 航班机组人员的构成与工作方式是怎样的?
3. 乘务员的工作责任是什么?

思考题

1. 如何理解航空公司运行的负责性?
2. 如何理解乘务人员的团队意识?

第六章 空乘服务的艺术

课前导读

在服务经济时代,消费者的消费动机和消费行为益发多样化,讲究艺术化的服务,才能最大限度地适应广大消费者的个性化消费需求。服务是一门艺术,空乘服务更要讲究服务艺术。作为一名航空乘务员,讲究服务艺术、探索服务规律、追求服务完美,是乘务员做好服务工作的前提和基础。如何提高服务艺术、树立良好形象,是每个乘务员需要认真探讨和总结的重要课题。

本章阐述了服务艺术的内容和作用、空乘服务艺术的内涵和体现;并具体说明了要达到服务艺术性需要掌握的一系列的技术和技巧。通过本章学习,学生能明确空乘服务不是简单的程序化工作,需要掌握一定的服务艺术和技巧。

教学目标

1. 认识服务艺术对空乘服务的重要性。
2. 了解我国国内航空公司的服务特色。
3. 掌握对不同旅客的服务技巧。
4. 了解提高空乘服务艺术的具体途径。

不同的措辞带来不同的结果

一个航班上,空姐在热情地为乘客提供食物。机上的食物有两种可供乘客选择,但供应到一位乘客时,恰好他所需要的食物没有了。空姐很热心地到头等舱找了一份食物拿给这名乘客,并说:"真对不起,刚好头等舱多了一份,我就给您送来了。"乘客一听,十分不高兴地说:"头等舱吃不了的给我吃?我也不吃。"

由于不会说话,空姐的好心没有得到乘客的感谢,反而惹得乘客不高兴。如果我们的空姐这样说:"真对不起,您要的食物没有了,但请放心我会尽量帮您解决的。"然后到头等舱看看是否能够解决。如果拿到了食物,在送到乘客面前时,可以这样说:"我将头等舱的餐食提供给您,希望您能喜欢。欢迎您下次再乘坐我们公司航班,我一定首先请您选择餐食,同时我也非常愿意为您服务。"

同样的一份食物,但不同的话,却带来了不同的结果,作为一名空乘人员,服务艺术真的太重要了。

随着中国经济高速增长,服务企业迅速发展壮大,服务工作必然经历简单服务阶段,与国际接轨的标准化服务阶段,由标准化转向个性化、艺术化服务的新阶段。随着人们物质生活的改善,空中旅客的需求也由原来的简单、基本的要求转向多样化、个性化、复杂化的需求。为了更好地适应这一转变,满足不同乘客的需求,空中乘务人员必须在工作实践中,不断探索和总结服务技巧和服务艺术,不断提高能够满足乘客需求的各项服务技能和服务水平。

第一节 空乘服务的意境、艺术与作用

一、空乘服务的意境与艺术

(一)空乘服务的意境

空乘服务是高雅而唯美的服务。因此,空乘服务就该让乘客喜悦,让乘客记住你的风采,以此来赢得更多乘客的信赖。乘客满意与否就是服务品质的一面镜子,而面对需求与个性不同的乘客群体,我们无法找到一个固定的服务模式来适用每一位乘客。因为真正的服务是对乘客需求的尊重与满足,服务的过程也必然是通过"一对一"的内心对话与沟通互动,将服务的形式与内容传递给服务对象,才能让每位乘客都感到欣悦。这种服务的内在特质决定了永远无法找到一个统一的规范与尺度来衡量乘客的满足感。但是,乘客却有自己的"尺度",即评价与感受,这也正说明了"服务是一种艺术,是一种意境",探索服务艺术与意境正是服务的魅力所在。服务离不开服务内容与服务过程,但仅此还无法让乘客有赏心悦目之感。优秀的服务应该是由服务内容、服务过程、服务态度、服务者对服务过程的驾驭等多个要素共同作用所形成的服务状态。

所谓空乘服务的意境,是指空乘服务层次客观要求的、体现乘客价值的、反映服务者情操的多维的服务状态,即服务适应乘客需要的程度。概括起来,空乘服务的意境可以由以下几个方面来体现:

1. 自然和谐

自然的就是最美丽的,也是人们最容易接受的。空乘服务的内容与模式是人为创造与设计的,是乘客的共同性需求,但不能保证每个人都喜欢。就服务过程与空乘需求的满足而言,需求有强有弱,需求方向各有所指,即使同样的需求在时空不同的条件下,其表现形式也各不相同。因此,只有淡化服务"框框"的痕迹,把"刻意"寓于"平淡"之中,把"关怀"融于"细节"之中,才能凸显服务的本色;把服务、乘务、乘客融为一体,服务才是美丽的。

2. 温馨脱俗

空乘服务应给人以"宾至如归"的感受,体贴入微的照顾,而不是"绑架"别人的意愿。乘务员要以高雅的气质、优美的语言和大方的举止去感染乘客。在服务过程的互动中,展现出大气、清新与质朴,而不是"咄咄逼人",给人以"盛气凌人"、"居高临下"的感觉。

3. 贴近乘客需求

服务永远离不开需求,离乘客的需求越近,乘客越容易满足;为乘客想得越多,乘客就越便利。服务越贴近乘客的需求,乘客的感受度越深,越有温暖感。乘客在意的并不是他需要什么,而是乘务员如何对待他的需要。空乘服务在满足乘客需要的过程中,细腻地彰显了人性化,让乘客感觉到自己的存在,更能感受到重视与尊重。

4. 享受过程

服务与其他活动最显著的区别就是过程的决定性。一方面服务本身就是个过程;另一方面,乘客对服务的感受也是在过程中逐渐地触发、积累而形成的。

连续地对服务对象施加影响与刺激,即使是与他无关的服务,他也在用心地参与,也会有深刻的感受。

5. 人文关怀

从服务的角度讲,尊重人性和人的价值是服务追求的最终目标。乘客的任何需求都有其合理性,无可厚非,这是乘客的权利。乘客对需求满足的期望与主张,是乘客价值的体现。"乘客永远是对的"本质上道出了服务的真谛——享有权利、受到尊重。对"需求无大小,小处显真情"的认知从另一个层面体现了服务人性化。

(二) 空乘服务艺术的内涵

如何塑造空乘服务的意境,如何缩小人们心目中的空乘服务与现实中服务的差异,让空乘服务"实至名归",突破简单而框框式的服务,提高空乘服务的艺术性是一个必然的选择。

空乘服务不仅是一种经济行为,更是一种艺术行为。所谓服务艺术,要求能体现出浓郁的文化情愫和情感色彩,通过服务人员的高雅气质、亲和力和熟练的服务技巧,游刃有余地处理服务中的各种问题,让被服务者有一种自豪感、一种满足感,感受到自己的价值,从而满意。

空乘服务艺术通常是指服务人员所具有的、并在服务过程中表现出来的,以服务技术与服务技巧为手段,以智慧与情感为核心驾驭服务过程的特殊能力。空乘服务艺术的内涵包括以下几个方面。

1. 空乘服务艺术的核心体现是情感的自然真实表露

服务过程有了情感的投入,服务才具有了活的灵魂,而发自内心的情感才是真实的,才具有感染力。我们说一个乘务员服务水平高,服务经验丰富,其实,最根本的问题是其在服务的过程中投入了真实的情感,心与旅客处于"零距离"的状态,让乘客感到亲切。

2. 空乘服务艺术的灵魂体现在服务过程的赏心悦目,给人们以美的享受

乘务人员优美的身姿、甜美的微笑,给空乘服务艺术增加了感染力;服务中动作的亲切与轻柔、稳健,给空乘服务增添了高雅的气息;沉浸在服务艺术的气氛中,乘客会感到轻松、享受。

3. 空乘服务艺术的价值在于总是能用最恰当的方式处理各种问题

具有服务艺术的空乘人员,总是在需要的时候出现在需要出现的地方,总是为需要处理的问题找到最恰当的方式。

4. 空乘服务艺术的实质在于驾驭性

具有高超服务艺术的服务人员,通过驾驭服务对象,来驾驭服务过程,通过驾驭自己的思想意识,使自己融入服务过程中,通过服务过程让自己与乘客一起享受服务的愉悦。"事情在你预料之中,办法在你准备之中,服务在你掌控之中",可谓是对空乘服务艺术的恰当描述。

特色服务

南航CZ 3097航班2005年1月29日从广州起飞,9时30分抵达台北,成为首架降落在台湾地区的祖国大陆民航客机。据悉,2005年台商春节包机航班最终确定为两岸各6家航空公司的24个往返,共计48个航班。此次参与包机的国内各大航空公司,纷纷推出特色服务。厦门航空公司主打亲情牌,用地道的闽南话和纯正的功夫茶为台胞服务;上航空姐为台商包机学习闽南语;东航台商包机上70%以上的餐点是台湾口味的,并为每位台胞准备了云南香包等特色工艺礼品。

二、空乘服务艺术的作用

在乘客的消费行为多样化、个性化的今天,服务艺术在民航企业中的地位和作用越来越显现出来,讲究艺术化的服务,摒弃那些机械呆板的服务模式,才能最大限度地适应广大消费者的个性化消费需求。只有重视和不断提高服务艺术,努力赢得乘客的满意和忠诚,塑造富有魅力的服务形象和风格,民航企业才能在激烈的市场竞争中占据有利位置,实现持续发展。服务艺术在航空服务工作中的作用主要从以下几方面体现出来。

（一）赢得乘客满意的作用

"老来乐"系列温情服务

老年人独自出行给亲人带来的不只是想念,更多的是牵挂和担心。为了让老年乘客(尤其是60岁以上的老人)能够安全快乐乘机,感受人间温情,航空公司精心准备,推出了"老来乐"系列温情服务。客舱里,乘务员为老年乘客特设了方便舒适的"爱心座位",准备了美味可口的热饮软食,在每个航班上都指派专人为老人安置行李、送毛毯御寒、送热毛巾敷面、帮助进餐、引领如厕、陪护聊天等。乘务员为初次乘机的老人讲解乘机常识、拍照留念。团体出游的老年人,还会享受到乘务员们精彩细致的风土人情介绍。

服务艺术化,是以追求乘客利益最大化作为自己的服务目标的。在航空服务过程中,要使乘客乘兴而来,满意而归。

要让乘客在整个旅途中,在购机票、等待登机、上下飞机、机上旅行等各个环节中,时时刻刻都受到尊重并感受到热情周到的服务。

服务艺术化不仅能满足旅客所关注的企业核心利益,而且能最大限度地满足现代乘客的联想利益,满足他们对于形象、体验、个性、身份和地位等文化价值的追求。

从心理学上讲,航空乘务员高超的服务艺术可以缓解乘客的旅途劳累和旅途中紧张、焦灼的情绪,使乘客高兴和满意,心情愉快。因此,要牢记"乘客至上",提高服务艺术和服务技巧,体现出航空公司的服务特色和高水准服务,从而为旅客留下美好的印象。

（二）对企业经济效益的作用

"五星钻石奖"花落南航

2005年1月9日,全球服务业最高荣誉——"五星钻石奖"花落南航,标志着中国客运量最大的航空公司的优质服务得到了世界上最"挑剔"和最专业的服务专家的认可。

当晚的颁奖仪式在广州中国大酒店举行,广东省副省长游宁丰、广州市副市长许瑞生出席了颁奖仪式。在热烈的掌声中,中国南航集团总经理、南航股份公司董事长颜志卿代表南航从美国优质服务科学协会总裁约瑟·欣辉(Joseph Cinque)手中接过金光闪闪的五星钻石奖牌。

"五星钻石奖"是美国优质服务科学协会颁发的国际服务业的最高荣誉,是国际公认的最具权威的优质服务奖,仅授予全球服务业中作出突出贡献的企业。每年由世界著名的专业人士以及经常作全球旅行的高级商务客人代表组成的评审团评选出本年度全球最卓越的企业、酒店、餐厅与个人。由于评选项目繁多,标准很高,每年只有很少的单位和个人获此殊荣。此前,新加坡航空公司、瑞士航空公司等在服务方面享有盛誉的航空公司曾获得该奖项。

拥有良好的空乘服务技巧,是现代社会对航空乘务人员的工作提出的基本要求,也是提高服务质量、提升航空企业核心竞争力的重要因素。服务艺术化,是将乘客利益的最大化作为自己的服务目标,只有实现乘客利益的最大化才能最终达到实现企业利益的最大化。

当前,民航企业竞争十分激烈,企业之间的竞争,从某种程度上来说是服务质量和服务水平的较量。通过服务艺术的运用和提高,使乘客对服务工作的满意度不断提升,提高企业的服务质量,进而吸引更多的乘客,最终实现乘客利益与企业利益双提高的目标。

(三)对企业形象和品牌塑造的作用

信得过航线——西北航空公司

当陕西省副省长巩德顺在西北航空公司第四会议室,将金光闪闪的"文明售票处"、"西安—北京—广州服务质量信得过航线"、"西安—上海—名古屋服务质量信得过航线"的牌匾授予这个公司的领导时,台上台下顿时响起了经久不息的掌声。这是该公司继夺得全国民航优质服务奖,西安售票中心和西安—北京 WH 2101/2 航班、北京—广州 WH 2137/8 航班在全国民航创建精品服务样板活动中首批达标,分别被授予"文明售票处"与"文明航班"称号之后,获得的又一殊荣。

民航业是我国重要的"窗口"行业,它展示着国民的精神风貌和企业的文明形象,高水平的服务尤其重要。空乘工作是航空公司直接面对旅客服务的窗口,直接代表着中国民航和各航空公司的形象,是航空服务水平的重要体现。强调航空服务艺术可以提升航空企业的声誉和形象。

"西安—上海—名古屋服务质量信得过航线"荣誉,无形中提升了西北航空公司的形象。从经营服务到经营形象和品牌,是服务艺术化的一个重要原则。现代消费者对体验、意象和品牌的崇尚,企业形象和品牌对消费者的消费选择和决策的巨大影响,使企业形象和品牌成为企业极其宝贵的无形资产。服务艺术化对于塑造形象和品牌,对于企业无形资产的形成和增值具有重要作用。

(四)对服务人员的激励作用

案例

南方航空公司举办客舱服务知识技能大赛

为加快推进南航客舱一体化,增进各单位之间的沟通和交流,进一步提高乘务员的服务意识,增强乘务员学习英语的兴趣,提升乘务员的客舱服务能力,创建优秀的客舱服务文化,以优质的客舱服务和优秀的跨文化沟通能力提高顾客满意率、创造服务效益,南航客舱服务知识技能大赛于9月7日—8日在海滨城市大连隆重举行,参加比赛的有来自南航各子公司的17支代表队,共51名选手。

服务艺术化,创造新颖的服务审美价值,将使单调的、琐碎的、每天重复进行的服务劳动具有新鲜感和创意性。职业劳动不仅是人们谋生的手段、获取物质利益的途径,也是人们实现自我价值的舞台和满足精神利益与审美需要的源泉。因此,服务艺术不仅是超越顾客期望、使顾客满意的技巧,也是带给员工劳动和生活满意的技巧。南航等航空公司推出的特色服务,无疑会激发员工的工作热情和学习动力。

懂得服务艺术的航空乘务员必然会在服务中体现好的服务意识,注重服务规范,表现出良好的风度和素质,这无疑会激励航空乘务员在平时的工作中注意提高自己的素质和修养。

第二节 空乘服务的语言艺术与沟通技巧

这些话能说吗

在一次杭州—厦门的航班上,由于报纸配备不够,小华正在后服务舱和 3 号服务员商量如何分发所剩不多的报纸时,从 23 排 C 座探出了一个小孩的头,小孩说:"阿姨,我要报纸。"小华一看是一位充满稚气的小孩,便半开玩笑地说道:"你读不懂报纸不能要。"可他一听便答道:"我上小学了,我看得懂。"小华说:"这里有厦门报和杭州报。"她的话音刚落,从 23 排 A 座传出了一个中年男子的声音:"我儿子买的可是成人票,你们机票不打折,服务可是打了折的,为什么欺负小孩,你给我解释清楚!"小华被这突如其来的质问惊呆了。服务语言不当是旅客投诉的导火线,即便是和小孩说话也应注意。

一、空乘服务中的语言艺术

语言是人们用来表达思想、交流感情的交际工具。在乘务行业中,语言是每个接待人员完成任务不可缺少的工具,因此服务用语是关系服务质量、服务水平的大事。

作为一名乘务员,语言艺术在服务工作中是基础性的,也是最重要的。语言得体、谈吐文雅、满面春风,能使客人"闻言三分暖",见面总觉格外亲。要做好服务工作,就要学好服务语言,掌握语言艺术,用礼貌、幽默的语言与旅客交谈,并用含蓄、委婉、使人不会受到刺激的话代替禁忌的语言。

(一)服务语言的艺术化

服务语言是服务人员素质和服务艺术的最直接体现,语言表达是空乘服务的基本技能。在空乘服务中,服务语言艺术的运用不同,会给服务工作带来不同的结果。一句动听、富有艺术性的话语,会给航空公司带来很多回头客,而一句让乘客不满意的话语,很可能就会从此失去一位或多位乘客。

服务语言是乘客对服务质量评价的重要标志,在服务过程中,语言适当、得体、清晰、纯正、悦耳,会使乘客有柔和、愉快、亲切之感,对服务工作产生良好的反应;反之,服务语言"不中听",生硬、唐突、刺耳,乘客会难以接受。强烈的语言刺激,会引起乘客的不满与投诉,会严重影响航空公司的信誉。

空乘服务语言与讲课、演讲以及人与人交往中一般的礼貌用语是有很大差别的。在服务语言标准化的基础上,通过措辞、语速、语调和表情,使语言表达得准确清晰,充满真情实意,富有感染力和说服力,显示出乘务人员的知识素养和文明服务水平,使乘客感到轻松自在。

艺术性的礼貌服务用语应该做到:
(1)柔和,适度而不刺耳;
(2)清晰,准确而不模糊;
(3)纯正,悦耳而不杂乱;
(4)言简意赅而不啰唆。

(二)语言要与表情、动作相一致

语言要与动作相一致,人若满腔热情,说话时便会不由自主地加上动作,做动作时也会自然而然地伴随着语言。空乘人员在为乘客服务时,应尽量在自己说话时配以适当的表情和动作,要以饱满的热情,拿出最佳状态,才能取得最好的效果。

(三)常用艺术性服务语言

1. 称谓语

例,小姐、先生、夫人、太太、女士、大姐、阿姨、同志、师傅、老师、大哥等。
这类语言的处理,有下列要求:
(1)恰如其分。
(2)清楚、亲切。
(3)吃不准的情况下,对一般男士称先生,女士称小姐。
(4)灵活变通。

2. 问候语

例,先生,您好! 早上好! 中午好! 晚上好! 圣诞好! 国庆好! 中秋好! 新年好!
这类语言的处理,有下列要求:
(1)注意时空感。问候语不能是简单的"先生,您好!"一句话,应该让乘客有时空感,不然乘客听起来就会感到单调、乏味。例如,中秋节时如果向乘客说一声"先生,中秋好!"就强化了节日的气氛。

(2)把握时机。要在合适的时候问候乘客。

3. 征询语

征询语确切地说就是征求意见或询问时的用语。例如,小姐,您有什么吩咐吗?征询语常常也是服务的一个重要程序,征询语运用不当,会使乘客很不愉快。

使用这类语言时要注意以下几点:

(1)注意乘客的形体语言。例如,当乘客东张西望的时候,从座位上站起来的时候,或招手的时候,都是在用自己的形体语言表示他有想法或者有要求了。这时服务员应该立即走过去说:"先生/小姐,请问我能为您做点什么?""先生/小姐,您有什么吩咐吗?"

(2)用协商的口吻。经常将"这样可不可以?""您还满意吗?"之类的征询语加在句末,显得更加谦恭,服务工作也更容易得到乘客的支持。

(3)应该把征询当作服务的一个程序,先征询意见,得到乘客同意后再行动,不要自作主张。

4. 拒绝语

例如,您好,您的想法我们理解,但恐怕这样会违反规定,给旅行安全带来影响,谢谢您的合作。

这类语言使用时有下列要求:

(1)一般应该先肯定,后否定。

(2)客气委婉,不简单拒绝。

5. 指示语

例如,先生,请一直往前走!先生,请随我来!

使用这类语言时有下列要求:

(1)避免命令式。命令式的语言,会让乘客感到很尴尬,很不高兴,甚至会与乘务员吵起来。如果你这样说:"先生您有什么事让我来帮您?您在座位上稍坐,我马上就来好吗?"可能效果就会好得多。语气要温和,眼神要柔和。

(2)应该配合手势。有些乘务人员在碰到乘客询问地址时,仅用简单的语言指示,甚至挥挥手、努努嘴,这是很不礼貌的。正确的做法是运用明确和客气的指示语,并辅以远端手势、近端手势或者下端手势,在可能的情况下,还要主动地走在前面给乘客带路。

6. 答谢语

例如,谢谢您的好意!谢谢您的合作!谢谢您的鼓励!谢谢您的夸奖!谢谢您的帮助!谢谢您的提醒!

这类语言的使用,有下列要求:乘客表扬、帮忙或者提意见的时候,都要使用答谢语。

乘客提出一些服务方面的意见,有的意见不一定提得对,这时有的乘务人员就喜欢去争辩,这是不对的。正确的做法是,不管他提得对不对,我们都要表示感谢:"好的,谢谢您的好意!"或者"谢谢您的提醒!"乘客有时高兴了夸奖服务人员几句,也不能心安理得,无动于衷,而应该马上用答谢语给予回报。

7. 提醒道歉语

例如,"对不起,打搅一下!对不起,让您久等了!请原谅,这是我的错。""对不起,机组没有医生,这就为您广播找医生。"

提醒道歉语是服务语言的重要组成部分,使用得好,会使乘客在旅行中随时都感受到尊重,并留下良好的印象。同时提醒道歉语又是一个必要的服务程序,缺少了这一个程序,往往会使服务出现问题。

8. 特殊情况下的服务用语

(1)请别让孩子在过道走,飞机颠簸得厉害。
(2)请按顺序排队。
(3)对不起,这里是紧急出口,您的行李不能放在这里。
(4)请跟我来!
(5)对不起,太太,我能看一看您的登机牌吗?
(6)动作快!
(7)请您不要在飞机上打手机。

9. 客舱内禁止使用的服务用语

(1)嘿!
(2)老头儿
(3)大兵
(4)土老帽儿
(5)你想干什么?

(6)没办法。
(7)我解决不了,爱找谁找谁。
(8)这是其他部门的事,与我们无关。
(9)越忙越添乱。

二、空乘服务中的沟通技巧

航班延误引发的冲突

2004年12月7日,因为机械故障,南航北方公司由成都飞往沈阳的CZ6412航班延误了近6个小时。20名旅客因为坚持要"讨说法"而拒绝登机。航空公司在劝说无果后放弃等待,飞机于当晚8点50分左右飞走。

原定于2004年12月3日下午6点55分从广州起飞的南航公司3485次航班,由于航班延误了14个半小时,124名旅客滞留在广州一夜。第二天上午11点,飞机到达重庆机场后,61名旅客拒绝下机,要求南航公司给予经济赔偿,旅客中有人提出了要赔偿1000元,由于双方对赔偿问题难以达成一致,旅客在飞机上逗留了4个小时。

2004年10月1日上午9时许,原本应前一天晚上出发的从成都至杭州MU5408航班再次因故延误,激怒了数十名乘客。他们与双流国际机场安检人员发生冲突,安检工作被迫中断,11个航班、2000余名旅客出行受阻。

航班的延误、取消,给乘客带来诸多不便,乘客的心情也在等待中变得焦躁,这时候,空中的服务工作稍有不周,就会引发矛盾,上面提到的案例就是由于航班的延误而造成乘客不满,而航空公司的工作人员由于和乘客的沟通、解释不当又使得矛盾进一步激化。

(一)良好沟通的意义

良好的沟通不仅意味着把自己的想法整理得井然有序并将其进行适当的表述,使别人一听就懂,而且还要深入人心,促使听者全神贯注。沟通的前提是尊重、信任和理解,沟通又能促进彼此的尊重、信任和理解。一个人的成功,20%靠专业知识,40%靠人际关系,另外40%需要观察力的帮助,要获得成功,就必须不断地运用有效的沟通方式和技巧。

沟通是一门艺术,也是一名优秀乘务人员不可或缺的能力。交流沟通是人类行为的基础。但是,您的交流沟通是否能准确传达出您的愿望?沟通成功与否,与其说在于交流沟通的内容,不如说在于交流沟通的方式。

在航空服务中,乘务人员需要时时刻刻和人打交道,耐心的解释和沟通是非常必要的。所以一定要注意如何有效地传递信息,掌握与人沟通的技巧,了解沟通的过程和特点来提高服务艺术。

成功导航:良好沟通的益处

(1) 获得更佳更多的合作;
(2) 能减少误解,使人更乐于作答;
(3) 能使人觉得自己的话值得聆听;
(4) 能使自己办事更加井井有条;
(5) 能增进自己思考的能力;
(6) 能够把握所做的事。

(二) 沟通容易出错的地方

有了良好的沟通,办起事来就畅行无阻。许多问题都是由于沟通不当或缺少沟通而引起的,结果会不可避免地导致误传或误解。要想获得有效的沟通,了解什么地方容易出错,无疑对获得有效沟通大有用处。

1. 沟通不当的标记

或许,你很少会花费心思去正确表达自己的观点,这经常会导致对方不能完全明白你要表达的意思。这时候他们可能会说:

"如果您的意思是这样,那为何不这么说?"

"我希望他们把话说明白点。"

"我不敢肯定自己该做什么。"

"我实在没听明白。"

有时候对方也许不会直接把这些话说出来,而只是以皱眉或叹息的形式表达出来。从这一点可以看出,表达的内容与接受的内容并非永远是对等的,因此,想办法填补两者之间的鸿沟是至关重要的。

2. 没有正确地阐述信息

"思想"和"信息"要转换成"能用于传递的信息",需要你正确的领会。有两点可能会影响良好的沟通:第一是不能对沟通的内容进行清晰而有逻辑的思考。例如,当要表达"我们需要些信封"时却说"信封用完了"。第二是不能理解对方的关注所在并正确地表达信息,以便获得对方的全部注意力和理解。例如,该用通俗上口的口语时,却用了晦涩拗口的学术语。如果你的信息没有得到清晰的表达,它便不能被听者正确地理解和加工,有效的沟通也无从谈起。

3. 给人以错误的印象

在日常工作、生活中,我们可能很少会拳脚相向,或出口伤人。但是,其他方面的行为举止会不知不觉给人们几乎同样糟糕的印象。其中有三个方面最值得注意。

外表:着装时不拘礼节表明你要么对交流沟通的另一方漠不关心,要么你想先声夺人。破烂的牛仔裤和邋里邋遢的运动鞋与笔挺气派的西装给人以截然不同的印象。不同的场合,两种着装风格会给人以完全不同的信息。

措辞:不假思索地使用乡言俚语会得罪他人,也会扭曲信息。举个例子,私下里把顾客或主顾叫作"伙计",似乎给人一种哥们义气的感觉,但它也不知不觉地传达出对别人的轻慢。

拖沓:不准时赴约表明您不把别人当回事。如果某人守时,别人会认为他很重视自己。

以上所有这些都会传达这样一个信息:就是你没有真正把别人放在心上。在开口说话之前,怎样防止沟通障碍,怎样留下良好的印象,注意这三方面是很重要的。

4. 没有恰当地聆听

如果人们没有聆听,他们有可能只听到片言只语,而错失至关重要的部分,因为他们的注意力已开小差了,或者,他们只拾得一些牙慧,反把它当作全部了。一些话可能被听到并进行了加工,但原意已经被扭曲了。

作为乘务员要善于与乘客沟通,达到与乘客的相互理解,要让乘客从乘务员既维护航空公司利益又得理让人的语言艺术中得到心理上的满足,航空乘务员掌握沟通技巧、善于与乘客沟通正是航空服务艺术性的体现。

(三) 有效沟通的行为法则

沟通要讲究方法和艺术,要给对方台阶下。如对一位高声吵闹的乘客礼貌地说:"您先喝口水消消气。"然后以足够的耐心让乘客把话讲完,本着大事化小,小事化了的原则提出解决问题的办法。在解决问题时不要与乘客争执,应该借助沟通的艺术,化解不同的见解与意见。以下提供几个达到有效沟通的行为法则。

热情的态度。对每一位乘客都要一视同仁,面对乘客应主动问候、主动沟通,这是和乘客建立良好沟通的开端;而热情的微笑,起着润滑剂的作用,它能使紧张的关系变得轻松,面对着真诚的笑脸时,沉重的心可以得到抚慰,浮躁的心可以暂时获得宁静,愤怒的心能得到舒缓。要把乘客看作亲人,以亲人般的情怀去体察不同乘客的心。

体谅。空中乘务员会接触到各种类型的人,有的人文雅礼貌,有的人粗暴野蛮,有的人行为古怪。待人做事宽容耐心,才能干出一番事业。我们尽量去体谅乘客,以"严于律己,宽以待人"的工作态度去接触乘客,用真诚的心为乘客服务,与乘客形成轻松、和谐、完美的人际关系。

善用询问与倾听。在想为乘客提供更好的服务之前,要了解乘客的需求。而善于询问和倾听是了解乘客真实想法的最好途径,尤其在乘客默不作声或欲言又止的时候,可以用询问引出对方真正的想法,了解对方的立场以及对方的需求、意见与感受,并且运用积极倾听的方式,来诱导对方发表意见。一位沟通能手,绝对善于询问并积极倾听他人的意见与感受。

信息卡

认识聆听,反省自己

积极聆听的作用:
获得更多信息;
帮助谈话继续下去;
处理不同的意见;
有效地发表自己的意见;
保持沟通气氛的友好。

> **反省自己是否做过：**
>
> 当别人讲话时,你在想自己的事;
>
> 听别人讲话时,不断比较与自己想法的不同;
>
> 打断别人的讲话;
>
> 为讲演者结束他的讲演;
>
> 当别人讲话时谈论其他的事情;
>
> 忽略过程而只要结论;
>
> 仅仅听那些自己想听的或希望听的事情和内容;
>
> 人的外表或他们的说话方式影响你客观地聆听;
>
> 很容易被其他的背景或声音分散注意力。

第三节　对不同乘客的服务技巧与艺术

把母爱传递给婴儿乘客——东航空姐的亲身感受

在福州—香港这条往返航线上,大部分乘客都是从台湾和国外转机的,最让乘务员印象深刻的是这条航线上那些可爱的宝宝们。还记得我第一次飞这条航线时的情景:迎客时,许多怀抱孩子的乘客让狭小的客舱显得更加拥挤,宝宝们一上飞机就哭个不停。

这种情景让我真有些不知所措。孩子们怎么会哭成这样呢？我看到许多人都在努力哄着宝宝,可是效果并不明显。原来大部分人都不是孩子的爸爸妈妈或爷爷奶奶,很多人都是帮朋友把孩子带回国。在乘坐我们这个航班之前,他们已经带着孩子们坐了近20小时的飞机了。这时我才明白,这些只有几个月大的还不会说话的孩子要承受着连大人们都很难承受的身心疲惫,当然只能用哭泣来发泄了。

一次航班中,一名年轻男子抱着一个看上去还不满一周岁的婴儿上了飞机,从他们一上飞机开始,小孩就不停地哭泣,小脸涨得通红。年轻人似乎有些不知所措,脸上露出越来越不耐烦的神情。我连忙走到他身边,询问孩子是不是饿了,他烦躁地说:"可能吧!"于是,我帮他把奶瓶拿到服务舱加水冲泡奶粉。喝完奶后,孩子渐渐安静了下来。

在经年轻人同意后,我把婴儿抱起来继续哄他。我努力地像其他母亲哄孩子那样,抱抱他,轻轻拍拍他,跟他咿呀地说说话,拿块柔软湿润的小毛巾给他轻轻地擦擦小鼻子小眼睛,让他感觉亲切舒服。此时的客舱充满了暖暖的爱意,年轻人也松了口气。在与他的交谈中,我了解到他只是帮朋友把孩子带回国,根本就不知道怎么照顾孩子,小孩的啼哭让他情绪非常急躁。小孩安静地睡着了,当我把孩子交还给那个年轻人时,我们都开心地笑了。看着那张可爱、天真无邪、粉扑扑的小脸蛋上已经没有泪水流过的痕迹,脸上满是甜蜜的睡意,爱也在我的心中蔓延开来。

在客舱服务中,乘务人员要和形形色色的乘客打交道,因此,要善于揣测乘客的心理,特别是对于一些特殊的乘客更要了解他们的心理,以便能够给他们提供最需要的服务。乘务员在服务中也会碰到各种各样的问题,要提高服务质量,提供最佳的服务,只有服务的热情和态度还是很不够的,还要分析和掌握各类乘客的性格特点及服务方法。

一、对不同类型乘客的服务技巧与艺术

在今天,坐飞机已经成为很多人出行的方式,乘客的成分也越来越复杂,有政府官员、高级白领,也有普通的市民,甚至学生、农民。不同乘客的性格、爱好、特质以及心理需求是有很大不同的,因此要想使乘客满意,就应该了解他们的性格特点,有针对性地服务。在飞行前的准备阶段就作好详尽的准备,以便完美地完成航班飞行任务。

(一)对不同身份的乘客的服务技巧与艺术

根据乘客不同的身份,采取不同的服务方式,以体现服务的艺术性。

1. 政府公务员

这部分乘客的社会责任感较强,往往从国家和社会的角度审视窗口单位的服务工作。他们把飞机上的所见所闻,特别是亲身感受,作为评价航空服务质量好坏的标准。如果这部分乘客碰到服务态度"生、冷、硬"的情况,就可能出现越级投诉。

2. 国有企业公出乘客

这部分乘客大多是领导干部。他们生活工作节奏快,希望飞机的环境宽松舒适。由于他们在单位说了算，出门在外更受不了委屈。如果服务不到位，质量不高，就会受到他们的指责，严重的要损害航空公司的声誉。

3. 法律工作者

这部分乘客由于职业的特殊性和对法律、道德的敏感性，乘机时常常对照承诺，要求服务高质量，并好打抱不平。如果对这部分乘客接待不热情，服务不周到，就会被投诉，使民航企业的声誉受到影响。

4. 低收入乘客

这部分乘客大多是打工者和农牧民，主要的诉求是票价便宜，希望机票有较低的折扣。这部分乘客中有的很少坐飞机，对飞机环境不适应，对飞机提供的食品及其他的服务期望较高；他们有的心理承受能力较差，和其他乘客容易发生冲突，很容易引起突发事件。一般来说他们更希望得到尊重和重视。

5. 军人乘客

军人乘客较为宽容、有礼貌，是执行乘务工作的有力支持者，尤其是遇到歹徒作案时，他们大多见义勇为，主动协助乘务员维护治安秩序，保障人民群众的生命财产安全。

6. 私营企业家

这部分乘客社会交往比较广，讲究享受，追求舒适。他们对服务质量要求很高，对飞机上提供的食品等都很重视，认为享受这些服务是身份的象征，另外他们的时间非常宝贵，如果飞机误点会引起他们很大的不满。

7. 旅游观光乘客

他们盼望的是飞行平安，旅途愉快，玩得高兴。他们愿意多听、多看，比如旅游地的人文地理、风光特色、风味小吃。他们愿意和乘务人员交流，希望了解服务知识，了解旅游景点、风土人情知识等。

8. 大中专学生

一些家庭经济比较宽裕的学生会在寒、暑假乘飞机回家或在公共假期乘飞机去旅行。他们是家中宠儿，喜欢被赞扬和夸奖；也有娇气、受不了委屈的一面。他们中的大多数品德比较好，只要重视他们，还可为航空公司多做宣传工作。

9. 专家、工程技术人员

他们希望登机后环境舒适、安静,时间对他们是宝贵的,给他们创造良好的学习环境非常重要。他们对飞机提供的食品要求简单、方便。飞机到达目的地之前最好要提前预告,让他们有时间收拾行包、书籍和资料,作好下机的准备。

10. 求医治病的乘客

这是需要重点服务的特殊乘客,尤其是在飞机上病情发作的乘客,需要乘务人员给予高度的关爱体贴。递上热水、毛巾,说上几句安慰话,患者会由衷地感激。

11. 新闻记者

这部分乘客对窗口单位的服务质量比较敏感,他们注重细节,善于捕捉新闻点。但无论是对飞机服务的曝光还是表扬,都应该正确对待,以实事求是的态度不断改进服务工作。

12. 外国友人

他们来中国最大的障碍是语言不通,乘务人员要掌握一定的外语,与他们交流时尽量使用他们的语言。不同国家的人,有不同的饮食、风俗习惯。不同国家、不同等级、不同风俗习惯的乘客,要求有不同的服务,要多了解不同国家的习俗,注意他们的禁忌。

(二) 对不同地域的乘客的服务技巧与艺术

按照不同地域,国内乘客可以大致分为北方乘客和南方乘客。北方乘客和南方乘客在性格上有很大的不同,他们在旅行中的需求及表现也不相同。

北方地区的乘客性格较为豪爽、说话比较直接、好面子,他们在飞机上如果遇到不公正的待遇,往往容易发火,甚至吵架,但如果你对他付出百倍的热情,他必以千倍来回报。南方地区的乘客恰恰相反,他们做事认真,说话婉转,对服务要求较高,对他们服务要含蓄、细致。

因此,在服务过程中应用不同的服务方式、语言方式来对待不同地域的乘客,以取得良好的服务效果。

(三) 对外国乘客的服务技巧与艺术

国内航线也会有很多外国乘客,对不同国家、不同地区的乘客的特点、风俗要有一定了解,这样的服务才能使乘客满意。下面就以一些国家为例,来说明不同国家乘客的特点。

1. 美国乘客

美国乘客大多性格开朗、活泼好动、非常健谈,他们对于服务不是十分挑剔。对这样的乘客,我们每一位乘务员也要活跃起来,暂且将东方人的含蓄抛开,融入乘客当中。你越是与他们一起分享开心的事情,他们就越会竖起大拇指对你说:"Good service,OK!"对美国乘客忌问年龄,忌问服装价格。

2. 英国乘客

英国乘客相对保守一些,非常讲究细节,彬彬有礼,注意卫生。在一个航段中往往只喝一种饮品,不是在休息就是在阅读。因此,乘务员在提供服务时"轻、静、温和、礼貌"几个字十分重要。在为英国人服务、与他们谈话时,微笑是必需的。天气是英国人交谈中最普遍的话题。

3. 韩国乘客

韩国乘客一般不轻易流露自己的感情,在公共场所不大声说笑,颇为稳重有礼。特别讲究辈分,年轻人在长辈面前要服从。韩国人不喜欢听人家叫他们的国家是朝鲜,因为这个名词在韩国人的心目中,包含有被日本统治的耻辱的意味,因此在韩国人面前,切勿提到"朝鲜"二字。

4. 俄罗斯乘客

俄罗斯乘客性格豪放、开朗,饮食上喜欢吃奶油面包、大块蒸肉、西红柿、黄瓜、甘蓝等。

(四) 对不同民族乘客的服务技巧与艺术

飞机上常常遇到不同民族的乘客,对不同民族的习俗、宗教信仰和主要禁忌,空中乘务员应该有所了解,这样就可以有备而来,使服务更到位、更贴心。

1. 汉族

汉族是我国人口最多的民族,也是世界上人口最多的民族,汉族在乘客中占的比例最大。我国地域广阔,不同地域的汉族人在礼仪和习俗上存在明显的差异。汉族的饮食主要以米食和面食为主食,以各种肉类、蔬菜类为副食,形成了一日三餐的饮食惯例。

2. 回族

回族是中国分布最广的少数民族,主要分布在宁夏回族自治区,其余散居在全国各地,有大分散、小集中的特点。回族信奉伊斯兰教。由于既受阿拉伯传统文化的影响,又吸收了汉族的文化,回族形成了自己的特色礼俗。回族人非常讲究卫生,尤其注重水源卫生。回族人分布广,食俗也不完全一致。主食为蒸馍、包子、饺子、馄饨等,对肉类的挑选比较严格,主要是牛肉、羊肉、鸡、鸭和有鳞的鱼。忌食猪肉、猪油、狗肉、驴肉,非清真店制作的点心和罐头等也不食用。平时谈话,忌带"猪"或同音字。严格禁止用食物开玩笑。

3. 维吾尔族

维吾尔族主要分布在新疆维吾尔地区,其中80%居住在南疆,多信奉伊斯兰教。维吾尔族人热情好客。维吾尔族人忌吃猪、狗、驴肉,炒菜忌用酱油。维吾尔族人有时喜欢送一些东西给服务员,如果服务员坚决拒绝,他们会不高兴,因此婉言拒绝不行时,要用双手接受,忌用单手接东西。

(五)对不同个性的乘客的服务技巧与艺术

以下是对个性不同的乘客的分类,可根据他们的不同特点总结服务和沟通的技巧。

1. 一般型

一般型乘客是航班中的大多数,他们懂人情、讲礼貌,也要求物质和精神享受及高质量、高效率的服务。

2. 社交型

社交型乘客由于常常出门在外,练就一套应酬本领。平时交际多,见识广,老于世故。服务时要特别注意,言谈举止要礼貌大方,注意服务周到,以防发生意外,引起乘客抱怨。因为这类乘客个个都是"小广播",他们乐于谈论乘务员的服务态度和服务水平,所以给他们留下了优良的服务印象,他们会去宣传,可以提升航空公司的声誉;相反,如果服务质量差,负面影响也很大。

3. 健谈型

健谈型乘客最喜欢聊天,天南海北,似乎世界各地的事情他都知道。服务时不要追求好奇,听其海阔天空,但对正确的意见或建议要耐心听取。

4. 急躁型

急躁型乘客性情急躁,动作迅速,对服务效率要求较高,但生活马虎,以学生和年轻人为多。为他们服务时,弄清要求后要尽快完成,说话要简明扼要,否则,容易使他们急躁冒火,引起抱怨,影响服务效果。

5. 开放型

开放型乘客性格豪爽,对任何事情都毫无保留地发表自己的意见,但不轻易听别人的话,以欧美国家旅客为主。服务时要尽量满足他们的需要。

6. 寡言型

寡言型乘客言语不多,性格孤僻,但一般很有主见,服务时一定要耐心听取他们的意见和要求,热情有礼,表示尊重,按其要求保质保量地完成服务工作。

7. 贵妇型

欧美一些国家女权至上,特别是有身份、地位的女人,她们平时的生活豪华、舒适,所以比较追求物质和精神享受。为其服务时要特别精心,注意细节、注意讲究礼貌礼节。

航空公司应把不同乘客(如不同国家)的特点、地域特征、生活习惯等细化、归类,整理成册,专门作为乘客人性化服务的准则,让乘务员熟悉、掌握,这是有效提升空乘服务的手段,也是科学提高服务艺术和服务质量的方法。

二、对特殊乘客的服务技巧与艺术

1. 对初次乘飞机的乘客的服务技巧与艺术

初次乘飞机的乘客的心理,一般来说是好奇和紧张的,因为民航运输,毕竟不同于汽车、火车、轮船的运输。初次乘飞机的乘客对飞机上的设备、环境十分感兴趣,并带着一种好奇心去探索一切。

为满足初次乘飞机乘客的好奇心,空中乘务员要主动为他们介绍本次航班的情况,如机型、飞行高度、坐标等。初次乘飞机的乘客缺少乘坐飞机的常识,一方面,空中乘务员要耐心地介绍,不要嘲笑他们,避免使乘客感到不必要的自卑;另一方面,空中乘务员还要通过亲切地交谈来分散他们紧张的心情,使他们感到乘坐飞机是安全的。

2. 对重要乘客的服务技巧与艺术

一般来说，重要乘客（Very Important Person，VIP）有着一定的身份和地位，他们比较典型的心理特点是自尊心、自我意识强烈，希望得到应有的尊重；与普通乘客相比，他们乘坐飞机的机会可能较多，他们会在乘飞机的过程中对空乘服务作有意无意的比较。空中乘务员在为他们服务时要态度热情、言语得体、落落大方，针对他们的心理需求采用相应的服务。

例如，重要乘客一上飞机，乘务员应能准确无误地用他们的姓氏和职务来问候他们；当重要乘客递给空中乘务员名片时，应当面读出来，使他们在心理上产生一种满足感；同时要注意与乘客精神上的沟通，使他们的整个旅程都沉浸在愉悦的心情中。

3. 对老年乘客和带小孩的乘客的服务技巧与艺术

老年人由于年龄上的差异与年轻人想法不同，因而心理寂寞，孤独感强。这部分乘客通情达理，理解乘务人员的辛苦，只要真诚服务、体贴入微，就能让他们满意。老年人关心航班的安全，尤其在飞机起落时。因此对老年人服务时，要细致，与老年人讲话速度要慢，声音要略大，要主动关心他们需要什么服务，洞察并及时满足他们的心理需求，尽量消除他们的孤独感。

带小孩的乘客旅途中会遇到很多不方便，孩子拉屎撒尿不方便，给孩子热奶喂奶不方便，乘务人员需要对他们充分照顾。

4. 对生病乘客的服务技巧与艺术

还有一些生病的乘客以及在乘飞机过程中突然发病的乘客，他们较正常的乘客自理能力差，迫切需要别人的照顾。空中乘务员一定要密切关注他们，对他们体贴、耐心，必要时动员飞机上的乘客予以支援和帮助。遇有需抢救的重患，要提前与机场和医院取得联系，让救护车把病人及时送到医院，争取抢救时间。对病情较轻的乘客或中途患感冒的乘客，需要在机上及时给予救助，控制病情，并密切注意病情变化，防止病情恶化。

5. 对挑剔乘客的服务技巧与艺术

在飞机上偶尔有个别比较挑剔的乘客，他们对服务和设备以及餐饮等提出难以达到的要求，这可能是由于乘客本人性格因素决定的，也可能是由于个别乘客在上飞机前遇到了不愉快的事情，没有得到解决或发泄而引起的。

对此，空中乘务员一定要耐心、不急躁，以平静的心情听客人的倾诉，用耐心、热心、周到的服务,使客人的心情慢慢地平静下来,不要急于解释和辩解,避免在客人的心理上引起更大的反感。

第四节 提高空乘服务艺术的途径

空乘服务需要高超的艺术,而乘务员要在服务中努力提高服务艺术,充分发挥服务艺术的重要作用,促进服务工作上台阶。要提高服务艺术和服务技巧,不是一件简单的事情,更不是一句口号,要善于把握和总结提高服务艺术的方法和途径。

一、树立为乘客服务的理念

服务理念是公司全部服务工作的行为标准和目标。在激烈的市场竞争中,服务质量的高低决定着企业是否能够生存,市场竞争的核心实际上是服务的竞争。民航企业竞争的核心就是看谁在市场中能够赢得乘客,赢得乘客的关键是优质服务,乘务员必须有很强的服务意识和先进的服务理念。先进的服务理念是服务艺术和技巧的基础和源泉,服务艺术是先进服务理念的外在体现。

国航的"四心"服务

国航为全面提升服务品质,提出"放心、顺心、舒心、动心"的服务理念,努力落实在服务实践中,取得了显著成效。"放心"是以安全为核心的服务要求,就是让乘客在选择国航后,感到放心和安心。"顺心"是以航班准点、乘客出行各环节顺利通畅为主要内容的服务要求,要保证乘客从购票、乘机到抵达目的地全过程顺利圆满。"舒心"是保证乘客在旅行过程中感到舒适、惬意和愉快。"动心"是根据乘客的特殊要求和其他具体情况,及时提供打动人心的个性化服务。

(一)树立乘客至上,服务第一的意识

要想提高服务艺术,首先要树立乘客至上,服务第一的意识。乘客花高价钱坐飞机的目的就是想快捷、舒适,买的就是享受、尊重,他们就应该得到相应的服

务。再则,航空公司收了乘客的费用,就应该向乘客提供优质的服务,这是权利享受和义务履行的关系。

乘客是航空公司的"衣食父母",是"上帝"和"财源",是航空事业赖以生存和发展的基础。空乘人员要用真诚深厚的感情去为他们服务,就要突出一个"情"字。因为乘客的需要,不仅仅包括物质上的满足,还包括精神上、感情上的满足。

要做到理解人、关心人、体贴人和帮助人。要做到急乘客之所急,想乘客之所想,做乘客之所需,解乘客之所难。即使是遇到故意挑剔的乘客,也一定要有强烈的"角色"意识,遵循"乘客永远是对的"的服务准则,摆正关系。维护了乘客利益,实际上也就是维护了公司的利益。

(二)真诚友好的情感

热情、热烈的感情,是一种较高级的情感形态。对所有的乘客都要抱有欢迎的态度,要热情迎接、诚恳相待,不能有任何的怠慢。以诚恳、热情、亲切、温柔的服务,消除乘客的陌生感、疏远感,增强信赖感。对乘客的热情是出于崇高的职业道德,要发自内心地去关心、尊重和温暖乘客。

(三)高效、耐心

1. 高效

高效就要突出一个"快"字,这就要求精通业务,每一个环节都不要让乘客久等。通常办事的效率应达到"四快"。

(1)办事节奏快。所承办的事要迅速敏捷、干净利落,能办的要立即办,经努力实在办不到的要向乘客说明原因和情况,以使他们理解。

(2)计划变更应变快。航空服务受气候等方面的影响,不可能完全按计划进行,在服务的过程中往往会发生意想不到的情况,当计划变更时,乘务员应该在乘务长领导下有序地进行工作。

(3)临时问题发现快。要细心观察每个乘客的表情,能及时发现问题,解决问题。

(4)突发事件处理快。突发事件往往是未预料到的,来得突然。多数情况下往往打乱了原来的一套计划安排,这要求空乘服务人员有能力迅速处理突发事件,不能被突发事件弄得晕头转向。

2. 耐心

耐心来源于意志上的耐力,而耐力又来源于高尚的职业道德,就是在为乘客服务的过程中,不急躁,不厌烦。主动周到的服务,在短时间内是可以做到的,要想长期坚持就要有耐心,有耐心才能真诚地、实心实意地为乘客服务。

耐心服务的具体表现是:
(1)来往客多,服务不乱。
(2)百问不烦,百答不厌。
(3)有问必答,办事认真。
(4)遇事不急,机智果断。

一次在北京—武汉的航班上,一名微有醉意的乘客引起了空姐李菲的注意。当飞机途经山谷上空时,飞机突然颠簸,该乘客由于恶心难受,一口秽物就吐到了前排乘客身上。李菲来不及多想,立即上前把杂物袋撕开递给醉酒乘客,并关切地问他怎么样,随后一边向前排乘客道歉,一边迅速找来干净的湿毛巾给乘客擦拭。前排乘客本来十分恼火,但看到李菲的举动,也很感动地说:"你对乘客这么好,我有什么可说的呢?"

二、加强业务知识学习

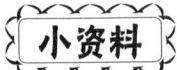

机舱内的中英文常用语

(1)您好,欢迎您登机。
　　Good morning (afternoon, evening), Sir (Madam), welcome aboard.
(2)是的,我明白了。Yes, I see.
(3)请。Please.
(4)好的,我马上就去。Yes, I'll do that right now.
(5)很抱歉(对不起)。I'm sorry.
(6)让您久等了。Thank you for waiting.
(7)我马上给您拿来。I'll get one for you right now.

(8)打扰了。Excuse me.
(9)我知道。/我不知道。Yes, I know. / No, I don't know.
(10)是您叫我吗？Did you call me?
(11)我不清楚,我马上给您查询。I'm not sure. I'll check it now.
(12)不客气。It's my pleasure.
(13)非常感谢。Thank you very much.
(14)祝您旅途愉快。May you have a nice flight.

古人云："工欲善其事,必先利其器。"空乘人员若没有过硬的素质和能力,就根本谈不上优质服务,若没有扎实的语言功底,也不可能顺利地进行文化交流,完成高水平的空乘服务工作。

随着民航服务业的飞速发展,航线不断扩张,乘客队伍成分日益庞杂,对航空乘务员提出了更高的需求。要提高空乘服务艺术和服务技巧,需要乘务员具有过硬的业务知识和多方面的知识。

(一)业务知识

只有具备良好的专业技能和业务知识才能在每一个航班上完整、及时地回答乘客的询问,服务才能更加到位规范,有了过硬的理论基础才能表现出高超的服务艺术。熟练的业务知识是空乘人员提高服务水平的前提和保障。空乘人员除了要熟练掌握飞机的设备、紧急情况的处理、飞行中的服务等工作程序,还要了解一般的航线知识、航班知识、救护知识、地理风土人情、心理知识等。

国内航班(全程)广播词

1. 欢迎词

女士们,先生们:

欢迎您乘坐中国____航空公司____航班从____前往____(中途降落____)。由____至____的飞行距离是____,预计空中飞行时间是____小时____分。飞行高度____米,飞行速度平均每小时____公里。

为了保障飞机导航及通信系统的正常工作,在飞机起飞和下降过程中请不要使用手提式电脑,在整个航程中请不要使用手提电话、遥控玩具、电子游戏机、激光唱机和电音频接收机等电子设备。

　　飞机很快就要起飞了,现在由客舱乘务员进行安全检查。请您坐好,系好安全带,收起座椅靠背和小桌板。请您确认您的手提物品是否妥善安放在头顶上方的行李架内或座椅下面。(本次航班全程禁烟,在飞行途中请不要吸烟。)

　　本次航班的乘务长将协同机上_____名乘务员竭诚为您提供及时周到的服务。

　　谢谢!

2. 起飞后广播

女士们,先生们:

　　我们的飞机已经离开_____前往_____,沿这条航线,我们飞经的省份有_____,经过的主要城市有_____,我们还将飞越_____。在这段旅途中,我们为你准备了_____餐。供餐时我们将广播通知您。

　　下面将向您介绍客舱设备的使用方法:

　　今天您乘坐的是_____型飞机。您的座椅靠背可以调节,调节时请按座椅扶手上的按钮。在您前方座椅靠背的口袋里有清洁袋,供您放置杂物。在您座椅的上方备有阅读灯开关和呼叫按钮。如果您需要乘务员的帮助,请按呼唤铃。在您座位上方还有空气调节设备,您如果需要新鲜空气,请转动通风口。

　　洗手间在飞机的前部和后部,在洗手间内请不要吸烟。

3. 餐前广播

女士们,先生们:

　　我们将为您提供餐食(点心餐)、茶水、咖啡和饮料。欢迎您选用。需要用餐的旅客,请您将小桌板放下。

　　为了方便其他旅客,在供餐期间,请您将座椅靠背调整到正常位置。

　　谢谢!

4. 意见卡

女士们,先生们:

欢迎您乘坐中国_____航空公司航班,为了帮助我们不断提高服务质量,敬请留下宝贵意见,谢谢您的关心和支持!

5. 预定到达时间广播

女士们,先生们:

本架飞机预定在_____分钟后到达_____。地面温度是_____,谢谢!

6. 下降时安全检查广播

女士们,先生们:

飞机正在下降。请您回原位坐好,系好安全带,收起小桌板,将座椅靠背调整到正常位置。所有个人电脑及电子设备必须处于关闭状态。请您确认您的手提物品是否已妥善安放。稍后,我们将调暗客舱灯光。

谢谢!

7. 到达终点站

女士们,先生们:

飞机已经降落在_____机场,外面温度_____摄氏度,飞机正在滑行,为了您和他人的安全,请先不要站起或打开行李架。等飞机完全停稳后,请您再解开安全带,整理好手提物品准备下飞机。从行李架里取物品时,请注意安全。您交运的行李请到行李提取处领取。需要在本站转乘飞机到其他地方的旅客请到候机室中转柜办理。

感谢您选择_____航空公司班机!下次旅行再会!

8. 旅客下飞机广播

女士们,先生们:

本架飞机已经完全停稳(由于停靠廊桥),请您从前(中、后)登机门下飞机。谢谢!

（二）综合知识的学习

1. 政治、经济、社会知识

世界上信奉各种宗教的教徒约占全世界总人口的2/3。宗教往往和一个国家或地区的社会各个领域及各个阶层有着密不可分的深刻联系。空乘人员掌握相关的社会学知识，熟悉各国的社会、政治、经济体制，了解当地的风土民情、婚丧嫁娶习俗、宗教信仰情况和禁忌习俗等显得十分必要。

2. 心理学知识和美学知识

服务工作是一门综合艺术，其中就有心理学方面的知识。要使服务艺术化，就要在心理学上下工夫，要细心分析揣摩乘客心理，掌握规律，因此空乘人员必须掌握一定的心理学知识。如观察乘客的情绪，了解乘客的兴趣和旅游动机等。

空乘人员在为乘客服务的同时，也要传递美的信息，让乘客获得美的享受。一个好的空乘人员要懂得什么是美，知道美在何处。空乘人员代表着自己的国家（地区），其本身就是乘客的审美对象，空乘人员要用美学知识指导自己的仪容、仪态。

3. 医疗卫生常识

空中飞行的特殊性，必然会对人体产生一定的影响。空中乘务员应该努力掌握各种医疗卫生知识和急救常识，防范和处理各种紧急情况，对患病的乘客进行科学、合理、周到的服务。

资深医疗和护理专家东航讲课

2006年9月20日，东方航空公司江西分公司客舱服务部与江西省儿童医院开展共建活动，邀请该院资深医疗和护理专家讲课。活动在温馨、活泼的气氛中进行，专家们用通俗易懂的语言给大家讲授了如何预防及治疗儿童呼吸道疾病方面的知识，以及幼儿常见疾病的护理常识。在接下来的医疗知识咨询环节中，大家踊跃提问，两位专家都一一作了解答。

近年来，随着人们生活水平的提高，越来越多的家庭也开始把孩子送上航班，让他们体验首次搭乘飞机出行的激动和飞机飞向蓝天时的壮丽。与成人旅客不同,孩子搭乘飞机需要空乘人员更多的协助、关心和照顾。因此,空乘人员应该掌握一些照顾儿童的知识,特别是护理和治疗生病儿童的基本知识和技能。

东航的部分乘务员比较年轻,遇到儿童乘客生病时,内心焦急却束手无策。通过这次活动,乘务员增长了护理儿童的医疗知识,有效地解决了空乘人员的实际困难。

本章小结

1. 本章阐述了空乘服务艺术性的内涵及表现。
2. 本章分析了空乘服务的语言艺术对服务的重要意义,并举例说明了不同服务用语应注意的事项。
3. 本章分析了乘客的不同需求,并阐述了对不同特点的乘客应采取的不同的服务艺术技巧。
4. 本章结合实际分析了提高空乘服务艺术的途径。

思考与练习

复习题

1. 什么是服务艺术?空乘服务艺术的内涵有哪些?
2. 常用的服务语言如何体现了服务艺术?
3. 为什么对不同的乘客要有不同的服务技巧?举例说明对不同乘客应采取怎样不同的服务技巧。

思考题

1. 如何提高空乘人员的语言艺术?
2. 如何在空乘服务工作中有效地与乘客沟通?

第七章 空乘服务管理与创新

课前导读

随着航空公司生产规模的扩大,员工队伍的壮大,旅客服务需求的多样化,服务工作上反映出的问题也呈现多样性。针对这种情况,航空公司应该重视对空乘的服务管理,处理好服务的前台与后台的关系,有效地配置各种服务资源,提高员工的工作主动性。本章重点讲授服务管理的主要内容、服务创新的重要意义以及服务创新模式。通过本章学习,使读者明确:在经营环境瞬息万变的今天,企业要想生存,就必须拥有不断创新的能力、不断创新的勇气以及不断创新的企业文化。

教学目标

1. 掌握服务管理的主要内容。
2. 了解我国各航空公司的服务管理状况。
3. 明确空乘服务创新的意义。
4. 了解空乘服务创新的不同模式。
5. 理解作为空乘人员要成为自我创新的主体。

案例

国航股份副总裁杨丽华女士在"2006年旅客话民航"用户评价结果发布会上领奖时,发表了题为《提升服务品质,打造国际品牌》的演讲。

杨丽华副总裁在演讲中说,2006年,国航始终不渝地在提升服务品质上下工夫,安全形势总体平稳,经济效益继续保持较快增长,旅客运输量达3150.4万人次。她说,国航以新的理念和价值观指导服务品质的提升。倡导以市场为导向、以客户需求为中心的工作理念,把"放心、顺心、舒心、动心"作为工作标准和检查的结果,把"满足顾客需求,创造共有价值"作为国航的使命,不断追求"服务至高境界,公众普遍认同"。

国航以创新管理促进服务品质的提升。从公司战略的高度审视和思考提升服务品质工作,高度重视从优化、再造服务流程上系统地解决问题。如旅客最关注的航班延误问题,国航从航班计划、旅客组织、场区秩序、信息传递等关键环节和关键流程中寻找问题,优化流程。

第一节 空乘服务管理解析

在市场经济条件下,航空企业竞争日益加剧,民航企业正面临着前所未有的变革和激烈竞争。全球化的趋势、信息技术的发展以及民航规模经营的兼并重组浪潮等,使得民航企业必须加强管理,运用科学的管理手段和先进的管理技术提高服务管理水平。

一、空乘服务管理

管理是指组织中的如下活动或过程:通过信息获取、决策、计划、组织、领导、控制和创新等职能的发挥来分配、协调包括人力资源在内的一切可以调动的资源,以实现单独的个人无法实现的目标。

(一) 服务管理

服务管理是以服务为导向的管理行为,是指导企业在服务竞争中进行决策和行为管理的原则。简单地讲,服务管理是一种提高顾客感知服务质量和促进企业发展最重要的方法,服务管理的核心是服务质量。芬兰服务管理研究大师格罗鲁斯把服务管理的含义概括为:研究顾客通过消费或使用组织提供的服务所认识的效用,分析服务是如何单独或与有形产品一起构成这种效用的,这就是说,研究顾客关系中的全面感知质量及随时间变化的规律。

(二)空乘服务管理

服务质量对于航空公司来说是一个永久话题,它不仅关系到公司的经营、效益、声誉,更关系到公司的兴旺与成长。空乘服务好坏直接关系到客户的满意度,关系到企业的信誉和声望,关系到企业的发展和未来。航空公司和其他企业有很大的不同,航空公司在万米以上的高空向乘客提供服务,乘客的评价是一次性的;空乘服务既要灵活,有一定的技巧,同时又要遵循一定的程序和规则,不允许有任何的差错,因此只有对空乘服务的全过程进行科学的管理,才能提高服务效率,才能满足乘客实实在在的需要,从而打造服务品牌,提高航空公司的整体效益。

空乘服务管理就是对空乘服务的过程以及影响空乘服务过程的因素进行管理,以确保空乘服务目标的实现。空乘服务过程是全体机组成员与空乘服务人员合作的过程,需要全体空乘服务人员以实现服务目标为目的,调动各种资源,把影响服务质量的要素与人的行为有机结合起来,做到协调合作,最大限度地调动人的积极性,保证服务目标的实现。

前面提到,空乘服务是按照民航服务的内容、规范要求,以满足乘客需求为目标,为航班乘客提供服务的过程。空乘服务需要运用先进的理念、方法和手段,确定服务目标,进行有效的组织,确定相应的服务职责,高效发挥服务人员的作用,使服务系统有效运转。

航空服务的运营特征和行业属性决定了空乘服务管理要重点解决以下几个方面的问题:发展战略定位、服务模式管理、服务期望管理、服务质量管理、顾客满意度调查、人力资源管理、顾客的管理、服务设施与服务过程的管理。由于篇幅等原因,有些内容在本章展开说明,有些内容在其他的章节介绍。

二、服务规范化与服务质量标准

在市场竞争日益激烈的今天,要留住客人,赢得客人,扩大市场份额,单纯靠热情是远远不够的,更重要的是要给乘客实实在在的帮助,也就是说使空乘服务更加有内涵。作为航空公司,要加强对航空服务的过程管理,即通过一些规章、制度、程序、方法,保证空乘服务的可靠性,提高航空公司的服务优势。

(一)服务标准

服务标准是服务质量标准的简称,是指服务企业用以指导和管理服务行业行为的规范。现在大多数民航企业都有自己的服务标准,其中有的还达到了国际水平。

厦门航空公司连续多次获得"全国旅客话民航"单项奖第一名,他们在追求旅客满意过程中,不断完善管理方法,提高自身管理水平,针对不足实施以旅客满意为主导的改进,获得了较好的旅客满意度。他们完善了窗口部门服务质量定量评定方法,规定了加、扣分标准,按服务形象、规范运行、服务接口与信息传递、兑现服务承诺、顾客评价、服务差错、质量目标管理等项目进行评定。对公司的质量目标管理也建立了考核制度,通过每月、每季度对安全目标、航班正常率、顾客不满意率的定量考核,着重发现差距及影响顾客满意度的因素、趋势等,及时采取措施,加以引导。

东航江苏公司出台的节假日服务规范及操作细则

应民航业内服务竞争和公司快速发展的形势需要,进一步加强和规范航班节假日服务工作,提升整体服务水平,巩固服务品牌优势,更好地实现与旅客的沟通,东航江苏公司日前出台了节假日服务规范及操作细则,使服务真正地得到了落实,使服务内容得到了有效的管理。

仔细阅读《细则》各项内容,可以发现它具有一定的可操作性。就其方案策划而言,《细则》把元旦、圣诞节、春节、元宵节、劳动节和国庆节等主要节假日列为主要内容,并把所有节假日的宣传招贴画和广播词内容编制成文稿,还以表格的形式规定了相关节假日的礼品、航班餐食配发标准与式样,十分便于各服务主管部门对照落实。在环境布置方面,《细则》考虑的问题也很周到。比如对节日主题宣传口号、服务人员问候语、服务窗口招贴画、客舱广播词、客舱背景音乐等一些细节问题,都作了统一的规定。服务人员只需按照服务程序做就行了,完全避免了无章可循的被动式服务的弊端。

以元旦、圣诞节、春节、元宵节几个重大节日的服务方案为例。《细则》对元旦和圣诞节服务的规定是:自12月20日至次年元月3日,公司售票处、货运营业厅、值机柜台、头等舱旅客休息室、行李查询室、常客办公室、

> 企业管理部等服务场所,统一要放置易拉宝宣传架,服务人员分别着唐装或圣诞服,使用"新年快乐(或圣诞快乐)!"问候语;客舱内放置"新年伊始,快乐旅行!"(或"圣诞欢乐,吉祥幸福!")招贴画宣传板,广播词用"尊敬的各位旅客,今天是元旦(或圣诞节),本次航班机长、乘务长代表公司全体员工,祝您新年发达(或圣诞快乐)!"相关服务场所一律摆放鲜花,广告宣传语统一用中、英文"新年(圣诞)快乐!"机组向旅客发放专门设计的实用精致、色彩浓郁、便于携带的圣诞礼品。

(二)规范化服务

每一个航空公司为了确保稳定的服务质量,通常会根据旅客的基本需求以及公司自身服务项目的具体内容,制定出相应的服务规范和服务标准,这就是规范服务,乘务员按照服务规范或标准为旅客提供的服务属于制度性的规范化服务。例如南方航空公司为了加强规范化服务,制定了规范化基础管理总则——南航营运部工作手册,大大提高了员工的服务质量和标准,从而为赢得顾客的满意获得了技术上的保证,可以说规范化服务是空乘服务管理的基础,是确保服务质量稳定、可靠的基本条件。

规范化服务应从旅客取向、旅客满意、旅客至上的服务原则,规范空乘人员的行为(如表情、服饰、举止要求、候机礼仪、迎送礼仪和机舱服务礼仪等)和服务内容。

制度性的规范化服务是整个服务的一个部分。它是服务中能够加以常规化和标准化的部分,是能用规章加以条文化的东西,这个部分有时也是航空公司体现服务特色的部分,它通常是针对特定旅客层中需要重点予以满足的需求范围。明文规定的"制度性规范化服务"应该是向旅客提供的最基本的服务内容,也就是说在任何时候对任何人都起码要做到的内容,或者是航空公司要求达到的服务质量下线,也就是在任何时候对任何人都必须达到的服务标准。

(三)顾客导向的服务标准

尽管很多企业制定了他们心目中的较高服务标准,然而,目前大多数企业的服务标准并非来自对顾客期望的理解,而是来自企业自己的理解,是企业根据运营需要制定的服务标准,这样的服务标准与顾客期望存在着差距。

顾客导向的服务标准也称为顾客界定的服务标准,是指服务提供者按照顾客期望或要求而制定的服务标准,服务标准的顾客导向,是服务竞争的要求。厦门航空公司在实施规范化管理中,不仅把国家法律、民航规章和公司内部制度要求直接转化为各岗位的业务流程和工作程序,而且把一些行之有效的,能提高顾客满意度的举措和顾客欢迎的服务方式,也转化为岗位业务流程和工作程序的操作标准,实现优质服务经验和做法的共享,确保这些服务不会因为人的经验差异,影响到相应的服务质量。如在常客服务中,对如何办理里程奖励,乘客怎样升舱,如何办理旅游、酒店优惠一条龙服务等新项目,经过实际操作摸索出了一套行之有效的做法,形成了规章制度,从而避免了因随意服务而影响服务质量的现象。

第二节 空乘服务管理的基本内容

一、空乘服务的组织

（一）组织工作

通常所讲的组织是指"确定所要完成的任务,由谁来完成以及如何来管理和协调这些任务的过程"。管理者必须把组织中的成员调动起来,以便使信息、资源和任务在组织中能够顺畅流动,通过组织工作,使组织中的每个行为与组织目标的实现结合起来。每个人的责任、权利、义务相结合,才能最大限度地调动其积极性,组织目标的实现才有可靠的保证。这里,组织文化和人力资源管理对组织工作至关重要,而且,要求管理者必须根据组织的战略目标和经营来设计组织结构、配备人员和整合组织力量,以提高组织的应变力。

南航汕头公司飞行部春运期间的有效组织

南航汕头公司飞行部根据春运期间飞机运力增加,包机、加班增多,飞行机组执行任务点多面广的特点,合理安排机组人员,飞行干部带头飞行,确保了第一线生产力量的充足。机务工程部细化了18条具体措施,将责任落实到各单位和个人,春运期间,共完成各种排故工作105项,更换机轮及刹车组件65个,完成飞机普查及非例行工作148项。完成各类定检工作12架次。保卫部认真务实抓好空防、消防安全和综合治理工作,及时制止和正确处置旅客在飞机上吸烟的事件13起,保证航班运行正常。

(二)机组及空乘服务人员职责

航空公司以完成公司的服务目标为主线,空乘服务的整体目标是在每个相关人员的努力下完成的,有效的分工、明确的职责,使得空乘服务工作有序。只有每个人都知道自己应该做什么,应该怎么做,才能避免服务的"真空"与推卸责任,才能考核每个服务人员的工作业绩。

1. 机长的主要职责

在执行飞行任务期间,机长负责领导机组的一切活动,对航空器和航空器所载人员及财产的安全、航班正常、服务质量和完成任务负责。机组全体成员必须服从机长命令,听从机长指挥。

领导机组认真执行"保证安全第一,改善服务工作,争取飞行正常"的方针,任何时候都必须把保证安全放在第一位。

飞行前,根据任务的性质、特点和要求,熟悉与该次飞行有关的资料,领导机组从最困难、最复杂的情况出发,充分做好飞行前准备工作。

飞行中,切实按照航空器飞行手册和使用手册的有关规定,正确操控航空器和各种设备,合理节约油料、器材,并对机组全体成员的工作实施督促检查。

要求机组成员并且带头做到热情周到地为旅客服务,不断提高服务质量和作业质量。

要求机组成员并且带头做到严格按照飞行规章制度办事,遵守飞行纪律,服从空中交通管制。在飞行中,遇到复杂气象条件和发生特殊情况时,组织全体空勤人员密切协作配合,正确处置。

在执行任务期间,必须认真负责、严格要求,对机组进行全面管理。妥善安排作息时间,搞好内外团结,圆满完成飞行任务。

飞行后,主持机组讲评,并向上级汇报。

机长有如下权力:

(1)在飞行前,确认航空器、气象条件、机场等情况不符合规定的最低标准,或者在缺乏信心,不能保证飞行安全时,拒绝飞行;

(2)遇到复杂气象条件和发生特殊情况时,为保证旅客和航空器的安全,对航空器处置作出最后决定;

(3)在执行飞行任务过程中,发现机组成员不适宜继续飞行,有碍飞行安全时,提出将其更换;

(4)在飞行中,对于任何破坏航空器内正常秩序和纪律、触犯刑律、威胁飞行安全或妨碍执行任务的人,采取一切必要的适当措施。

2. 客舱服务员的主要职责

按照分工负责本区域的旅客服务工作,服务中严格按照公司的服务程序,有针对性地做好服务工作。

负责本服务区的客舱清洁卫生及书报的分发。乘客登机时,负责清点旅客人数,及时将乘客的特殊情况报告乘务长。

负责检查和操作乘务员控制面板,检查所负责区域内的应急设备、服务;主动向乘客介绍航线地标、机上设备、乘机常识,耐心回答乘客的问题。

负责起飞、下降、滑行、巡航等各阶段通舱安全检查。

紧急情况下按机长的指令指挥乘务组采取行动,组织乘客撤离。

二、服务工作流程设计与顾客价值

在以产品为导向的观念中,企业的产品质量和管理水平被认为是取得竞争优势的关键要素,服务不过是附加在产品之上的一种可有可无的东西,即使在服务性的企业内,服务流程与接触顾客也被许多企业认为是无关紧要的事情,重要的是设计出好的服务,"生产"出好的服务。

对于今天的服务竞争来说,服务过程就是产品。因为顾客直接参与服务传递,因而,要提高产品或服务本身的附加价值,企业必须把代表市场信息的"顾客之声"融入代表企业内部作业的流程之中。

空乘服务流程有着严格的设计,这些内容一方面适应了飞行与安全的技术性要求,另一方面,使乘客的需求满足得到了可靠的保证。流程决定工作内容,工作内容决定了分工与责任。空乘服务的流程,反映了空乘服务的基本规律,本质上体现了"乘客的价值"的导向,满足乘客需要的流程是空乘服务的基本程序,因此,服务责任必须以流程为导向。是否从乘客角度设计服务流程,体现出航空公司是否真正重视乘客的价值。

新航不断适应乘客的需求

新加坡航空公司以其优异的客舱服务在航空界享有"潮流开创者"的美誉。从1991年起,不断根据乘客的需要调整服务内容。

> 1991年首度装设机上环球卫星电话；
> 1996年在三个客舱装备最先进的"银刃世界"客舱娱乐及通信系统；
> 1998年引进具有随选视听功能的"WISEMEN"客舱娱乐系统；
> 1999年采用杜比耳机科技,让乘客在飞机上享受如电影院般立体环绕音响效果。
> 　　新航的创新设施,无不体现"服务至上,乘客第一"的原则。现在,新航每天两班从北京,每天三班从上海,每天一班从广州飞往新加坡,其中从北京、上海起飞的乘客们可以享受"银刃世界"客舱娱乐及通信系统,可以看电视、打游戏、听音乐,轻松地度过漫漫旅途。
> 　　凭借高水平的服务品质与运营表现,新航连续获得了100多项国际大奖。秉承公司一贯的杰出服务与创新精神,新航不断进步,一如既往地为中国乘客提供最优质的服务。

三、航空服务中的人力资源管理

　　国泰是一个拥有75架飞机的航空公司,规模并不大,但在香港、欧洲,却能与最强大的国际竞争对手进行激烈竞争,并能保持强大的竞争优势,其优势不在于规模,而在于拥有乐于承担责任、主动学习的高素质的员工。

　　人是管理中最重要的因素。航空公司的服务任务能顺利完成并使系统正常运转,需要配置合适的空乘服务人员,并对之进行有效的管理。包括:系统地评价人力资源的需求量;选拔合适的人员;制订和实施培训计划。

　　目前我国正处于从民航大国向民航强国的伟大转变过程中。按照行业的中长期发展规划,在未来的20年中,我国民航的总体人力资源需求将在40万人~60万人,需求量增大导致了人才引入门槛的降低。选拔高素质的人才,并加以培训,使之成为航空公司的服务人才,对航空公司来说,显得尤为重要。

四、服务文化及其管理

(一)公司服务文化的重要性

　　组织文化是指组织成员的共有价值观、信念、行为准则及具有相应特色的行为方式、物质表现的总称。组织文化使组织独具特色,区别于其他组织。

组织文化是在一个企业核心价值体系的基础上形成的、具有延续性的共同的识别认知系统和习惯性的行为方式,既包括看得见的举止行为,也包括隐含的规则、价值和假设,基于这些价值和假设,企业形成了自己的政策和行动。

文化可以解释为什么那些在一个市场上使用同样业务模式进行竞争的公司,其业务结果却截然不同的现象。众多企业的发展史表明,文化在企业发展中发挥了不可替代的巨大作用。它使企业成员之间能够达成共识,形成心理默契,成为组织成员思想、行为的依据,成为企业核心专长与技能的源泉,成为企业可持续发展的基本驱动力。一个没有形成统一文化的企业将是一盘散沙。

航空公司需要塑造独特的企业文化,来影响成员的服务态度,引导实现组织目标,提高服务的水平和技能。2001年,南航被总部位于英国伦敦的"航空服务质量"网站(www.airlinequality.com)评为中国地区最佳航空公司。2002年,国内民航业重组以及我国加入了WTO,竞争环境发生新的变化,南航与罗兰·贝格咨询公司(德国)合作,开展公司新战略的研究,其中包括文化战略,提出了南航文化变革方案,制定了南航新文化——"南航心约",确定了一整套公司使命、核心价值观与公司原则。

之所以命名为"南航心约",一方面,体现了文化作为共同价值观以及标准的某种约定含义;另一方面,新的文化强调"用心为人、处事",它主要包括五个方面的内涵——对员工关心、对客户热心、对同事诚心、对公司忠心、对业务专心。这就是"南航心约"的灵魂所在。

美国西南航空公司的企业文化

美国西南航空公司,创建于1971年,当时只有少量顾客,几只包袋和一小群焦急不安的员工,现在已成为美国第六大航空公司,拥有1.8万名员工,服务范围已横跨美国22个州的45个大城市。

1. 总裁用爱心管理公司

现任公司总裁和董事长赫伯·凯勒,是一位传奇式的创办人,他用爱心(LUV)建立了这家公司。LUV说明了公司总部设在达拉斯的友爱机场,

LUV也是他们在纽约上市股票的标志,又是西南航空公司的精神。这种精神从公司总裁一直感染到公司的门卫、地勤人员。

踏进西南航空公司总部大门,你就会感受到一种特殊的气氛。一个巨大的、敞顶的三层楼高的门厅内,展示着公司历史上值得纪念的事件。当你穿越欢迎区域,走过把办公室分成两侧的长走廊时,你就会沉浸在公司为员工举行庆祝活动的喜悦气氛中——长廊的墙壁上挂着数百幅配有框架的图案,镶嵌着成千上万张员工的照片,内容有公司主办的晚会和集体活动、垒球队、社区节目以及万圣节、复活节活动。早期员工们创作的一些艺术品,也巧妙地穿插在这些图片和照片中。

2. 公司处处是欢乐和奖品

你到处可以看到奖品。饰板上用签条标明心中的英雄奖、基蒂霍克奖、精神胜利奖、总统奖和幽默奖(这张奖状当然是倒挂着的),并骄傲地写上了得奖人的名字。你甚至还可以看到"当月顾客奖"。

当员工们迈着轻松的步子穿越大厅过道,前往自己的工作岗位时,他们谈论着"好得不能再好的服务"、"男女英雄"和"爱心"等。公司制定的"三句话训示"挂满了整个建筑物,最后一行写着:"总之,员工们在公司内部将得到同样的关心、尊敬和爱护,这也正是公司盼望他们能让外面的每一位乘客得到的关爱。"好讲挖苦话的人也许会想:是不是走进了好莱坞摄影棚里?不!不!这是美国西南航空公司。这里有美国西南航空公司保持热火朝天的爱心精神的具体事例:在总部办公室内,每月做一次空气过滤,饮用水不断循环流动,纯净得和瓶装水一样。

节日比赛丰富多彩。情人节那天有最高级的服装,复活节有装饰考究的节日彩蛋,还有女帽竞赛,当然还有万圣节竞赛。一年一度的规模盛大的万圣节到来时,他们把总部大楼全部开放,让员工们的家属及附近小学生们都参加"恶作剧或给点心"游戏。公司专为后勤人员设立"心中的英雄"奖,其获得者可以把本部门的名称漆在指定的飞机上保留一年,作为荣誉。

3. 透明式的管理

如果你要见总裁,只要他在办公室,你可以直接进去,不用通报,也没有人会对你说:"不,你不能见他。"

每年举行两次"新员工午餐会",领导们和新员工们直接见面,保持公开联系。领导向新员工们提些问题,例如:"你认为公司应该为你做的事情都做到了吗?""我们怎样做才能做得更好些?""我们怎样才能把西南航空公司办得更好些?"员工们的每项建议,在30天内必能得到答复。一些关键的数据,包括每月载客人数、公司季度财务报表等员工们都能知道。

"一线座谈会"是一个全日性的会议,专为那些在公司里已工作了十年以上的员工而设的。会上副总裁们对自己管辖的部门先作概括介绍,然后公开讨论。题目有:"你觉得西南航空公司怎么样?""我们应该怎样使你不断前进并保持动力和热情?""我能回答你一些什么问题吗?"

4. 领导是朋友又是亲人

赫伯和员工们一起拍照片时,他从不站在主要地方,总是在群众当中。赫伯要每个员工知道他不过是众员工之一,是企业合伙人之一。上层经理们每季度必须有一天参加第一线实际工作,担任订票员、售票员或行李搬运工等。"行走一英里计划"安排员工们每年一天去其他营业区工作,以了解不同营业区的情况。旅游鼓励了所有员工参加这项活动。

为让员工们对学习公司财务情况更感兴趣,西南航空公司每12周给每位员工寄去一份"测验卡",其中有一系列财务上的问题,答案可在同一周的员工手册上找到。凡填写测验卡并寄回全部答案的员工都登记在册,有可能得到免费旅游。

这种爱心精神在西南航空公司内部闪闪发光,正是依靠这种爱心精神,当整个行业在赤字中跋涉时,他们连续22年赢利,创造了全行业个人生产率的最高纪录。1999年有16万人前来申请工作,人员流动率低得令人难以置信,连续三年获得国家运输部的"三皇冠"奖,表彰他们在航行准时、处理行李无误和客户意见最少三方面取得的最佳成绩。

(二)组织文化与企业发展战略

文化的变革源于战略的调整,文化战略是企业发展战略的一个重要部分。文化的全面推行是公司战略得以成功实施的基础。企业文化在一定意义上说,是企业以及企业领导者管理思维、标准的反映。反过来,企业文化又通过发挥其引导、约束、激励、规范等功能,对企业管理起着巨大的作用。因此有人把企业文化称为"软管理"。

(三)服务文化

航空公司的企业文化,目的是要发现问题、解决问题,一方面,用公司的价值标准与规范,对照寻找企业观念上的问题、企业管理理念上的问题;另一方面,在公司的管理层面特别是在招聘、考核等人力资源管理方面,充分体现企业精神的要求,从而达到解决问题、改进管理的目的。

企业文化不等同于服务文化。例如,一个强有力的制造导向或销售导向的文化对于提供优质服务反而可能是一个障碍,在需要企业对市场服务方面的变化作出反应,或留住现有顾客成为赢利的重要手段时,尤其如此。在服务性的企业,培养建立在服务战略基础上的赢利能力需要服务文化,需要很鲜明的服务导向文化告诉员工如何对新的、无法预知的,甚至可怕的行为作出反应。

"南航心约"

(一)公司使命

让南航成为客户的首选,成为沟通中国与世界的捷径。

(二)公司核心价值观

1. 南航人

(1)我们为员工提供培训和职业发展机会,并把员工的业绩作为选拔、提升和奖励的唯一标准。

(2)我们吸引和招聘杰出、有抱负和最具企业家精神的人才。

(3)我们坚信公司成败的关键在于能否使员工发挥其巨大的力量和才能。

2. 客户至上

(1)我们的客户既包括外部的乘客和货主等,也包括内部的同事。

(2)客户在我们的心目中占有至高无上的地位。

(3)我们竭力满足客户的要求,并尽可能超越客户的期望。

3. 安全

(1)安全是人类的基本需求,安全是航空公司生存与发展的基础。

(2)有了安全不等于有了一切,没有安全将失去一切。

(3)我们坚信只要采取必要的措施,安全就可以得到保证。我们把安全工作作为所在业务领域里的最基本工作,我们致力于保障客户和员工的安全。

4. 诚信

(1)我们诚实正直,坦率待人,并始终努力去做正确的事情。

(2)我们是遵纪守法的企业。

(3)我们坚信,不讲诚信,其道不正,不讲诚信,其财不远。

(4)我们在做每一次决定、采取每一项行动时始终坚持公司的价值观和原则;我们坚守并履行"对公司忠诚、对客户热诚、对同事坦诚"的承诺。

5. 行动

(1)我们挑战陈规,勇于创新。

(2)我们以最快的速度采取有效行动。

(3)我们主动进取,并努力把我们所做的任何事情做到最好。

6. 和谐

(1)我们坚持积极健康的人生态度,推崇互相信任、密切配合的处事原则。

(2)我们和客户、供应商、政府以及我们的社区有着共同目标,与所有为实现公司使命作出贡献的各方建立和谐友好的关系。

(3)我们致力于建设和谐的团队,依靠团队的共同努力达到我们的目标。

(三)公司原则与行为期望

1. 专注于航空运输主业是我们的长期发展战略

(1)公司的愿望是5年内成为中国最大和最成功的航空公司,在10年内进入亚洲前5位航空公司之列;只要我们始终专注于航空运输主业,我们一定能实现愿望目标。

(2)我们在较长的时间内专注于航空运输主业。将所有资源投入到航空运输主业,只做也只争取做促进航空运输主业发展的工作,抵制任何业务多元化的诱惑。

2. 公司必须在赢利的情况下不断扩大

(1)创造效益是企业的责任,没有效益就没有企业的明天。我们将在符合我们其他原则的情况下争取获得最大限度的利润。

(2)我们追求公司整体效益最大化而非局部效益最大化;追求公司长期效益最大化而非短期效益最大化;重视企业的长期可持续发展。

(3)控制成本是我们的成功之本,节俭是我们推崇的美德。

(4)任何扩张都必须符合公司的营利目标。

3. 增强企业竞争力是我们规模经营的基础

(1)全面提升企业内部的网络管理能力、营销水平、运行管理、服务水平和安全水平。

(2)我们竞争力的差距在于我们的人员技能和管理水平。

(3)提高管理水平和技术水平是我们实现规模经营的基础。

(4)科技水平的持续提高是企业不断发展的原动力。

4. 我们尊重每一位员工

(1)我们相信每一位员工的能力,并且相信其愿意发挥最大潜力。

(2)我们激发和帮助员工去实现更高的期望、标准和具有挑战性的目标。

(3)我们珍视每个员工的不同之处。

(4)我们如实反映个人的表现。

5. 时刻关注生存环境的变化,保持危机和变革意识

(1)没有危机意识就是最大的危机,沉醉于成功必将导致没落。唯有时时心怀恐惧才可能保持长期的成功,让我们保持虚心学习的态度及足够的灵活。

(2)我们力求及时地了解客户及其不断变化的需要,发展与供应商之间紧密互惠的关系,随时关注竞争对手的动向,积极分析政府政策对我们业务潜在的影响,关注宏观经济发展趋势。

(3)随时准备调整我们的战略,随时准备进行业务和管理变革。

6. 学习和创新是我们成功的基石

(1)未来的成功取决于我们现在的学习态度以及学到了什么。

(2)我们向优秀的同行学习,向竞争对手学习,也从我们所犯的错误中学习。

(3)我们要进行有效的知识管理,通过培训让更多的人接触到更多的知识。

(4)学习型企业是一个员工不断追求创新的企业,持续成功的唯一道路是不断创新。

(5)客户是我们创新的源泉,满足客户需求的过程应是创造和完善的过程。

(6)我们不断进行自我评估,鼓励创造性思维,不断改进工作流程和

提高技术水平。

7. 以正确的方式做正确的事情,努力把所做的任何事情做到最好

(1)公司相信每个员工都能识别并能够去做正确的事情。

(2)正确的方式是指按规章制度办事,反对随意、盲目和蛮干。

(3)我们用最高的道德和职业水准来做正确的事情,对照公司内外的最高标准来衡量我们的工作表现。

(4)我们善于从过去的成功与失败中吸取经验教训。

8. 提倡业绩为标准的公平,反对平均主义

(1)偶然的过错可以宽容,无所事事不能原谅。

(2)我们以业绩论英雄。

(3)公平不是平均主义。平均主义是对贡献突出者的打击,对业绩平庸者的迁就。

五、航空服务的控制

三家航空公司承诺:航班延误,每半小时通知一次

中国民航总局消费者事务中心在首都机场举办民航"3·15"国际消费者权益主题活动,在活动中国航、东航、南航三大航空公司承诺,如航班延误,将每隔半小时,通过短信方式、95539热线电话及机场广播系统等向旅客通报一次航班动态。

控制是管理过程中不可分割的一部分,对于空乘服务来说也不例外。由于空中服务的特殊性,要求对航班的时间、安全、服务质量进行较严格的控制。

靠现代科学的管理思想、手段和设施保证安全工作。在继承传统安全经验的基础上,要讲究科学的态度、科学的方法、科学的手段。

建立以顾客为中心的控制监督系统。如客户投诉处理中心应形成一套由受理、处理、回复、统计、分析、反馈等众多环节构成的完整而有效的运作流程。这样才能倾听顾客需要、满足顾客需要、改善客户关系、有效补救服务、提升服务水平。

首先,航空公司应围绕航空公司的服务理念,落实服务标准和措施,结合客舱部的特点,建立起符合主流航空公司要求的一系列标准。

其次,明确和理解公司的服务战略和各自的岗位要求,熟悉程序、掌握标准,提升职业精神和专业能力。在各营业部设立质量信息员,通过主动与客舱社会监督员交流等方式,收集改进服务的意见和信息。注重投诉过程管理,积极修复客户关系。

如东航服务热线95108全天受理客户投诉,成为客户投诉的主要渠道,改变了之前各个运行部门散乱受理的局面。投诉受理、处理完之后,工作人员再将处理情况进行总结统计,典型案例还要进行分析,并将最终统计、分析结果反馈给公司,使相关服务部门针对反馈结果进行有的放矢的改善。

第三节 空乘服务创新

一、创新及服务创新

《财富》杂志曾列出了当今世界最令人羡慕的公司的九条标准,创新是首要条件。现在人们在分析我国航空公司与外国航空公司的差距时,主要从机队规模、年运输周转量、销售利润等指标上进行比较,而对创新机制探讨得不多。实际上,创新问题不仅对制造业至关重要,对服务业更是十分重要。

创新是企业家向经济活动中引入的能给社会或消费者带来价值追加的新事物,这种事物以前未曾从商业的意义上引入经济活动之中。创新是一种商业行为,绝不是单纯的技术行为,决定创新成败的标准是其市场表现。

(一)创新的基本含义

创新是一种思想及在这种思想指导下的实践,是一种原则及在这种原则指导下的具体活动,是管理的一种基本职能。创新的含义包括了几方面的内容:开发一种新事物的过程、采用新事物的过程、新事物本身。

创新不是个人行为,它是整个公司自上而下的过程;创新不仅仅与技术相关,它是一种公司行为、组织行为,它希望传递这样一个信息——创新是一个组织的整体能力,而非个人的"灵光乍现",或者仅仅来源于某个特定的职能部门。

美航空公司设首席道歉官

据《纽约时报》19日报道,为了安抚那些对航空服务不断投诉的乘客,并使美国国会打消立法保护消费者的念头,美国的航空公司对待顾客的态度变得好了起来。其中尤以西南航空公司做得最好。这家公司专门设立了一个向乘客致歉的部门,并聘用佛瑞德·泰勒为首席道歉官。

37岁的泰勒每天要工作12个小时,查出西南航空公司有哪些服务不够周到,然后写信向乘客道歉。他每年大概要为180个航班写道歉信,向乘客解释该航班存在疏漏的原因。假如每个航班按110位乘客计算的话,他一年大概要向2万多人发函致歉,并且每封信后都附有他的直拨专线电话。"这不是我们必须做的,"泰勒说,"只是我们觉得这是我们的客户应得的。"

(二)服务创新

创新一般有两种方式。一种是由技术和工程推动的产品开发模式,称为"推动式"创新,多见于传统制造业的产品创新。另一种是在服务经济时代,主要由顾客需求驱动的服务创新,称为"拉动式"创新。本书认为服务创新,就是针对一个组织的内外环境的变化,对服务内容、服务方式、服务理念、服务手段适时地进行变革和创新。

二、服务创新的作用

创新随着人们的实践活动的展开而越来越受重视,越来越被强化,管理创新及服务创新更受到了组织的内在动因及外在动因的驱使。

航空公司作为一个企业,其主要的产品是提供服务,其服务能否让乘客满意决定了它的生存和发展。航空公司和其他组织相比,外部环境的变化对其经营效果的影响更为明显,可以说企业每时每刻都要面对各种外界挑战。能够适应环境的变化进行不断的调整,是航空公司得以发展的前提。

航空服务面对的对象是旅客。形形色色的乘客有着各种各样不断变化的需求。马斯洛把人的需要分为若干层次,包括生理需要、安全需要、社会交往需要、尊重的需要、自我价值实现的需要。乘客乘飞机不仅仅是为了安全到达目的地,更重要的是要满足自己独特的需要和欲望。因此航空服务应该根据乘客不断变化的需求,创新服务方式、服务内容、服务理念,使乘客在乘飞机的时候,获得愉悦的体验,从而使乘客满意。

近年来,世界范围内航空市场兴起了创新风暴,各国航空公司都在进行创新,新加坡、美利坚、汉莎等服务卓越的航空公司,从竞相改造客舱设施,安装先进的娱乐视听系统、空中睡椅、通信设备,到地面使用智能卡等,进入了新一轮的服务竞争,创新已经成为一种常态的表现。

三、服务创新的特征

由于服务的特性,尤其是无形性和异质性,使服务开发蕴涵着许多复杂的因素。

服务创新不仅是简单地革新产品和服务内容,还包括创造顾客潜在的新需求或者体验现有服务的新方式。因此服务创新的源泉来自顾客的需求。顾客直接参与服务生产的特性使得很多新服务直接在市场上诞生,而不是诞生在企业内部。

风险大、难以测试是服务创新的另一个特点。服务创新面临着一个检验尺度的问题,新的服务项目在市场推广前很少能够进行测试,服务创新必须在现场而非在实验室里证实其意义。

四、空乘服务创新的途径

关键时刻——新加坡航空公司的服务创新

乘客想要一份素食,但飞机上没有专门的素食配餐,这时候该怎么办?直接告诉乘客说不供应素餐吗?新加坡航空公司的要求是,员工要灵活应对,想出解决方案,比如把各种水果和蔬菜放在一个盘子里,让乘客尝试一下,而不能只按照服务手册照本宣科。

新航的这种做法,实际上是服务界流行的管理理念——关键时刻(MOT,Moment of Truth)的体现。"关键时刻"指的是顾客接触第一线员工的15秒钟。这短短的15秒钟,就决定了整个公司在顾客心中的形象。

MOT 的概念起源于航空业,斯堪的那维亚航空公司(现北欧航空公司)首先开始运用此理念。正是借助它,斯堪的那维亚航空公司取得连续 20 年赢利的佳绩。

在有效实施 MOT 的理念之后,新加坡航空公司取得了卓越的成就,被民航业权威杂志《世界航空运输》授予"20 年国际民航卓越服务大奖"。新加坡航空公司的品牌价值为 3.32 亿新加坡元,在所有新加坡公司中位居第 7 位。而且,新航也是航空界为数不多的几家具有很强正面品牌效应的航空公司之一。

新航之所以能够取得成功,正是因为深刻理解并贯彻了 MOT 的理念。新航多年来对创新服务孜孜以求,力争为乘客提供最好的服务。新航不仅有硬性的、制度化的集中创新模式,还有软性的、自发的、分布式的创新模式。像其他许多制造型公司一样,新航也有一个产品创新部,不过这个部门设计的产品是服务。硬性的创新主要由产品创新部领导。产品创新部利用各种信息获取新的创意。比如,调查人们生活方式的潮流,对竞争对手进行分析等。

软性的创新则由各个职能部门执行,不受框架的限制,是一个自发性的过程。这种创新模式可以确保所有的职能部门都着眼于自身,不断改进服务。参与项目的大多是进行实际操作的员工,他们更了解什么样的服务方式更有效。

更进一步,新航不仅赋予员工权力,而且对员工进行培训。新航让各级员工参与服务创新,以培养他们的创造性与灵活性。因为员工在掌握了所有的基本程序后,他们就有能力随机进行个性化服务,揣测乘客的需要。新航的成功之道,也许可以激励企业家和经理人,不断追求卓越,也启发他们如何去追求卓越。

时代在变化,技术在更新,人们对服务质量的要求也就越来越高。随着社会的不断进步和文化生活的不断丰富,消费需求向更高层次、多元化以及更细致的方向发展,客观上对民航服务的要求越来越高,而民航服务作为社会服务的标志,必将面临更严峻的挑战。

航空服务仅仅靠提供简单的、一般的服务已经不能满足人们多样、复杂的要求,这就要求服务人员不断自我完善,不断创新服务方式、服务手段,以满足乘客的差异化需要。

创新精神是航空企业精神在新时期企业精神的集中与凝聚,服务创新精神包括了革新、进取、竞争、应变、永争第一的企业精神元素,这些元素将引领航空企业不断走向新的高峰。

因此,很多航空公司探索各种各样的创新形式、创新内容,通过创新来提高企业的竞争力。比如国航把"创新导航未来"作为企业精神的核心,力图通过企业各个方面的不断创新,适应业界竞争的需要,保持活力和竞争力,实现永续经营的长远目标。如深航为实现公司宏伟的"369"发展战略规划,培养更实用、更高素质的空乘人员,满足公司快速发展对优秀空乘人员的需求,招聘高素质的服务人员,创新空乘招收培养模式,招收空乘定向班,由深圳航空公司和中国民航管理干部学院联合举办的首个民航定向乘务培训班,开创了民航空中乘务员招收、培养的新模式。深航之所以采取这种新型的模式来招收和培养空乘人员,一方面是为了提高空乘人员的综合素质,满足深航不断提高服务水平的需要;另一方面是为了解决目前国内空乘人员招收过程中存在的问题和弊端,减少社会和家长对航空公司的误解。

(一) 服务理念的创新

服务理念是企业服务工作应遵从的基本策略和指导思想。航空企业想通过创新赢得市场,首先应对服务理念进行创新,即顺应社会时尚和乘客的需求,不断完善自己的经营服务理念。

随着领空的逐渐开放,不同国家航空公司之间的交流与合作日益增加,现代航空服务的理念、先进的管理模式与服务模式,将对我国传统的空乘服务模式带来很大的冲击,这种冲击是不以人的意志为转移的。航空公司要想靠服务取胜,首先就应该在航空公司传统的理论基础上,融入先进的服务理念,并顺应社会的发展和乘客的需求,制定出新的服务策略,突出空乘服务特色,开发新的服务项目,根据自身条件设置服务内容。例如国航以"放心、顺心、舒心、动心"的"四心"服务理念为指针,在国航每个服务环节突出"以市场为导向"、"以满足顾客需求为中心",理念先行,对持续提高服务品质起到了重要作用,体察顾客的需求,努力为顾客提供优质服务,其服务产品在市场中的影响正在逐步扩大,被越来越广泛地接受与认可,客户的认知度和忠诚度得到进一步增强。深航始终重视服务人员的改善和服务质量的提高,它的服务一直以来受到社会公众的广泛赞誉,曾连续八次获得全国"旅客话民航"第一名。为提高乘务人员的服务理念和服务意识,深航将"乘务长"称谓改为"客户经理",一个简单称谓的改变,从理念上改变了乘务人员的服务内涵。

(二) 服务流程和服务方式的创新

空乘服务的核心是使乘客安全、正点地到达目的地。因此,空乘服务创新,就是要在服务的各个环节及满足服务的各种手段、方式上进行创新,从性能上改善服务,加快服务进程,简化服务环节,扩大服务内容。这是最常见的革新方式,用新的性能使原有的服务更丰富,更迅速。

如国航为了配合中转服务,为乘务员绘制了北京中转业务信息图,收集和制作了纽约等9个国际航站的中转延伸服务信息;在销售和地面服务方面,推进联程航班的信息发布,初步实现了国航联程航班信息自动生成;开展中转乘客进港全程引导服务,完善了"分区域按等级"登机服务措施。这些服务手段为提高空乘服务质量,为乘客安全、满意地到达目的地提供了保障。

国内一些航空企业机制僵化,公司运转效率低、信息传递慢、对市场反应迟钝、服务技术落后,面对新的生存环境,航空企业需要转型,提升竞争能力,实现资源优化配置。特别是对服务流程进行优化,使空乘服务的各种要素有机地结合在一起,使管理和服务更高效。

例如,东航在最近几年逐步完善转机模式,拥有了内部代号共享航班、联程值机、行李直挂、分段值机、本场中转、两场中转等转机模式。"内部代号共享航班"的站点在国内的哈尔滨、沈阳、大连等城市和国外的伦敦、巴黎、洛杉矶等几个城市已开设。"联程值机、行李直挂"的站点在国内的温州、成都、重庆、沈阳、深圳以及香港等城市和地区与国外的温哥华、曼谷、新德里、新加坡、洛杉矶、伦敦等城市已开设,中转旅客从上述站点出发,可以享受始发站一站式服务,经上海转机免提行李、免办登机牌、通过快速转机通道的优质服务。此外,浦东客运部还编写了"浦东机场东航中转旅客指南",并积极与机场协调,改造浦东机场候机厅的引导标志,为东航中转旅客自助转机模式的形成奠定了基础。2006年东航全年旅客运输总量达506 119人次,比上年同期增长44.9%,并于2006年12月29日,创下历年单日转机人数的新高——2570人次,占当日东航浦东始发航班业务量的23%。

新制服新视听——南方航空机上服务创新升级

2006年8月28日,南航第四套空姐制服在飞机上首次向公众亮相,同日,在广州出港的南航班机上播出全新空中频道——"南航时空",给乘坐南航班机的乘客带来全新视听感受。

"魅力南航"展服务新姿

记者在广州白云机场看到,身着新款制服的空姐显得格外精神靓丽,款型高雅亲切,修身适体。颜色一改原来的深蓝色和大红色,款式上也没有沿袭上下一体的组合,乘务长是身着有蓝宝石般光泽的、具有纯净和透明感的天青蓝色制服,而乘务员穿着具有女性魅力的玫粉色和芙蓉红色制服。她们的上装是V字领,用浅金色线条对领边和袖口进行了勾勒,而下装则是红、蓝斜纹面料的西服裙,既活泼别致,又显得亲切、干练、时尚、高雅。细心的乘客发现空姐的制服变了,不禁开始品头论足起来:"嗯,真漂亮,颜色好!"

新形象,新服务。客舱里,空姐们的新制服,再加上亲切的笑容、热情的问候、优雅的举止,令乘客耳目一新。为配合换装,空姐们还准备了一份特别的广播词向旅客介绍新制服。

乘南航飞机看当日新闻

另悉,借空姐新装面市之机,南航的机上娱乐频道也旧貌换新颜。南航组织有关部门经过认真研究,决定自主全面创新机上娱乐服务,从2006年8月28日起,率先在广州始发航班上开播一档全新空中频道——"南航时空"。该频道设有新闻快讯、娱乐在线、文体集锦、时尚前沿,是一档集新闻、娱乐、文体、时尚于一体的全新的综合性机上娱乐频道,内容精彩纷呈,信息量大,让乘客足不出机,尽享天下信息资源,在万里高空,也能了解国内外大事。能在空中看到新闻,乘客感到意外并表示非常欢迎。一位头等舱乘客说,"昨天晚上有应酬没看新闻,没想到在飞机上能看到,今天飞机上的节目挺新活,编排得好,希望越做越好,我们将首选南航航班。"

(三)服务内容的创新

空乘服务一般来说既包括为乘客提供的最基本的服务,即运送乘客到达目的地,同时为了使乘客能够使用到基本服务,常常有一些附加的服务,如订票服务、行李托运服务、检票登机服务等。如果没有这些附加服务,核心服务就不能实现。空乘服务除了要完成对乘客的基本服务外,还要对支持性的服务精心设计,不断推出新的形式、新的内容,促使服务差异化,以体现航空公司的服务特色。

服务内容的创新既包括航空公司的新业务,也包括新服务。如海航着力为乘客提供个性化、人性化的服务,通过不断创新,填补航空服务空白,提升服务品质。海航首开在机上进行机票拍卖之先河,第一个在空中推出保健操,第一个推出包括查询信息和购票服务等多个服务项目在内的"800"电话服务系统等,这些都在广大乘客中引起了热烈反响。

2006年3月国航西南分公司,在头等公务舱服务中增加了"茶艺服务"。在客舱中为乘客提供只有在茶楼才能感受到的茶文化,大大满足了现代乘客的精神需求。今年年初,东航江苏分公司开通了无锡—香港的航班,大大方便了周边地区人民到港澳旅游。为了提高航线知名度,3月24日,无锡政府和东航江苏分公司共同举办了有六对新人参加的"天使之爱——无锡到香港的空中婚礼"活动。在万米高空中,伴着《结婚进行曲》,再加上美酒和新婚蛋糕,新人们通过广播和大家一起分享他们的恋爱经历。

后排乘客优先登机

3月27日,记者从南宁吴圩国际机场有关部门获悉,以后从南宁坐飞机出发的乘客将不再为自己坐的是后排座位而发愁了,南宁机场地勤运输部联合深圳航空公司南宁机场旅客服务部推出新的服务项目——后排乘客优先登机。

后排乘客优先登机是指从南宁出发的乘客超过90人以上的航班飞机,当飞机停靠在登机廊桥口后,即由机场地勤运输部服务员通过广播通知和组织后排的乘客优先登机。实行这项服务可以大大地改善乘客登机廊桥口的秩序,改变以往客舱过道拥挤的现象,缩短航班乘客登机时间5~8分钟,更好地保障南宁始发航班的正点到达。

该项服务从3月25日推出以来,得到了乘客及航空公司的好评。

目前还只有持深圳航空ZH代码航班的乘客在南宁机场登机时才能享受此项服务,待条件成熟后,此项后排乘客优先登机服务将在南宁始发的所有航班上全面展开。

邮寄儿童

春运期间,南方航空公司黑龙江分公司推出了针对5岁~12岁儿童的"邮寄儿童"业务。无法陪伴孩子乘坐飞机的家长,可以在航空公司免费办理"邮寄"业务,由航空公司地面保障和空中乘务人员为这些儿童提供接送飞机服务和旅途中的关照。此项业务推出后,受到了很多家长的欢迎。据统计,春运以来,南航黑龙江分公司已经接待了200多名儿童,南航"邮寄儿童"业务深受欢迎。

(四)个性化服务创新

亲切周到的个性化服务

20世纪80年代以来,美国航空业一直萧条,进入90年代以后,赤字总额累计达80亿美元,仅1992年亏损额就高达20亿美元。然而就在这一片萧条中,一家名叫西南航空公司的小企业却独放异彩,在美国航空史上取得辉煌成绩:西南航空公司从1973年以来连续28年有盈余,其中9年利润有增长;其获利率平均每年达到5%,是业界最高的;1992年它的营业收入增长率为25%。2000年的总营运收入达到56亿美元,纯利润大约为6.3亿美元。

这些都来源于其提供的亲切周到的个性化服务。以顾客为中心的弹性服务规则可以使员工以额外的时间和耐心对待有特别需要的乘客。西南航空的员工经常表现出真诚和亲切的服务态度,为乘客带来欢笑。西南航空的航班正点率、行李托运和乘客投诉等项目在行业权威评选中记录良好。这是由于工作人员对服务顾客的积极投入和奉献的结果。

真正完善的、优质的客舱服务应该是乘务员把预先准备好的"制度性的规范化的东西"同每位乘客的具体情况结合起来所达到的,是适合特定对象和场合的个性化的、富有人情味的服务。

个性化服务,是对有限制性的规范化服务的补充。个性化服务,就是以客人为本,并根据乘客层次及需求上的差异,对不同乘客采取不同的服务方式。个性化服务在内涵上应包括两层含义:

一是乘务人员根据自身的独特条件为乘客提供具有独特风格的、无法加以标准化的部分。但服务人员独特的工作方式必须以适应乘客的消费习惯为前提,而不能让乘客来适应你独特的服务风格。

二是指乘务人员把每一位乘客都当做具有独特个性和不同需求的"个人"来加以"分别接待"。

在个性化服务中,乘务员不再只用程序化的语言、程序化的动作与乘客交往,而是采用依服务对象不同而及时加以调整的、丰富生动的语言和动作,从而让乘客感受到乘务员为使乘客满意而对其特殊需求所做的特别关照的努力。

南航开老人专用登机柜台

对象:独自出行的老人。

办法:在广州白云机场南航值机2号柜台办理老人服务手续,并填写"特殊旅客交接单"。

服务内容:专人引导过安检;带到专门休息室候机休息,按时送上飞机;到达后由专人送至到达厅等。

几乎每一个人都希望自己的个性得到他人的承认和尊重,表现在服务交往中就是几乎每一位乘客都希望自己所得到的服务是特殊的,是与其他人不同的,乘务员给予自己的是特殊的服务。因此个性化服务的关键就是通过细微的观察揣摩客人的心理,满足乘客的需求。要搞好个性化服务,无疑增加了空中乘务员的工作量、劳动强度、工作难度,难以统一规范、不能量化。但个性化服务又最能发挥空中乘务员各自的潜能,创造性地开展服务工作,取得事半功倍的效果。

那么如何提高乘务员个性化服务水平,让个性化服务在经营活动中发挥出重要作用呢?

(1)航空公司服务定位在高起点。应根据本公司的规模安排乘务员,在服务工作中要严格执行本公司切实可行的服务规范。每个服务细节都要有严格标准,并把个性化服务贯穿在整个服务过程中。个性化服务的内容从教科书上是找不到的,是根据本公司的特点在工作实践中通过乘客反馈的大量事例逐渐总结出来的。在推行个性化服务工作中,要求经营者做到有组织、有计划、有落实、有检查、有总结,不能流于形式。

(2)潜心研究乘客消费心理。个性化服务的关键是要了解不同乘客在接受服务过程中的不同需求。只有了解了乘客所需,才能在服务中得心应手。如果抓不住乘客的需求,乘客就不会喜欢再次乘坐该公司航班。在个性化服务中,乘务员应时刻保持最佳的精神状态,才能更好地了解乘客的需求,才能使乘客对该公司的服务满意,增强航空公司的竞争力。

(3)强化乘务员的服务意识,在全面提高乘务员素质的同时,让乘务员认识到自己的工作岗位在公司经营中的重要作用,知道为什么经营者常说:"你砸企业的饭碗,企业就砸你的饭碗。"强化服务意识绝不仅限于乘务员,全体员工都要认识到礼貌待客是民航企业服务的核心,是赢得客源的重要因素。乘务员要用心做好服务工作,学会观察和分析乘客心理,了解乘客的喜好和忌讳,以满足乘客的需求。

(4)提高灵活服务技巧,要求乘务员不仅要掌握各项服务技能,而且要善于根据不同乘客的需求灵活掌握好各种礼节,如问候礼节、称呼礼节。

总之,个性化服务,要坚持以下几点:

(1)更活的服务。不管是否有相应的规范,只要乘客提出了要求,且是合理的,在服务范围内,就应尽最大的可能去满足他们。比如,在飞机爬升时,避免耳膜受压,适时发一份牛肉干,给年纪大的乘客或幼童发一份易于咀嚼的其他食物等。

(2)提供满足癖好的服务。有的旅客十分爱干净,眼不见就不放心,那么就可以按他们的意愿,当面为他们服务。

(3)意外服务。严格来讲,这不是旅客原有的需要,但由于旅途中发生意外,旅客急需解决有关问题,在这种情况下"雪中送炭"式的个性服务必不可少。例如,乘客晕机、心脏病突发或孕妇临产等。

(4)心理服务。凡是能满足乘客心理需求的任何个性化服务,都将为乘客带来极大的惊喜,这些都要求我们现代乘务员有强烈的服务意识,主动揣摩乘客心理,服务于乘客开口之前。

随着社会生活水平的提高和人们消费观念的改变,很多航空公司不单单提供个性化服务,在个性化服务基础上更提出了人性化服务。人性化服务已受到国内各航空运输业的高度关注和重视。人性化服务就是以人为本,用心去服务。人性化服务是在规范化、程序化服务、个性化服务的基础上的升华。人性化服务,是最高层次、最高境界的服务,人性化的客舱服务就是站在乘客的角度为乘客服务,使乘客感受到家人般的照顾。

五、服务创新的形式——常旅客计划

许多航空公司都有常旅客计划。这些计划可以根据乘客使用该航空公司飞行的里程数,使乘客得到免费旅行或升舱或其他奖励。常旅客计划是指航空公司向经常乘坐其航班的乘客推出的以里程累积奖励为主的促销手段,是吸引公务、商务乘客,提高航空公司竞争力的一种市场手段。

就亚洲地区而言,1993年的国泰、新航和马来西亚航空公司共同实施了一项常旅客计划。与1993年相比,现在亚洲地区乃至全世界的乘客对常旅客计划更了解,并且要求更高了。

1994年,中国国际航空公司在国内最早推出了常旅客计划和相应的知音卡。中国东方航空公司1998年7月正式推出了常旅客计划。随后,厦航、南航、北航等也相继推出了自己的常旅客计划。

目前,航空公司的常旅客计划都采用入伙航空公司联盟的方式实施。诸如,国泰航的"亚洲里程计划"就入伙于寰宇一家联盟,新航的"假期旅客"计划入伙明星联盟。航空公司为实施常旅客计划均成立了俱乐部,如"国航俱乐部"、"东航金燕俱乐部"等。符合各航空公司常旅客计划要求的乘客均可申请加入相应航空公司俱乐部,并得到一张会员卡。会员通过乘坐该航空公司的航班而得到里程,也可通过在该航空公司的合作伙伴(如酒店)消费而得到里程。当里程达到一定标准时,会员可凭所得的里程换取免费机票、免费升舱或其他指定的奖励。

选择常旅客计划应注意相关条款:如特定的奖励需要多少公里?每个航班的奖励是否有最低限额?里程积累是否有最终期限?里程是怎样累计的?当乘客预订航班或办理乘机手续的时候,乘客应提供自己会员身份的证明。乘机后应保留登机牌和客票的旅客联,直到得到常旅客计划的声明,表明这次旅行的里程已被正确累计在乘客的账户中。如果出现问题,应记录与乘客通话的人的名字以及谈话内容。

本章小结

1. 本章阐述了空乘服务管理的基本内容,重点分析了空乘服务的计划、组织、控制等内容。
2. 本章介绍了我国主要几家航空公司的服务管理情况及特点。
3. 本章说明了空乘服务创新的意义、特点及途径。

思考与练习

复习题

1. 请简单介绍一下我国不同航空公司的服务管理特点。
2. 空乘服务管理的基本内容有哪些?
3. 什么是创新?什么是服务创新?

思考题

1. 为什么航空公司必须进行服务创新?
2. 如何理解空乘人员在服务创新中的作用?

第八章 空乘服务补救

课前导读

空乘服务是在特殊环境下开展的,在服务过程中,免不了会出现服务失误、冲突,引发旅客抱怨与投诉等危机服务事件,这些事件如果不能得到及时的处理,将产生不良的后果,如影响公司形象、失去旅客的信任,严重的服务冲突还会危及飞行安全。因此,在出现服务失误的情况下,及时采取补救措施,是弥补服务失误,尽量减少可能给航空公司带来不利影响的有效途径,也是控制事态进一步发展的必要举措。本章全面地阐述空乘服务补救概念、服务失误产生的原因以及补救策略。通过本章学习,使读者树立服务补救意识,理解服务补救的必要性,明确服务失误产生原因,以及服务补救的基本策略。

教学目标

1. 明确空乘服务补救的概念及意义。
2. 理解空乘服务失误原因。
3. 掌握空乘服务补救的原则、方法与基本策略。

案例

20世纪80年代,英国航空公司进行私有化改革时,就对公司内部管理结构进行大刀阔斧的改革,确立了顾客导向的服务理念。

公司调查发现,有1/3的乘客对公司的服务不太满意,其中,69%的乘客从未提出过批评;23%的乘客在不满时,只向身边的服务人员口头提出抱怨;只有8%的乘客与公司顾客关系部联系过,希望公司系统地解决自己的抱怨,这时候,公司才会将顾客的批评纳入信息系统。然而,顾客关系部在处理顾客的批评时,经常否认自己的错误,或者是找出一个借口搪塞过去。

公司决定要通过服务弥补过程来赢得顾客的忠诚,必须在问题出现时就努力维系自己与顾客的关系。为此,公司对前台员工进行了培训,让他们学会如何在现场解决问题,开设热线电话,由顾客关系部负责接听并解决顾客提出的问题,开发了顾客分析与维持系统,收集整理有关顾客的数据资料,为顾客服务部门提供决策依据,另外,还扩大了员工处理顾客问题的权力。

此外,英航还注意到,在没有投诉的不满意乘客中有一半的乘客是不诚恳的,还有13%的顾客彻底放弃了选择本公司。英航采取的措施是:对于8%提出正式投诉的顾客,航空公司的回复速度由12个星期缩短到5天,对于23%向英航服务人员口头上投诉的顾客,公司通过赋予员工可作出回复的附加权力从而提供更加及时的反馈。英航建立了情报通信部,整个系统不到一年就得到了可观的经济回报。投诉的顾客量增加了150%(90%的顾客也不再沉默)。

在采取了上述步骤后,英航仍然面临着当今服务业的一个基本话题,就是如何激励顾客提出批评,如何"溶解掉抱怨的冰山"。

其实,面对复杂的服务对象,出现问题是正常现象,旅客提出问题或者提出抱怨,其实是对航空公司服务的期待,是否采取积极措施应对,体现了公司对旅客的态度。而从旅客那里得到更多"抱怨"信息,无疑是对公司服务质量最好的鞭策,忽视了旅客的意见,就意味着疏远了旅客,在丢掉市场。

第一节 空乘服务补救及其必要性

一、服务补救

所谓服务补救,是指企业在遇到服务危机事件时,为了重新赢得因服务失败而已经失去的顾客的好感而做的努力。这些努力有时会使企业失去面子,甚至会暂时影响形象,但任凭危机事件的结果蔓延而熟视无睹,久而久之就会伤及企业赖以生存的根基。服务补救的反面就是伪装、推卸责任。其实,任何人心里都清楚,当问题出现的时候,回避是下策,面对才是最好的选择,从这个意义上说,服务补救是企业正视问题,从不同的声音中找到发展源泉的重要举措,是在竭尽全力地归还顾客应有的权益。

二、空乘服务补救

空乘服务过程包含诸多的服务步骤和详尽的细节,客观上使服务存在着失败的可能,即可能出现冲突、失误、纠纷,甚至错误等损害乘客权益、利益或者心境的危机事件。在空乘服务过程中,乘务人员与乘客之间是互动的,乘客各不相同,兴趣、爱好、性格、修养等也各不相同。另外,空乘服务的状态也必然受到诸如天气、飞机故障和竞争过度等航空公司无法控制的因素的影响。面对服务出现的各种各样的危机事件,航空公司必须主动承认这一事实,并制订非常计划与对策对正在发生的服务失败予以管理和控制。

所谓空乘服务补救,就是对空乘服务过程中出现的各种服务危机事件所采取的积极措施,以避免或挽回服务失误对企业形象的影响。服务是一个过程,服务中的各种冲突是服务的衍生品,因此,服务补救是服务的延续,是服务的重要组成部分,如果服务中的危机事件未能得到妥善解决,就意味着服务没有完成。而且,企业的信誉与形象是历史的事件的沉积,良好的形象需要诸多积极因素的支撑,这是民航企业整体发展的需要。

任何产品的消费都具有可替代性,乘机旅行消费更具有可替代性,留住乘客,必须首先留住乘客的心。当乘客对空乘服务不满时,他们会通过有效的途径表达其不满,航空公司如果能正视问题,积极采取补救措施,就能够及时解决问题,保持竞争优势。如果问题不能解决,乘客的抱怨得不到释放,他们合法的权利得不到保护,乘客就会失去对公司的信任。因此,危机事件出现后,航空公司必须对自己、对乘客采取负责的态度,及时进行服务补救。

空乘服务补救具有即时性,就是说服务中的失误,不管多么微小,都会是后续服务的导火索从而被无限放大。因此,空乘服务补救必须在第一时间得以实施,如果服务补救的时机掌握得不好,或者乘客感觉受到怠慢,会引发更大的冲突与纠纷,降低乘客的忠诚度,损害公司的形象。

三、服务补救的必要性

服务是个无形产品,给消费者留下的更多的是内心体验,而恰恰是这种内心体验,使人们对某一事物的看法挥之不去。服务过失一旦出现,首先影响的是乘客的内心体验——当时的心情以及以后的心态,并有延续的可能性,甚至有继续恶化的倾向。

其实与你无关

航班上,一位乘客表情严肃地看着报纸,似乎有一丝心烦。乘务员送饮品送到他面前的时候,礼貌地说:"先生,您喝点什么?"该乘客没有作答。乘务员以为该乘客没有听到,又加大了声音说道:"先生,您需要什么饮品?"该乘客突然说道:"喊什么呀?没看到我在看报纸吗?你们乘务员怎么都是这样的素质!"乘务员觉得特别尴尬,对乘客的态度和言行甚为不解。

在完成对其他乘客的服务后,乘务员专门来到这位乘客面前,说:"先生,抱歉,刚刚是我考虑不周,让您生气了,特来向您道歉!看这会儿您想喝点什么饮品?"看着乘务员友善甜美的笑容,这位乘客也说出了心里话:"这事本来与你无关。我登机的时候,看到门口的乘务员心不在焉的样子,很不高兴,所以心情不太好。刚才对你态度不好,是我的不对,请谅解!"事情清楚了,乘务员又耐心地作了解释,并告诉乘客,一定把他的意见反馈给乘务长。"对您的服务不周,我代表乘务组向您道歉,希望能得到您的谅解!"谈话之中,乘客的郁闷心情得到了缓解,乘客的脸上露出了笑容。

服务补救的意义在于以下两个方面:

1. 制止服务危机事件的进一步发展,最大限度地挽回公司的形象

危机无大小,处理不当,小事可以演变成大事,抱怨可能演变成冲突,甚至恶性事故,即使事态不在当时蔓延,但其滞后的影响也是不能低估的。所以,对于空中乘务来说,服务危机必须及时处理。而且,与有形产品不同,空乘服务是不能重新生产的。一个乘客对服务的不满,无法在下一次航班中得到补偿,乘务人员所能做的只能是尽量从精神上给予乘客补偿,并力争在下一个服务流程中杜绝此类事情的发生。

2. 维护乘客的权益,提升乘客的满意度

虽然对一个乘客来说,特定的空乘服务不可以重新生产,但恰当、及时和准确的服务补救可以减弱乘客的不满情绪,并部分地恢复乘客的满意度和忠诚度,极个别情况下,甚至可以大幅度地提升乘客的满意度和忠诚度。

忠诚的乘客是怎样得到的

俗话说"不打不相识",其实很多乘客与航空公司的不解之缘也是"打出来的"。某乘客在一次乘坐航班后,就服务质量问题向公司提出了投诉。信件很快得到了处理:该航空公司特意打电话予以口头道歉,同时,派人直接找到该乘客,了解情况,当面道歉。经过反复调查,多次与该乘客接触,查明了原因,公司查处了当值的乘务人员,并将结果通报给这位乘客。令公司办事人员感到惊讶的是:该乘客提出了两个要求,第一,减轻对当值乘务人员的处理;第二,他代表自己的公司加入 CIP 会员。当问及为什么不再抱怨,而转为支持航空公司的时候,该乘客的一句话,让航空公司的代表深为感动:"其实,每个人都可能犯错误,公司也会有工作失误,这是大家都能理解的事情,而不能理解的是对错误与失误轻蔑的态度。你们已经做得很好,我无可挑剔。"

第二节 空乘服务失误的原因

造成空乘服务失误的原因是非常复杂的,既有主观原因(服务者),也有客观原因(非控制原因);既有服务者的原因,又有乘客的原因。但无论哪种原因,最终都会归结为航空公司的原因。从空中乘务的角度来看,服务质量与乘客期望的差距是造成服务失误的最重要的原因。在服务质量问题上,既有技术方面的原因,也有服务过程及服务者个人方面的原因。当影响服务质量的因素超过一定限度时,就形成了服务失误,造成了服务危机。

一、因服务承诺不能兑现引发的乘客投诉

航空公司的服务承诺与乘客对空中乘务应该提供何种服务的理解是有差距的。由于各种原因,服务承诺无法兑现,或不能完全兑现,就会引发乘客的抱怨与不满,即使空中乘务人员竭尽全力提供了服务,但由于乘客个性的原因,也可能会对服务感到不满意。如航班延误是航空服务失败的最常见的情况。目前,国内民航每年有大约 20% 的航班不正常,因航班延误引发的乘客

投诉也成为焦点。据有关部门的统计,造成航班不正常的原因有20多种,有航空公司的原因,也有乘客方面的问题,其中六大类原因较常见:飞机晚到、天气变化、流量控制、航空公司调配计划、飞机机械故障、乘客晚到等。其中有些本来是空中乘务之外的因素,但也会影响空乘服务的质量。再如,在餐食问题上,航空公司会周全地考虑乘客的需要,但仍不能让每一个乘客都满意,乘客会从消费者的权益角度看待公司的服务承诺,如不能满足,必然会引起不满,引发服务失误。

由于随机因素,特别是不可抗力造成的服务失误是不可控因素,所以企业服务补救的重点不在服务结果的改进上,而在于应该如何及时、准确地将服务失误的原因等信息传递给乘客,并从功能质量上予以有效的"补偿"。

二、服务过程中的失误造成的服务失败

空中乘务的环境极其特殊,容易出现服务过程的失误,如饮料配送时飞机突然颠簸而造成的饮料溅出、对求助铃回应较慢、特殊旅客需求的处理不当等。这些都是由于服务细节上的马虎大意或技术不够精湛、经验不足造成的。对乘客来说,这些技术性较强的服务,属于空中乘务人员必须具备的技能,是乘客基本权益得到保障的条件,这样的服务失误往往不会轻易被乘客所原谅。

三、空乘人员个人因素造成的服务失误

这综合反映在服务态度方面,是常见的服务失误,最容易引发冲突。而服务态度问题更多是通过服务语言与行为反映出来。如在缺乏耐心的情况下,语言就会激进,举止就会有违规范。

四、乘客自身的原因引发的服务失败

航班延误是航空服务过程中的常见现象,乘客在抱怨因航班延误而耽误自己旅程的同时,却很难想到,也许延误是由于乘客自身的不当行为所造成的,其中包括个别乘客在航班经停站下机而未通知航班机组或地面服务人员,从而导致机组被迫清舱,造成航班延误。

在很多情况下,乘客对于服务失误也具有不可推卸的责任。例如,造成航班延误的一个主要原因是乘客及其行李。因乘客不按规定时间登机造成延误所占

的比例,与国外相比,国内明显偏高。据南航统计,2002年8月份,从广州出发的南航航班,晚到乘客达到5562人。几乎每一个出港航班,平均都有两名误机乘客,这就意味着为等个别人,航空公司要调动从地面到机组的一系列人员为之"特殊服务",为此造成的航班延误少则几分钟,多则半个小时。另据统计,从2002年1月到8月,中国民航航班因乘客晚到而导致的延误达4118班。有的乘客办完乘机手续后,不注意听广播,很容易误机。有的乘客携带超出民航规定的体积、重量和数量的行李乘机,交运又不及时,也容易造成航班延误。少数乘客上飞机后,口无遮拦,戏称包里有炸弹或要劫机,不但本人受罚耽误行程,也会使整个航班的乘客要按规定重新安检登机,导致航班延误。

第三节 空乘服务补救的益处

如何看待、处理服务失误是对空乘服务是否具有顾客导向的真正考验,对于航空公司来说,客舱服务过程完美是一种最理想的状态,是永恒的努力方向,但受到主客观因素的制约,实际服务很难达到或保持理想状态,乘客无法得到他们所期望的服务。失误是影响服务的重要因素,而且关键的是无论机组人员多么努力,也难免出现航班晚点、行李遗失、服务失误等问题。面对服务失败的最好选择就是去弥补,去挽救,即及时进行服务补救。

服务补救的最终目标就是将原来不满意的乘客转变为忠诚于公司的乘客。要正确对待乘客的批评与投诉,在服务现场要真诚耐心,及时化解各类问题;对各类投诉,要及时处理,大力提倡服务补救。在提倡无缝隙服务的今天,部门与部门之间、机组成员之间、乘务人员之间要提倡服务补救,用自身的努力去弥补上一道工序的服务差错,为实现服务目标而努力。

尽管服务补救本身就是承认了空乘服务过程的失误,会使当事人觉得尴尬或者受到谴责,但毕竟公司的利益是重要的,承认失误本身就是服务态度的最好表证,对公司的形象是有益的提升。

一、服务补救有助于提高乘客忠诚度

在很多情况下,乘客对服务质量总的感知可能是良好的,但对某些服务或"关键时刻"的服务质量的感知却不一定是良好的。但是,由于采取了服务补救措施,从而使得乘客总的服务质量感知达到了良好的状态。

英国航空公司管理人员通过补偿服务实践,对服务补救得出了几条重要结论:作出反应的时间越短,达到乘客满意所需的精力与金钱补偿越少;当服务热线的乘客满意度达到95%时,乘客所需的赔偿金会降低8%;公司每投入一英镑用于维系乘客关系,就可以减少两英镑的潜在损失。然而,有一种现象值得注意,旨在增强乘客忠诚度的常客计划虽已几乎在全部航空公司普遍实施,但乘客投诉却仍在增加,原因何在?很简单,一个乘客同时在对几家航空公司"忠诚"。这就需要航空公司在服务质量与吸引乘客方面有新的措施,减少服务失误,及时处理服务失误,服务补救要到位。

二、服务补救能提升乘客感知的整体质量

只要乘客在服务体验过程中提供了反馈信息,或者机组成员在服务进行时发现了乘客不满,就完全有可能提升整体质量,因为不满的乘客很在意航空公司的服务,提出对服务的不满,是为了使航空公司消除那些服务失误的现象,不满的问题消除了,公司服务的满意度就提升了。许多研究表明,出现服务失败后如果服务员工能成功地予以解决,此时乘客对服务的评价反而要高于没有出现服务失败的情形。

在服务补救的过程中,采用逐级上报制度,虽然可以减少高层管理者处理乘客不满的工作量,但传递中的信息遗漏和信息失真会使高层管理者丧失许多重要的信息,难以采取有效的改正措施。英航为了鼓励乘客的批评,从而更好地把握良机,特地建立了好几种不同类型的意见收集台,除了热线电话,公司还引进了全球免费意见卡,公司行政人员还在全球各地组织了"非正式沙龙"讨论服务问题,公司邀请提出宝贵意见的乘客与顾客关系部经理一起飞行,共同体验公司的服务。

三、服务补救有助于发现组织管理和工作流程中的弊端

不管是在服务过程中发现了问题点,还是稍后发现了问题点,对有关这些问题的信息加以认真收集和储存,可以帮助组织建立一个有关服务质量的大型数据库。当系统分析这些数据时,会找出服务的薄弱环节,对这些环节加以详查,也许会发现为什么服务失败会在某些环节无节制地发生,进而得到修正问题的思路。最后,根据服务补救的需要,将背后的真正原因加以整合、分析和矫正,使航空公司能提供一个更强有力的服务系统。此处的关键是系统地收集信息,公司应考虑对反馈工具进行改进和提高,以便员工能整理出简单、有用和易于获得

的服务补救工作报告。假若有关乘客不满的信息被很好地利用,服务补救就有效地降低了服务失误的再发生率。

在实践中,对服务补救管理的忽视有必要引起我们的重视。多数公司没有以适当的方式对乘客的投诉进行记录和分类,增加了公司学习的困难。一些乘务人员没有兴趣听取乘客对问题的详细描述,仅仅将乘客的问题作为一个独立事件,认为需要的只是解决方案,不需向管理层汇报;很多乘务人员不想承担责任,而把问题归结于客观因素;很多投诉没有得到妥善处理,乘客留下了信息,但没人据此采取行动;多数公司没有系统地收集信息的方法,也没有找出导致乘客对责任人、部门或程序进行投诉的原因。

四、服务补救是创新的源泉之一

服务危机事件的处理往往是树立与提升公司形象的最好机会,因为此时,公司更容易被乘客或媒介所重视,投诉的解决全面地反映了公司的态度与能力。乘客投诉是一个非常有价值且免费的信息来源,前来投诉的乘客多数是因为在接受服务中乘务人员的失误给他们造成了某种物质或者精神上的损失,所以他们反映的信息具有很强的针对性。公司可以从中发现并修正自己的失误,消除使更多乘客遭受损失的潜在危险,不断提升产品和服务的质量。乘客投诉就像一位医生,在免费为航空公司提供诊断,让航空公司有可能充分了解自身的不足与问题所在,以便管理者对症下药,改进服务和设施,避免引起更大的纠纷;乘客投诉还可能反映公司服务不能满足乘客需要的地方,仔细研究这些需要,可以帮助公司完善服务内容,改进服务流程。乘客投诉往往蕴藏着非常有价值的信息,是沟通航空公司管理者和乘客之间的桥梁。

五、服务补救有助于提升企业的公众形象

乘客投诉如果能够得到快速、真诚的解决,乘客的满意度就会大幅度提高。他们会自觉、不自觉地充当公司的宣传员。乘客的这些正面口碑,不仅可增强现有乘客对公司的信心和忠诚度,还可以对潜在乘客产生良好的影响,有助于公司在社会公众中建立起将顾客利益置于首位、真心实意为乘客着想的良好形象。

第四节 服务补救的原则与策略

一、服务补救的原则

服务补救是个复杂的工作,因为服务失误的"受害者"往往处于一种非常的心态,不容易沟通,且容易产生不满的情绪。因此,为了有效地开展服务补救,在补救过程中,应遵循"公开、主动、迅速、关心"的基本原则。

(一)公开原则

通常情况下,企业没有为顾客提供适当的投诉渠道。例如,企业没有向顾客表明企业的义务和顾客的权益,造成顾客在问题发生后,不知道损失该由谁来承担;或没有清楚告知顾客如果发生问题,应该通过何种渠道、向企业的哪个部门反映,使受到损失的顾客束手无策;或者提供的渠道使顾客觉得不方便,如经常无人接听电话等。

航空公司或乘务人员要在解决服务失误的过程中,让乘客时刻了解到事情的进展情况。中国民航协会2002年的一项专家调查表明,航班不正常时乘客的需求排序是:将航班延误的信息及时通知乘客,占47.8%;航空公司及其代理人及时妥善安排好乘客,占34.8%;对因不可抗力的航班延误,航空公司作出安排后,可以合理收费,占9.4%;对少数违反《中华人民共和国民用航空法》的滋事者作出处理,占8.0%。

乘客最难以忍受的是,服务提供者在航班延误后所提供的信息不及时、不详细,难以让消费者信服和理解;给乘客提供饮食的服务程序不透明,消费者不知道多长时间才能获得餐饮服务,也不了解所提供的食品的数量有多少;在延误时间较长的情况下,航空公司和机场没有及时告知消费者,他们享有退票、转签、由经营者安排食宿等权利;对由于航班延误给消费者造成的各种损失及种种不便,航空公司和机场未能充分向消费者表示歉意,也未能明确告知消费者,在什么样的情况下他们有权获得相应赔偿。

(二)主动

发现并改正服务失误是服务提供者无法推卸的责任。要主动解决服务失误问题,不要等顾客提出来再被动地去解决。鼓励顾客投诉。首先要在企业内部建立尊重每一位顾客的企业文化,并通过各种渠道告知顾客企业是尊重他的权利的。在此基础上,更重要的是让全体员工,而不仅仅是顾客服务部门的员工,认识到顾客的投诉可帮助企业获得具有竞争优势的信息,而不是给工作带来麻烦。那些直接向企业投诉的顾客是企业的朋友,那些对企业"沉默"的顾客会给企业造成更大损失,因为他们最容易转向企业的竞争对手,而且还会散布对企业不利的信息。许多企业不能及时地解决顾客的抱怨,只能将其逐级上报,在许多组织内部,前台员工的权力有限,只能解决一小部分批评,这会给企业服务员工带来沉重负担。

通过对"顾客抱怨金字塔"的研究表明,假设不满的顾客中,有40%向前台员工提出批评意见,其中,有25%未能得到解决,被呈交给中层管理人员。在这些问题中,仍有20%未能给予解决,假设这20%中有一半被提交给主管的公司经理,就会形成抱怨的金字塔,副总裁接到的每一个批评,都代表500位不满的顾客。如何鼓励顾客提出批评,从两个角度出发,一是顾客的行为方式;一是导致抱怨的一些政策规定。顾客一般不愿意对服务提出批评,因为结果经常得不偿失,付出的努力太多,而回报太少。

有时顾客心理上存在障碍。例如,顾客认为企业不会理睬他的投诉,更不会公正地处理他的投诉,所以投诉也是徒劳;另外,还有一些顾客由于不愿意浪费时间、精力和金钱而选择沉默。

所以,航空公司或乘务人员,要积极主动地帮助乘客解决问题。

(三)迅速

迅速在服务质量维度上指的是响应性。顾客认为,最有效的补救就是企业一线服务员工能主动地出现在现场,承认问题的存在,向顾客道歉(在恰当的时候可加以解释),并将问题当面解决。出现失误,要立即对顾客作出赔偿。要重视顾客问题,迅速、及时,避免顾客在投诉的过程中对问题一遍遍地重复(因为每次重复都会加剧其不满)。无论如何,企业应该承认问题的存在,向顾客道歉,并积极采取补救措施。

当发生服务失败时,航空公司越快地作出反应,服务补救的效果可能就会越好。而如果航空公司拖拖拉拉,虽然问题最终得以解决,但也只能留住一部分不满意的顾客。由此可见,速度和时间是个关键因素。并且,航空公司对问题作出快速响应,可显示公司真正关心乘客的利益,为乘客着想,急乘客之所急。

(四)关心

关心在服务质量维度上指的是移情性。关心服务失误对顾客精神上造成的伤害。道歉是必要的,但在很多情况下道歉是远远不够的。在芝加哥奥海尔机场曾发生这样一件事。因遭受暴风雨的袭击,机场的一个大型屏幕严重破裂,无法显示飞机航班起飞、降落的时间,由于得不到航班信息,机场出现了混乱,工作人员和乘客们对此一筹莫展。几个星期后,乘客们都收到了美国航空公司的道歉信。作为补偿,美国航空公司愿意为每一名乘客免费提供上百英里的航空服务。

反观我们的服务,经常有报道说,某某航空公司航班延误了几小时,出现一幕幕让乘客愤愤不平的情景,但从未听到公司的道歉。从某种意义讲,道歉体现了一种团队精神,表明了公司上下对航班延误都十分在意。道歉是对乘客表示公司的歉意,可平息乘客对公司服务的不满情绪。道歉还能给乘客一种暗示——今后公司员工会认真对待地自己的工作,尽量减少延误,减少给乘客造成的不便。其实,不管是几次道歉,想乘客所想、急乘客所急、提供更加周到的服务才是航空公司追求的目标。

关心还表现在要倾听乘客诉说,并为乘客设身处地着想,举例来说,当一名乘客准备登机时,仍然抱怨票价方面的一些限制时,乘务人员不仅要主动让对方了解这方面的规定和限制,而且必须能够体谅乘客的感受。

二、服务补救的策略

(一)要建立有效的服务补救制度

航空公司应该制定明确的服务标准及补偿措施,清楚地告诉乘客如何进行投诉及可能得到什么样的结果。增加接受和处理投诉的透明度,设立奖励制度鼓励顾客投诉,督促员工积极接受并处理投诉,从而加强乘客与企业、企业与员工、员工与员工之间的理解。在员工的培训中强调"从乘客投诉中学习",以便于信息的传达;设计良好的问题汇报程序,将乘客投诉的问题传达给相关的负责部门,以便于组织学习;建立内部投诉表,对乘客问题进行记录与分类,传播服务缺陷,以便于改善服务;将乘客适当分类,以便于跟踪服务;将各种数据信息集中分析,以改进组织行为,提高公司的整体服务水准。

努力提高航班正点率　　优化投诉处理的流程

航空公司要提高服务质量、真正让旅客满意,首要任务是要在确保安全的前提下，努力提高航班正点率。目前，据民航总局公布的统计数据，2006年东航全年航班正点率达83.19%，名列全行业第三，是三大航空集团之首。

2006年，作为国内三大骨干窗口航空运输企业之一的东航，狠抓航班正点工作，真正做到了公司领导高度重视、措施具体到位、管理到位，工作落实，奖罚分明。在实际工作中始终坚持"以人为本、诚信服务"和"满意服务高于一切"的理念，以打造具有时代特征、民航特点、东航特色的一流服务品牌为目标，在公司领导的直接领导和运行控制部门的严密组织下，加大了考核奖惩力度。在各单位的积极配合、各部门的有力支持下，精诚共进，积极进取，通过广大干部员工的共同努力，使航班正点率取得了明显的进步。

（二）跟踪并预期补救良机

航空公司需要建立一个跟踪并识别服务失误的系统，使其成为挽救和保持乘客与航空公司关系的重要工具。有效的服务补救策略需要航空公司通过听取乘客意见来确定公司服务失误之所在。即不仅被动地听取乘客的抱怨，还要主动地查找那些潜在的服务失误。市场调查是一个有效的方法，诸如收集乘客批评、监听乘客抱怨。还可开通投诉热线以听取乘客投诉。有效的服务担保和意见箱也可以使航空公司发觉系统中不易觉察的问题。通过跟踪调查还可以识别出那些频频投诉或总是对服务补救措施不满意的乘客。这些乘客要求的利益可能超出了航空公司的能力，或这些乘客本身就是难以满足的乘客。这些乘客将来再购买航空公司的机票时，可以给予特别的关注，或建议其选择其他交通工具。

从补救中吸取经验教训。服务补救不只是弥补服务裂缝、增强与乘客联系的良机，它还是一种极有价值但常被忽略或未被充分利用的、具有诊断性的、能够帮助企业提高服务质量的信息资源。通过对服务补救整个过程的跟踪，管理者可发现服务系统中一系列亟待解决的问题，并及时修正服务系统中的某些环节，进而使"服务补救"现象不再发生。

（三）尽快解决问题

一旦发现服务失误，服务人员必须在失误发生的同时迅速解决失误。否则，没有得到妥善解决的服务失误会很快扩大并升级。处理乘客投诉时的任何托词或"没了下文"的举措，都可能招致乘客更强烈的不满。乘客反映的问题解决得越快、越及时，越能表现出航空公司的诚意和对乘客投诉的重视，也能反映出航空公司的服务质量,并能迅速取得乘客的谅解,换来乘客的满意和对航空公司的忠诚。在某些情形下,还需要员工能在问题出现之前预见到问题即将发生而予以杜绝。

例如,某航班因天气恶劣而推迟降落时,服务人员应预见到乘客们会感到饥饿,特别是儿童。服务人员可向机上饥饿的乘客们说:"非常感激您的合作与耐心,我们正努力安全降落。机上有充足的晚餐和饮料。如果你们同意,我们将先给机上的儿童准备晚餐。"乘客们点头赞同服务人员的建议,因为他们知道,饥饿、哭喊的儿童会使境况变得更糟。服务人员预见到了问题的发生,在它扩大之前,杜绝了它的发生。

(四)授予一线员工解决问题的权力

一线员工需要具有服务补救的技巧、权力和随机应变的能力。

在英国航空公司,所有员工都被赋予灵活处理投诉的权力,可以自行处理价值5000美元以内的投诉案,并且有一个包括了12种可供挑选的礼物清单。一些公司经常担心这样的政策会导致滥用职权、错误判断和过度消耗一线人员的精力。事实上,多数情况下,一线员工是相当理智的,顾客在他们心中也是如此。当然这种权力的使用是受限制的,在一定的允许范围内,用于解决各种意外情况。一线员工不应因采取补救行动而受到处罚。相反,企业应鼓励员工们大胆使用服务补救的权力。

从顾客的角度来看,最有效的补救就是当发生了失误后,一线员工能够立即采取补救措施。有时,可能顾客需要的仅仅是一句真诚的道歉或者关于某一问题的合理解释而已,这些并不需要一线员工一级一级向上级请示。因为顾客最害怕的就是无休止的等待,更不愿意被人从某个部门或某个人推到另一个部门或另一个人。因此,最容易接触到顾客的一线员工应该成为及时处理顾客投诉的一支重要力量。然而,一线员工往往并不清楚应该怎样处理顾客投诉。因此,企业应该利用各种形式,定期对其进行培训,教他们如何倾听顾客投诉,如何选择恰当的解决方案,迅速采取行动。

(五)鼓励和培训乘客投诉

有多种方法可以用来鼓励和追踪抱怨,如满意调查、重大事件研究等方式。员工始终要处于顾客抱怨的监听前线,如果一线员工发现顾客不满意和服务失误的根源,他们报告这些信息应该受到鼓励。可提供顾客反馈卡、免费拨打电话、电子邮箱的地址或网址等,以便顾客可以方便地宣泄不满或发表其他评论。上述渠道往往被企业用来收集建议和赞扬,但它们的突出才能体现在收集服务失败的有关信息和顾客的意见,服务企业能够据此识别哪些是需要采取服务补救的顾客,并发现服务提供系统的哪些环节需给予特别关注。

在鼓励顾客投诉的基础上,企业还要采用各种方式培训顾客如何进行投诉。如通过顾客能够接触到的媒介,告知顾客企业接受顾客投诉的部门的联系方式和工作程序,要使顾客能够轻松容易地进行抱怨,既鼓励抱怨也包括教会顾客怎样抱怨。

应方便顾客投诉。企业应尽可能降低顾客投诉的成本,减少其花在投诉上的时间、精力、金钱等。目前许多企业的投诉制度复杂烦琐,难以使用,一些投诉步骤支离破碎,许多顾客不得不在几个不同的地方投诉,填写各种表格。而顾客最不愿意见到的就是当其不满意时,还要去面对一个复杂的、难以进行的投诉过程。

国航地面服务部推出的"心语"服务就是在每年新年来临之际,给每一位曾经投诉过的乘客寄去一张新年贺卡,向乘客表示节日的问候,对以前给乘客造成的不愉快再次表示歉意,同时向乘客宣传地面服务部在服务工作方面的变化,希望乘客继续乘坐国航航班并对他们的工作给予监督。

第五节　关于服务补救的几个问题

一、如何平息乘客愤怒

(一)如何看待乘客愤怒

以尊敬与理解的态度正确看待乘客的愤怒。树立"乘客总是对的"的观点,这是处理好乘客投诉的第一步,尽量减少与乘客的对抗心理和情绪,理解和尊重乘客,给乘客发泄不满的机会。对此,与乘客接触的员工应予以充分的理解,尊重乘客,给乘客发泄的机会,不要与乘客进行无谓的争辩。

(二)平息愤怒的技巧

充分倾听。乘客投诉时,员工应仔细倾听乘客的诉说,让乘客把话说完,切勿胡乱解释或随便打断乘客的讲述;乘客讲话或大声吵嚷时,员工要表现出足够的耐心,绝不能随乘客的情绪波动而波动。遇到乘客故意挑剔、无理取闹,要耐心听取其意见,不要与之大声争辩,使事态不致扩大或影响其他乘客。讲话要多用文明用语,尽量避免滥用"微笑服务",以免让旅客产生"出了问题,你还幸灾乐祸"的错觉。同时,要注意语音、语调和讲话音量的大小。

(三)平息乘客愤怒的禁止法则

(1)立刻与顾客摆道理;
(2)急于作出结论;
(3)一味地道歉;
(4)对顾客说,这事经常发生,令顾客感到不诚心;
(5)挑顾客的毛病;
(6)过多使用专门术语;
(7)改变话题。

二、内部服务补救问题

以往的服务补救研究主要局限于对顾客的服务补救,而对内部服务补救问题研究得甚少。事实上,随着内部营销理论的兴起,内部服务补救已经成为理论界和企业界无法回避的问题。在内部营销过程中,员工感知服务质量对于提高员工满意率和忠诚度起着至关重要的作用。美国的詹姆斯·赫斯克特等人曾对此进行过长期的实证研究,证实了雇员满意、忠诚与顾客满意、忠诚之间所谓"满意镜"现象的存在,并将其视为服务利润链上最为重要的一环。因此,企业必须注重内部的服务补救与员工满意和忠诚互动关系的研究,以内部服务补救提高员工满意率,并进而提高顾客的忠诚度和企业的竞争力。

在国内,越来越多的乘客开始使用投诉的权利,在这种压力的影响下,航空公司也把投诉率的高低作为衡量本公司服务水平的一个尺度,这些也导致了许多航空公司不惜采用一些过于极端的做法,比如对被投诉员工"先惩罚,后调查,再处理"等。航空公司无底线地退让除了给某些"刁蛮"乘客一种软弱可欺的印象之外,更多地暴露了航空公司服务理念的保守性,并因此产生许多负面效应,助长极少数问题乘客的气焰,使他们动辄以投诉相要挟来达到自己的目的。长期下去,势必使航空公司的许多规定根本无法实施。航空公司的极端做法也给空乘人员造成了极大的心理压力,这样必然影响他们的工作情绪,即使设了委屈奖也无济于事。

在国外,许多航空公司一直采取列出"不受欢迎旅客的名单"的举措,对少数问题乘客,这是合理的处理方式。

三、服务补救中的乘客细分

美国学者雅克·霍洛维茨(Jacques Horovitz)把进行投诉的顾客分为四种:质量监督型(20%~30%)、理智型(20%~25%)、谈判型(30%~40%)和受害型(5%~20%)。质量监督型的顾客想要告诉你什么正在变糟,因此为了他们下次的光临和购买,你必须改进;理智型的顾客想要他们的问题得到答复;谈判型的顾客想得到赔偿;受害型的顾客需要同情。进行投诉的乘客也可以分成这四类,要对症下药,解决问题。其实有很多乘客只是一时气盛,并不一定非要解决什么问题,而是寻求心理上、情感上的沟通。工作人员要耐心地反复解释沟通,用热情、周到、细致的服务赢得乘客的理解和支持,并妥善安置乘客,尽最大努力减少乘客的损失。

这样的分类有助于投诉的管理,便于跟踪服务;将各种数据信息集中分析,有助于改进组织行为,提高公司的整体服务水平。

四、投诉处理与服务补救的异同

一般来说,出现服务失误后,及时地修复、快速地反应是必不可少的,但对于投诉处理和服务补救的不同看法直接导致不同的结果。

芬兰服务研究专家格罗鲁斯对传统的抱怨处理和服务补救进行了区别。顾客抱怨处理是指,当遇到服务失误的顾客向企业提出抱怨(投诉)时,企业分析这些抱怨,从管理角度进行处理,尽可能地以较低的成本来解决,除非无法避免,企业不会对顾客进行赔偿。而服务补救则不同,它所关注的是与顾客建立长期的关系。服务补救的方式有三种:被动性补救(传统的投诉处理)、防御性补救和进攻性补救。

一齐托运的行李,却上了不同的飞机

王先生乘飞机从南京到北京,有三件行李托运。但到了首都机场,在行李领取处只拿到两件,苦等另外一件近一个小时,仍不见踪影。这件装有大量重要材料、票据及现金的行李箱如果丢失,将对王先生的北京之行造成不可估量的影响。王先生焦急地向机场工作人员求助,得到的只有冷冰冰的一句:"怎么会这

样?你登记一下,过三个小时再来电话问问吧。"

乘客托运的行李无故丢失,机场工作人员不仅没有给予乘客感情上的安慰,更没有给出任何合理的解释,倒像是乘客自己犯了什么错,给机场添了麻烦。看着托运数量、金额、航班号等信息俱全的行李托运票据,王先生百思不得其解,又不知在这种情况下,该找谁说理。

费时费力跟机场交涉近两个小时无果,王先生只好离开机场入住酒店,期待三个小时以后的电话查询能有好的结果。到酒店后大约一小时,接到机场打来的电话,说行李找到了,原因是"行李没和人坐一趟飞机",行李"自己"乘坐下一班飞机抵京了,并通知王先生可以来领取了。失而复得本应该高兴,可是王先生觉得很别扭。箱子怎么会自己走失?到底是哪个环节出了问题?耽误乘客近两个小时的时间谁负责?为什么自始至终没有人说过一句道歉的话,没听到任何合乎情理的解释?没有过失的乘客还得自己往返几十公里去机场取行李?在王先生的要求下,又等了两个小时,机场终于把行李送到了酒店。看着与自己走失四个多小时的行李箱,王先生感慨,机场的服务真差劲。

(资料参考:拂晓.人民日报.)

像行李丢失这种由工作人员失误造成的问题,机场完全可以根据查询结果,为乘客提供几种可能的解释,并帮助查找,让乘客放心。可是,案例中机场的工作人员不具备应有的服务意识。我们常常看到许多人宁愿自己受累,随身携带行李乘坐飞机,也不愿托运,生怕丢失或行李破损。其背后的原因是对机场的服务没有把握。如果由于大家对机场缺乏信任,把很多行李带进客舱,将给飞行安全和效率带来负面影响,降低机场的运行效率。

针对这个案例中出现的问题,可以有三种补救方式:

消极补救方式:机场服务人员没有任何解释,让乘客等待查询结果。这种处理方式,没有考虑乘客的情绪,会直接影响乘客感知服务的质量。

防御性补救方式:接待投诉的员工告诉乘客,自己先掏钱购买所需物品,等查询结果出来后,由机场报销。这种补救方式对乘客感知服务质量的负面影响比前者要小得多。乘客从一开始就明白,他们能够放心购买自己需要的物品,所以通过这种补救,也许会挽回服务失误带来的损失。

积极性补救方式:机场在乘客提出投诉的现场立即解决问题,由机场提出各种补救方案,如在特定的商店内,机场出资给乘客购买所需物品。出现服务失误后,立即解决,而不是等到服务过程结束后。服务补救已经成为服务主流程中一个不可分割的组成部分。

 **本章小结**

1. 在空乘服务过程中,难免会出现服务失误,引发乘客抱怨或投诉等危机事件。在出现服务失误时,及时采取补救措施,是弥补服务失误、减少给航空公司带来不利影响、控制事态进一步发展的有效途径。
2. 本章全面阐述了空乘服务补救的概念、服务失误产生的原因。
3. 本章说明了服务补救的基本策略。

 **思考与练习**

复习题

1. 什么是补救?什么是空乘服务补救?
2. 请举例说明空乘服务失误的原因。
3. 请说明空乘服务补救的具体策略。

思考题

1. 乘客自身原因造成的空乘服务失误还应该补救吗?
2. 服务补救与顾客忠诚度的关系。

第九章 空乘服务职业素质及职业道德

课前导读

服务水平和服务质量是一个航空公司形象的重要体现。本章全面阐述了空乘人员的职业素质和要求；结合实际情况介绍了航空公司对空乘人员的职业形象和职业规范的要求；最后，深入分析了空乘人员的职业道德要求。通过本章学习，使读者明确：空乘服务不是一般的简单服务，工作内容涉及向旅客介绍航线地标、机上设施、乘机常识；随时满足旅客的各种需求；客舱卫生的检查、物品的增添摆放等。空中乘务人员，要有娴熟的专业技术、较高的文化修养和丰富的社会知识。

教学目标

1. 明确空乘人员职业素质的概念与内涵，加深对空乘服务工作的理解。
2. 理解空乘服务工作的职业特点，以及对空乘人员的职业要求。
3. 掌握空乘人员应具备的职业形象和职业规范，并清楚提高空乘人员职业素质的途径。
4. 了解空乘人员应掌握的一些社会知识、专业知识和专业术语。
5. 理解加强空乘人员职业道德的意义并掌握主要的职业道德规范。

乘客心脏病发作　乘务组紧急救治

大年初三,国航重庆公司4344航班陈冬梅乘务组从深圳飞往重庆,航班正常上客,乘客人数155人。就在飞机已退离登机桥时,后舱乘务员陶柏圭向乘务长陈冬梅报告有位乘客心脏病发作,要求下飞机。乘务长立即前往询问情况,及时地报告了机长,并马上通知地面有关医务人员。

乘务员从询问中得知该乘客本来就有心脏病,但忘记带药了,称乘务组预备的硝酸甘油没有效果。此时,乘务员们相互配合,有条不紊地展开了救治行动:陶柏圭打开了通风孔并解开了乘客的上衣扣,帮助她保持呼吸畅通,客舱里满满的都是人,空气很不好,为使空气流通,她还拿起一本书轻轻地扇;侯媛媛在旁边协助疏散围观的乘客,维持机舱秩序;乘务员彭利平也在旁边等着随时接应帮忙。乘客的情况越来越糟,乘务长决定让她含服一片硝酸甘油缓和一下。彭利平立即拿出早已准备好的药迅速喂病人服下。救护车赶来了,陶柏圭、侯媛媛、彭利平三人,两人搀扶病人,一人抱氧气袋,把她扶下了飞机。因外面风太大,病人一遇冷风就要倒地,三位乘务员就蹲在地上,让病人靠在她们身上。乘务员与地面人员配合默契,抢救过程非常顺利,直到及时赶来的地面医护人员将病人接走。作为只飞了不到一个月的新乘务员陶柏圭,在紧急情况下,能非常沉稳地处理突发事件,应变能力强,条理非常清楚,体现了一名乘务员应具备的素质。

第一节　空乘人员的职业素质和要求

民航作为服务性行业,是宣传文明礼仪、传播文明理念、展示文明形象的重要窗口。空乘人员服务水平的高低直接决定了航空公司的企业形象,提高空乘人员的服务水平是各航空公司竞争的焦点,而空乘人员的职业素质是关键。

作为空中乘务人员,要有强烈的事业心,热爱自己的本职工作。要有娴熟的专业技术、较高的文化修养和丰富的社会知识,反应灵敏,具有较好的语言表达能力,遇事沉着,处理问题果断。每个乘务员都必须有团结协作的精神,都要有强烈的集体荣誉感,高度的责任感。

一、空乘人员在民航运输中的重要作用

(一) 空乘人员代表着航空公司的形象

如今,很多航空公司在招收空中乘务人员的时候非常重视外貌,很多航空公司还把拥有美丽的空中乘务员作为对外宣传的重点,空中乘务员成为公司形象的代言人,出现在各种大型广告牌上,这确实吸引来不少旅客,既宣传了公司,也为公司创造了经济效益和社会效益。的确,空乘人员对航空公司的形象塑造非常重要,但比起美丽的外表,其得体的语言、真诚的微笑、优质的服务更能使旅客有一种宾至如归的感觉,对树立一个航空公司的形象起到至关重要的作用。可以说,空中服务人员的言谈举止、服务态度体现了航空公司的服务水平,代表了航空公司的形象。

(二) 空乘人员对飞机飞行安全方面的保障

飞行安全是衡量航空公司工作好坏的重要标志,空中乘务人员在飞机上不但要为旅客提供热情周到的服务,更要提供机上安全的保证。飞机在飞行过程中,难免会出现紧急情况,这时,空中乘务员的沉着冷静给旅客带来的将是信任和信心。空中乘务员对旅客情绪的安抚可以避免旅客的惊慌,避免造成客舱的混乱,因此,空中乘务员只有掌握一些应急常识,遇事沉着冷静,才能最大限度地降低旅客的损失乃至灾难。

(三) 空乘人员对航空公司经济效益的作用

空乘服务是一种服务工作,与第三产业的其他服务一样,是一种通过提供一定的劳务活动,提供一定的服务产品,创造特定的使用价值的劳动。目前,我国的航空服务已经逐渐对外开放,市场竞争日趋激烈,在供过于求的市场竞争中,只有提供优质的服务,才能够吸引到更多的旅客,从而创造更多的经济效益。

二、空乘服务工作的职业特点

在"全国乘务话民航"活动中调查显示,有46.2%和28.3%的乘客认为空乘的优质服务有利于树立企业形象,促进公司经济效益。这说明空乘服务好坏,直接影响着公司的生存和发展,所以,无论从自身工作小的方面,还是从航空公司、民航系统乃至国家形象这些大的方面来看,空乘人员都应具有必备的职业礼仪

修养。

（一）窗口性

空乘服务是航空运输中直接面对乘客的窗口，它直接代表着中国民航和各航空公司的形象。在激烈的市场竞争中，乘务员服务质量的好坏，与航空公司的经济效益密切相关。

（二）印象性

乘务员的言谈举止、服务态度是给的乘坐民航飞机国内外旅客留下的第一印象。在一定程度上体现了一个国家、一个民族的精神面貌，是航空公司服务水平的重要体现。

（三）安全的保证

乘务员不仅要在飞机上为旅客提供热情周到的服务，更要提供机上的安全保证，无论在什么特殊情况下，都要尽力减少旅客不必要的伤亡，这是乘务工作的一个重要特点。

（四）服务的特殊性

乘务员在服务中要面对形形色色的旅客，这些旅客可能来自不同国家、不同地区，他们有不同的职业、年龄、地位，不同的风俗习惯，因此乘务员要提高自己的文化修养，了解不同国家、不同地区的文化习俗，掌握不同旅客的心理特点及需求，这样才能做好服务工作。

三、空乘人员的职业素质和要求

一位乘客的感受

"顾客是上帝"，但我所经历的却是截然相反的一面。我搭乘的某航空公司从海口到广州的晚班波音737客机又延误了，大家都拖着疲惫的脚步，无奈地等待着……22:50登机了，来到机舱门口，只见一个个空乘人员都板着脸，我们那个团老年人比较多，手里都拿着几袋的东西，但他们似乎没有丝毫要帮忙的意思,像竹竿似的站在一边。没等乘客完全坐好,感觉飞机已经开始滑行了,一位老大爷正要拿出手机(可能是通知家人来接机),一名短发女空乘人员走过来,语气僵硬、凶巴巴地冲着老人家说:"老伯,请把手机关掉,在飞机上这可不是好玩的事情!"此话一出,老人家自然也非常不满,于是老人就回驳,空乘人员和老人吵了起来。一位好打抱不平的女孩开始指责这位空乘人员的恶劣态度,说道:"人家是老人家,你这是什么态度嘛?怎么这样说话?"这时另外一位男乘务员走了过来。想不到那男乘务员恶狠狠地带有威胁性地来了一句:"小姐,你注意一下你说话的口气!"哦,天啊!究竟这些空乘人员有没有经过专业训练啊?受不了了!这样一个偌大的航空公司如果都是此般素质的服务人员,后果不堪设想!

应该说,目前我国航空运输企业空中乘务员的综合素质还比较低,尤其与一些航空运输发达的国家相比还有很大差距,这种差距源于对空中乘务的认识,表现为服务质量的差距,而这种差距从本质上说是由空乘人员自身的素质造成的。一个优秀的空乘人员应该能够把服务看作自己工作中的一项职责,无论何时、何地都能在潜意识里表现出来,其自身的素质表现出一种持久的和可持续发展的状态,绝不会因一时工作激情的消失而消失,而能贯穿于乘务工作的始终。

(一)职业素质的概念

所谓素质,《现代汉语词典》的解释是:在心理学上指人的神经系统和感觉器官上先天的特点,即强调素质是一个人先天的品质。事实上,人的素质也可以通过后天的学习和实践得到,而后天的影响也必然会起到一定的作用,因此,素质是在先天生成的基础上,在后天教育和社会环境的影响中所获得的知识、品德、才能、个性、心理等各方面状态的总和。

简单地说,职业素质是劳动者对社会职业了解与适应能力的一种综合体现,从事本职工作,以及待人、接物、处事所应履行的职责。主要表现在职业兴趣、职业能力、职业个性及职业情绪等方面。

影响和制约职业素质的因素很多,主要包括:受教育程度、实践经验、社会环境、工作经历,以及自身的一些基本状况(如身体状况)等。一般说来,劳动者能否顺利就业并取得成就,在很大程度上取决于本人的职业素质,职业素质越高的人,获得成功的机会就会越多。

(二)空乘人员的职业素质

空中乘务员是公司的形象,同时也是和乘客直接进行交流的窗口。在遇到更改机型、航班延误、服务不周等事件时,要具有较强的心理素质和应对能力,懂得换位思考,能以诚恳的态度和谦和的服务去感染客人,得到他们的理解,尽量避免因乘务工作的失误而使公司形象受损。空乘人员的职业素质包括以下几方面。

1. 政治素质

坚定的政治素质是优秀空乘人员素质的灵魂。政治素质是一个人的政治态度、政治倾向、政治觉悟与政治信息的总和。作为空中乘务人员,要有较高的政治素质,要热爱共产党,热爱自己的祖国,在任何时候都要维护祖国的荣誉。

2. 业务素质

较强的业务素质是优秀空乘人员素质的关键。要学习掌握空乘人员基本的航空礼仪知识。空乘人员的工作是一项难度较大、复杂而艰巨的工作,工作人员的能力和业务素质直接影响到对乘客服务的效率和服务效果。航空公司的乘客形形色色,出现的问题和性质各不相同,不允许空乘人员在工作时墨守成规,相反,必须根据不同的时空条件采取相应的措施,予以合理处理。因此,要求空乘人员必须具备较高的业务素质,充分发挥其主观能动性和创造性。

一般说来,其业务能力主要表现在以下几个方面:

(1)过硬的服务技能。在客舱服务过程中,空乘人员对有关客舱安全管理规定要烂熟于心,并掌握各种紧急状况的处理方法,保持客舱的环境卫生,为乘客提供令人满意的餐饮服务,另外,还要针对特殊乘客的不同情况和要求,为其提供特色服务。这些技能是空乘人员最基本的业务素质,把这些服务做到最佳,是获得乘客满意的基本条件。

(2)较强的组织协调能力和灵活的工作方法。空乘人员应有计划、有步骤地安排服务工作,提供让乘客满意的优质服务。在客舱服务过程中,掌握服务程序,并灵活应对乘客可能出现的问题。由于乘客的职业、身份的不同,服务需求也不同,空中乘务员应具有较强的观察力和准确的判断力,在与乘客短暂的交往中,通过乘客的着装、表情、言谈、举止,判断出乘客不同的服务需求,并在服务工作中有针对性地做好,使乘客满意。

(3)正确分析、处理、解决问题,提高处理事故的能力。沉着分析,果断决定,正确处理意外情况是空乘人员最重要的能力之一。飞机在飞行时,客舱内可能出现的意外情况有很多,有些可能是常规性的,有些可能是空乘人员没有经历过的,能否妥善处理事故是对空乘人员的严峻考验。临危不惧,头脑清醒,遇事不乱,处理果断,办事利索,积极主动,随机应变是空乘人员处理事故应具备的能力。

3. 文化素质

(1)语言知识。古人云:"工欲善其事,必先利其器。"空乘人员若没有过硬的语言能力,就谈不上优质服务,若没有扎实的语言功底,也不可能顺利地进行文化交流,因而完成高水平的空乘服务工作需要过硬的语言能力和扎实的语言功底,这要以丰富的语言知识为基础。

(2)文化知识。文化知识包括历史、地理、宗教、民族、风俗民情、风物特产、文学艺术、古典建筑和园林等诸方面的知识。对文化知识的综合理解、融会贯通和灵活运用,对空乘人员来说具有特别重要的意义,它是一名合格空乘人员的必备条件。目前,我国空乘人员在这方面存在的主要问题是,知识面较窄或只求一知半解。

(3)美学知识。空乘人员不仅要向乘客传播知识,也要传递美的信息,让他们获得美的享受。一名合格的空乘人员要懂得什么是美,知道美在何处,并善于用生动形象的语言向具有不同审美情趣的乘客介绍美,而且还要用美学知识指导自己的仪容、仪态,因为空乘人员代表着国家(地区),其本身就是乘客的审美对象。中外航空公司对空乘人员的审美标准有一定的差异,比较而言,一些国内航空公司更多地看重外在的东西,而国外航空公司更看重一个人内在的表达,如亲和力、沟通技巧、服务意识、应变能力、诚实度、忠诚度。

(4)政治、经济、社会知识。由于乘客来自不同国家的不同社会阶层,他们中一些人往往对目的地的某些政治、经济和社会问题比较关注,喜欢询问有关政治、经济和社会问题,有的人还常常把本国本地的社会问题同出访目的地的社会问题进行比较。另外,在旅游过程中,旅客随时可能见到或听到目的地的某些社会现象,也引发他们对某些社会问题的思考,要求空乘人员给予相应的解释。所以,空乘人员掌握相关的社会学知识,熟悉国家的社会、政治、经济体制,了解当地的风土民情、婚丧嫁娶习俗、宗教信仰情况和禁忌习俗等就显得十分必要。

4. 心理素质

心理素质是心理活动的综合体现。在一个游泳池边,一个年轻的女子正端着托盘为坐在水边的几个人服务。突然,一个男子起身将女子推入水中。这不是一次意外,这是一家外国航空公司招聘空乘时的一道现场测试题,考查应试者的应变能力、心理素质和身体素质。

飞行反恐的现实需要也要求空乘人员具有良好的心理素质。一旦飞机遇到紧急情况,一两千人排成100米的长队需要紧急疏散,空乘人员不仅要自己保持冷静,还要能够安抚旅客的紧张情绪并迅速疏导旅客有序地离开,如果自己先吓得腿发软手直抖,那是肯定不行的。

5. 身体素质

身体素质即体质,包括体育运动速度、耐力、灵活性、敏捷性等,是空乘人员学习掌握其他素质的前提。空乘服务本身要求乘务人员能够适应较辛苦的工作,能够在飞行中完成各种工作,这就对空乘人员的身体素质提出了较高的要求。

(三)空乘工作的职业要求

空中乘务员的工作性质与一般的企业员工的工作性质是截然不同的,其服务对象是人而不是物。因而,对空中乘务员的要求就更高。乘务员要想真正担当起服务工作的责任,做到优质服务,自身必须达到空乘工作的职业要求。一名合格的空中乘务员必须要有良好的文化修养和社会知识,具备过硬的服务技能和技巧,才能做好服务工作。

空乘服务有一套非常可行的职业规范要求,服务要求能够做到标准化、规范化、程序化、制度化。为了符合职业规范的要求,空乘人员应当具有较强的服务观念和服务意识,能够主动、热情、周到、认真负责、任劳任怨地为乘客服务。

1. 有较强的服务理念和服务意识

在激烈的市场竞争中,服务质量的高低决定了企业是否能够生存,市场竞争的核心实际上是服务的竞争。民航企业最关心的是乘客。空乘职业要求从业人员有较强的服务理念和服务意识,能够意识到乘客的满意是他们追求的目标。

2. 要有良好的形象和言谈举止

希尔顿说过:"服务员的服饰、着装、音容、笑貌乃至一举一动都是产品质量的一部分。"

空乘人员的仪表、着装、言行、举止不仅关系公司企业的形象,而且代表着国家、民族的对外形象。每个乘务员都是一个航空企业的形象窗口,传播着企业的服务理念、服务文化及精神风貌,是一个航空企业赢得市场的有力资源。举止是航空服务质量的重要部分,应体现时代对企业的要求。每个乘务员都应以个人良好的文化素养、渊博的学识、精深的思维能力为核心,形成一种良好的气质和良好形象,自觉地把美丽、端庄、大方的外在形象特征与专业化的服务形象特征相结合,形成"内慧外秀"的良好空中乘务员形象。

端庄大方的举止和专业化形象不仅展示了服务人员的品质,也是维护民航和企业声誉的内在要求,同时也体现出空乘人员的职业价值、职业理想和爱岗敬业的精神。

3. 有吃苦耐劳的精神

空中乘务员在人们的眼中是在空中飞来飞去的令人羡慕的职业,但在实际工作中却承担了人们所想不到的辛苦。飞远程航线时差的不同,飞国内航线各种乘客的不同,工作中遇到的困难和特殊情况随时都会发生,没有吃苦耐劳的精神,就承受不了工作的压力,做不好服务工作。

4. 具备亲和力

乘客选择乘坐飞机旅行,就是要求得到安全、舒适、快捷的服务,这也是民航对社会的承诺。空中乘务员作为空中服务的承担者,其服务态度和技能至关重要。空中乘务员应该具有较强的亲和力,春风化雨。一个具有亲和力的乘务员,更容易拉近与乘客之间的距离,更容易被乘客所接受、所认可,更容易开展工作。同时,一个具有亲和力的乘务员,不仅仅让乘客从视觉上感受到她的外在魅力,更能从内心深层次传达出她的亲切、善良与热情。空中乘务员应该养成热情大方的性格。空中服务工作是一项与人直接打交道的工作,每天在飞机上要接触上千名乘客,随时需要与乘客进行沟通,没有开朗的性格就无法胜任此项工作。

5. 微笑服务

微笑服务是空乘服务工作的职责所在。微笑服务,显示出热情待人、平等待人、尊重他人的职业操守和职业道德,显示出空乘服务的高品质。空乘人员面部表情应当以微笑为主,养成微笑服务的意识。

微笑服务,是空中乘务员维护民航和公司形象声誉的内在要求。空中乘务员是航空公司最直接也是受关注度最大的窗口,与乘客接触最多,其形象、态度、行为、技能等直接具体地影响民航(航空公司)的声望,空中乘务员能否微笑服务,既反映着空中乘务员个人的工作素养与工作状态,也体现着民航(航空公司)的管理经营水平。

微笑服务,是空中乘务员爱岗敬业、顾客至上的职业价值理念、理想的具体表现。做好空乘服务工作,就要热爱自己的岗位,尊敬自己的行业和事业,把乘客当成宾客,以宾客为上。微笑服务,是空中乘务员自信、涵养、文明的内在特质在工作中的外现,也是个性形象的最佳体现途径。展示自我形象和自我价值,展示对别人的尊重,把微笑当作礼物,慷慨地奉献给乘客,就能营造出空中乘务员与乘客之间和睦相处、共度旅途的美好氛围。能否微笑服务,实际上成为一个空中乘务员是否自信、有涵养和文明的表征。

微笑要遵循一定的原则:主动微笑、自然大方微笑、真诚健康地微笑、掌握微笑的最佳时机和微笑维持的原则、对微笑对象一视同仁。

6. 与乘客有效沟通

空乘人员要和形形色色的乘客打交道,在飞行中也可能遇到各种各样的困难。因此,空乘人员要善于和乘客交流和沟通,特别是掌握说话的技巧。乘务人员应当主动、积极、热情地问候乘客。问候要清晰、柔和,注意问候的人物、时间及乘客的心情。

航空公司要求乘务人员语言得体简约、举止得当、服务规范,能够针对不同乘客的实际情况和乘客实现有效沟通,要能够婉转表达否定的意思。面部表情应当和肢体动作保持一致,能够机智地使用机舱服务用语,避免不当语言出现。

7. 优雅的仪态仪表

乘务人员应当衣着整洁、朴素、高雅;要重视和保持良好的职业形象;必须有良好的个人卫生,保持整体仪容美观。

第二节　空乘人员的职业形象和行为规范

紫色空姐服装喜庆、典雅、时尚

有别于2005年张扬的黄色,厦航2006年的空姐服装改走典雅制服的路线。这款两件套的中式服装融入了传统中式服装与空姐制服的元素,里面为一件紫色及膝旗袍,外面则是一件织锦缎的明黄色外套,外套上绣有紫色祥云和团花图案,象征春节的吉祥圆满。整套服装色彩协调,典雅而不刻板,喜庆而又庄重,个性却不张扬,传统融合着时尚。

一提起空姐,人们脑海中首先想到的词就是"美丽大方、热情端庄"。可见美好的空乘人员职业形象在人们心中的分量。空乘人员行为大方文雅、热情庄重,就能在接触乘客时使客人内心产生良好的感觉,提高乘客的满意度,从而为航空公司赢得更多的回头客。因此空乘职业和其他职业相比,空乘人员的职业形象更加重要。

空乘人员除了按照航空公司的要求着装和规范自己的言行举止,同时还要尽可能地培养自己良好的气质,表现出良好的风度。由于人的性格不同,气质不同,内在修养不同,行为习惯不同,每个人的气质和风度也各不相同。良好的风度需要很长的时间来培养和锻炼,尤其需要空乘人员在长期的飞行中提高自己的文化素质,注重本身性格的培养和自身的修养,将外在的美和内在的美相结合形成完美的形象。

空乘服务的职业规范,要求服务标准化、规范化、程序化、制度化。其中,乘务员的行为规范,主要是指乘务员在乘务工作中所表现出来的站立、行走、动作、姿态。乘务员的站姿要保持身直、挺胸、两肩平正,要给乘客留下挺拔、舒展、健康和美好的印象。乘务员的行为规范体现一名乘务员的性格和心灵,反映出乘务员的文明程度和心理状态。它是乘客评价乘务员态度和航空公司面貌的重要标志之一,一名合格的乘务员,应该表现出乘务员良好的行为规范。

礼仪是空中乘务人员职业素养的一个重要组成部分,热情、友善、大方的形象已经在人们心目中形成了固定的职业形象,丰富的礼仪知识、完美的气质修养对于更好地表现服务艺术,赢得旅客的满意具有重要的意义。

一、礼仪修养的基本要求

礼仪是人际交往中约定俗成的行为规范与准则,是对礼貌、礼节、仪表、仪式等具体形式的统称。礼貌是在人际交往中通过语言、动作表现出来的谦虚和恭敬,它主要表现出一个人的品质和修养。

礼节是人们在社交场合表现尊重、友好、祝福、哀悼等惯用的形式,礼节实际上是礼貌的具体体现。

礼仪具有共同性,它跨越国家和民族的界限,不分年龄、性别、种族、阶层,只要人类存在交往活动,人们就要通过礼仪来表达彼此的感情和尊重。

但是,由于民族信仰、习俗、地理环境和交通条件等影响,各个国家、地区和民族都有自己的、区别于其他领域的礼仪表达方式。因此,礼仪也因地域、民族的不同表现出形式上的差异性。

(一)空乘人员的个人卫生要求

仪表是一个人的精神面貌、内在气质的外在表现,对仪表美的总体要求应该是:仪容整洁,举止大方,端庄稳重,不卑不亢,态度诚恳,待人亲切;服饰整洁;彬彬有礼。具体要求可以概括为以下几个方面。

1. 个人卫生良好

做到勤洗澡、勤换衣袜、勤漱口,身体洁净没有异味或汗味。上班前不能喝酒,不吃葱姜、韭菜、洋葱等有刺激性气味的食物,保持牙齿清洁、口气清新。此外,还应注意小节,保持指甲清洁。

2. 整体效果良好

仪表美应当是整体的美,强调的是整体效果。对空姐来说,端庄秀丽的外表让人羡慕。但仪表美不仅仅如此,它是各方面因素的和谐统一,还要和举止、言谈、修养等相联系,应与自己的职业、身份、年龄、性格、体型相衬,与周围环境场合相协调,讲究和谐的整体效果。

3. 追求秀外慧中

仪表美必须是内在美与外在美的和谐统一,要有美的仪表,必须从提高个人的内在修养入手。如果没有文明礼貌、文化修养、知识才能这些内在素质作基础,那么所有外在的容貌、服饰、打扮、举止都会使人感到矫揉造作,就会在道德、智慧、风度等方面打折扣,而不会给人以美感。"金玉其外,败絮其中",只能令人厌恶。

(二)仪表要求

仪表能表现出一个人的年龄、地位、财富、职业和文化。对初次交往的人来说,仪表又是一种重要的吸引因素。

空乘的专业化形象是在日常生活中逐渐学习和养成的,学习礼仪的目的就是树立和塑造空乘的形象,这包括外在和内在两个方面。内在包括素质的提高,心灵的美与丑,外在提高包括仪容仪表、语言行为等。

空中乘务员的仪表包括容貌、姿态、服饰和个人卫生等方面,它是空乘人员精神面貌的外在表现。空中乘务员的仪表不仅代表自身的形象,还代表着航空公司以及国家的形象,展示着人格和航空公司的信誉和尊严,同时体现着社会的文明程度、道德水准,反映着民族和时代的风貌。

乘务员的仪表着装、言行举止,不仅关系着公司的企业形象,而且代表着国家、民族的对外形象,是一个航空企业赢得市场的有力资源,应体现时代对企业的要求。

 案例

南方航空公司空姐的新形象

据介绍,新制服设计方案是从来自法国、日本、澳大利亚、我国香港地区和内地的15家设计单位37份设计方案中挑选出来的,是法国著名服装设计师的设计方案。但是,新制服在设计上充分体现了东方文化,整体采用了天青蓝色和玫粉红色,展现出具有国际竞争力的世界级航空公司的新风采。

1. 面容及化妆

(1)女乘务员在执行航班任务时化妆应以淡雅、清新、自然为宜。工作妆绝不可浓妆艳抹,不使用不健康颜色及亮彩色的口红,口红也不可涂得过于鲜红。在飞行中应注意随时补妆,保持良好的精神面貌,保持手和指甲修剪整洁。这样可以给乘客一种饱满的精神状态。不佩戴过大的饰物、时装手表,不在乘客面前补妆、修饰。

(2)空姐在面部修饰时要注意卫生问题,认真保持面部的健康状况。

(3)注意面部局部的修饰,保持眉毛、眼角、耳部、鼻部的清洁,不要当众擤鼻子、挖耳朵。

(4)注意口腔卫生,坚持刷牙、洗牙,在上飞机的前一天不吃带味的食物。

(5)注意手部的美化,手和手指甲应随时保持清洁。要养成勤洗手的好习惯,尤其在飞机上进卫生间后一定要洗,手上要经常擦润肤霜,以保持手部的柔软。要养成经常剪指甲的好习惯,不要将指甲留得过长,给乘客一种不卫生的感觉。

2. 服饰

服饰是人体的外在包装,它包括衣、裤、裙、帽、袜、手套及各种配饰。服饰是一种无声的语言,它体现了一个人的个性、身份、涵养及其心理状态,直接代表了一个人的品格。

空乘人员的服饰,不同于其他职业的服饰,航空公司有关服饰往往作出相应规定,空乘人员必须在飞行时按规定着装。值勤时,同一航班乘务组乘务员可根据航线季节、天气变化及个人身体素质着装。

干净整洁的服装会给乘客清新舒服的感觉。在着工作服时,应保持工作服干净整洁,每次上飞机前,应将工作服熨烫平整,不允许出现褶皱、残破、污渍、脏

物、异味。皮鞋应保持光亮、无破损。着制服时须扣好纽扣。在为乘客提供餐饮服务时要戴围裙,保持围裙熨烫平整、干净。

3. 发型

乘务员身着制服时,要注意保持发型整洁美观、大方自然、统一规范、修饰得体。发型以乘务业务规定的标准发型为主,不留怪异发型。

(1)女乘务员发型

①以髻发、短发、盘发、卷发四种发型为准;

②烫发不得蓬乱,要求美观、自然、修饰得体;

③短发最短不得低于耳垂底部,最长不得超过衬衫领;

④刘海儿长度保持在眉毛上方;

⑤染发只可以染成均匀的自然黑色或自然棕黑色。

(2)男乘务员发型

以平头、分头、背头为主,随时保持整洁。双侧鬓角不得盖住双耳,前侧头发保持在眉毛上方,头发不得长于衬衣衣领。不留胡须。

二、空乘人员的行为规范

良好的仪态是一种规范、一种修养、一种风度,它与美好的容貌相比是更深层次的美。乘务员在工作期间应保持良好的体态,合理使用形体语言。

(一)乘务员站、坐、行走、蹲姿应大方、得体、规范

1. 站姿规范

站立是人们生活中最常见的姿势之一,是别人关注度最大的方面。也是空乘基本功之一。站姿要求挺拔优雅,即"站如松"。

2. 坐姿规范

坐是举止的主要内容之一,正确的坐姿给人安详稳重的印象。坐姿文雅并非一项简易的技能,坐姿不正确,不但不美观,而且还使身体畸形。优美的坐姿的基本要求是"坐如钟"。

3. 走姿规范

人的行走相对于站、坐、蹲等姿势来说,具有一个明显的特点,就是行走是一

种动态体型美,是一种流动的姿态造型美。所以,走姿美具有独特的特点,即"行如风",走起路来像风一样地轻。

4. 其他姿势及仪态

乘务员在工作区域应着装大方。与乘客、领导、同事相遇,应微笑示意、驻足让道、主动问好,指示方位时五指并拢,自然明确。

乘务员在任何时候均以礼貌平和的方式讲话。工作交谈应耐心轻声,避免乘客听到、误解。

上下楼梯时要保持身体的自然向上挺直。下楼梯前要停一停,扫视楼梯后,用感觉来掌握行走的快慢高低,沿梯而下。不要低头看梯,而是眼睛平视前方。

低头取物品时或拾起落在地上的东西时,最好走近物品,上体正直、单腿下蹲,利用蹲和屈膝的动作,慢慢地向下拿取,以显文雅,不要只弯上身,翘臀。

(二)注意避免不雅动作行为

不雅的动作行为一定要避免,下面是一些基本提示:
(1)在众人之中,应力求避免从身体内发出的各种异常的声音。
(2)参加航班服务前,不宜吃带有强烈刺激性气味的食物(如葱、蒜、韭菜、洋葱等),以免因口腔异味而引起服务对象的不悦。
(3)公共场合不得用手抓挠身体的任何部位。不要当众抓耳挠腮、挖鼻孔、搓泥垢。若身体不适非做不可,则应去洗手间完成。
(4)在人群集中的地方特别要注意与交谈者低声细语,声音的大小以不引起他人注意为宜。
(5)对陌生人不要盯视或评头品足。当他人作私人谈话时,不可接近。他人需要自己帮助时,要尽力而为。见别人有不幸之事,不可有嘲笑、起哄之举动。自己的行为妨碍了他人应致歉。得到别人的帮助应该立即致谢。

三、空乘人员的行为原则

1. 保持良好精神面貌的原则

空乘服务中只有保持愉快的心情,为乘客服务时动作才会亲切、笑容才不会虚假。因此要在服务中一直保持着良好的精神面貌和愉快的心情,特别是面对个别乘客的无礼烦扰时。把乘客当亲人,在为乘客服务中寻找乐趣,这样在服务中才不是应付,服务动作才会最美。

2. 保持良好姿态不松懈的原则

空乘人员的仪表仪态是经过长期训练和坚持养成的,必须注意其保持性和一贯性,不能是训练时良好,工作时差。空乘人员应该严格遵守服务程序和标准,长期不松懈。

3. 保持稳定和平衡的原则

空乘人员无论在舱门口迎宾,还是在客舱内为乘客放取行李、在飞行途中为乘客服务等,保持稳定和平衡都非常重要。否则,不仅会影响空乘形象,甚至会出现伤害自己或伤害乘客的严重事故,如碰伤、摔伤、烫伤等。

第三节　空乘人员职业素质的提高

北京申奥成功,我国加入世贸组织都是民航事业快速发展的机遇。据估算,在2005年到2020年15年间,我国民航将净增就业岗位50万个~70万个。每年需增加空港、地勤服务人员4万~5万人。同时,全国各航空公司有相当数量的自然减员,都需要大量专业服务人员及时补充。

目前在我国,有很多正在规划建设和即将建设的中、小型机场。飞机、机场越多,需要的空乘、安检、民航运输与管理、民航商务英语等专业的毕业生越多。近年来,国内已有多家大学开设了空中乘务专业,民航企业也陆续吸收大学生到空中乘务岗位,使空中乘务人员的文化素质得到较大提高,这与航空企业的市场化转型几乎是同步实现的。但是面对服务行业的高速发展,我国空中乘务人员的服务意识、人员素质、服务能力已明显不能适应航空发展的需求,空中服务人员的技能和素质还需要提高。民航企业日益激烈的竞争和乘客对服务不断提高的要求,对空乘人员的职业素质和业务能力提出了挑战,那么如何提高空乘人员的素质呢?

一、提高空乘人员入门的门槛

某航空公司空乘招聘条件

1. **学历**

女：空中乘务专业中专以上毕业生，其他专业招收全日制大专（含）以上毕业生。英语本科毕业生（优先考虑择优录取）；韩语或日语熟练，空中乘务专业中专以上毕业生（优先考虑择优录取）。

男：空中乘务专业中专以上毕业生，其他专业招收全日制大专（含）以上毕业生。

谢绝在校学生报考，现场报到时必须出具毕业证原件。

2. **语言**

（1）普通话标准不低于国家标准的二级水平：要求声韵母发音清楚，方言语调不明显；

（2）现场报到时出示外语等级证书原件，要求符合下列条件之一：

a. 英语本科毕业生须取得专业英语四级证书且口语流利；

b. 非英语专业本科毕业生须取得大学英语四级证书且口语流利；大专毕业生须通过英语应用能力 A 级考试（相当于大学英语三级水平）或取得大学英语三级以上水平的英语证书，口语流利；

c. 日语专业毕业生须取得日语能力测试 3 级以上证书；

d. 母语为韩语的朝鲜族毕业生须同时具有较高英语或日语水平（或其他外语特长）；

e. 无外语证书应聘者，须参加笔试英语。

3. **年龄**

年满 18 周岁（未婚），具体年龄要求如下：

乘务专业中专毕业生、其他专业大专毕业生，不超过 23 岁；

本科毕业生，不超过 24 岁。

4. **外形**

女：五官端正，面容姣好，气质佳；

男:五官端正,体格健康。

5. 身高

女:1.65 米~1.72 米

男:1.75 米~1.85 米

6. 体重

女:[身高(cm)-110(cm)](kg)(正负 10%以内)

男:[身高(cm)-105(cm)](kg)(正负 10%以内)

7. 体检标准

符合中国民用航空总局颁布的 CCAR67FS 乘务员体检标准。

重点要求:

a. 外观无畸形,如"X"形腿、"O"形腿、四环素牙等;

b. 身体裸露部分无疤痕、无传染性疾病、无腋臭等;

c. 视力:无色盲,无色弱。

① (女)乘务员远视力标准:达到中国民用航空总局行业标准,矫正远视力达到 0.5(C 字表)及以上;

② (男)安全员远视力标准:每眼未矫正远视力应达到 0.7(C 字表)或以上方可评定为合格;若佩戴任何形式的矫正镜则评定为不合格。

8. 最低政审要求

① 未受到刑事处罚或劳动教养处罚;

② 未正在被国家机关侦查、起诉、审判;

③ 无其他严重违法行为;

④ 未参加非法组织;

⑤ 现实表现良好,品行端正;

⑥ 无精神病史。

详情根据民航总局的有关规定执行。

航空公司挑选空乘人员时内容包括:

(1)面视。五官端正、肤色好;身材匀称;性格开朗、举止端庄。

例如,空姐的建议身高为 160cm~172cm。下身长应超过上身长 2cm 以上。

(2)体检。因为空中服务需要个体长期空中作业,所以空乘人员需要具备良好的生理与心理条件。空姐应具有良好的心理品质和社会适应能力,身体状况可以满足空中服务工作的需要。不应有先天性或后天获得性异常疾病和活动的、潜在的、急性或慢性的疾病,以及创伤、损伤或手术后遗症。

(3)特殊条件。包含对精神、神经系统、呼吸系统、循环系统、消化系统、泌尿生殖系统、造血系统、新陈代谢、免疫、内分泌系统、运动系统的全面检查,对皮肤及其附属器、眼及其附属器、耳鼻咽喉及口腔的全面检查。

(4)文化及综合素质的考核。包括语言、地理、历史等知识的考核。

(5)情景模拟。以实际的行为组成,现场考核空乘人员的表达能力、反应能力和心理素质等。

目前,很多航空公司出于对公司形象的考虑,在招收服务人员时总是比较注重外表,如容貌、身高、体重、形体等。而对内在的知识以及素养在招聘和选拔的时候考核的不多,所以导致了仅仅利用亲和的外表来吸引乘客。为了航空公司的利益和航空公司的发展,在招收服务人员时,不能仅仅以外貌取人,更关键的是要求有高素质、有内涵的人来从事这项工作。

外航招收中国空姐对外在条件的要求宽松得多,更注重心理素质等内在素养。据了解,外航的初选空姐条件为:未婚、身体健康、品貌端庄、视力良好、身高不低于1.60米、年龄20周岁至26周岁之间、大专以上学历、能讲标准的普通话和英语。

厦航——不设高学历门槛

"我们这次招聘的人员都是从事服务行业,没必要设置过高的学历门槛。"厦门航空有限公司的康先生对记者说。厦航要招聘55人,其中空乘人员30人,机务员25人。机务员要求学历在大专以上,而空乘人员只要中专以上,在整个招聘会现场,很难再找到像厦航对应聘人员如此低的学历要求。

厦航采用的是现场面试初选,把基本符合条件的同学的简历留下,然后另选时间进行笔试和全面的面试,择优录取。招聘会开始两个多小时的时间里,厦航对三四十位同学进行初选,但留在招聘人员手中的简历并不太多。康先生说:"我们是抱着很大期望来的,当然希望能招到最满意的!"

二、培训

挪威航空公司使用 Saba 的学习系统培训员工

Saba 宣布,挪威最大的航空公司 SAS Braathens 使用 Saba 的学习管理系统为员工培训飞行安全方面的在线课程。

由于"9·11"事件的影响,欧盟要求其成员国的所有航空从业人员必须接受培训,以应对航空安全中的恐怖事件,因此航空业目前面临巨大的安全培训需求,以顺应复杂的调整和规则变化。SAS Braathens 已经购买了 Saba 的企业在线学习系统来帮助其员工的培训和资格认证,让初学者通过虚拟的飞行环境向有经验的员工学习。使用在线培训方式,可以使员工不用脱离工作岗位而得到培训。

应用在线学习系统对许多人来说是个新的挑战,其中主要是学习观念方面的。SAS 人力资源系统的 IT 技术负责人说:"这是一个新的思维方式,需要克服障碍来使用户使用学习系统,SAS Braathens 用了两个面授课为参与培训的员工介绍课程。到目前为止,这个课程的培训取得了很大的成功,有大约 90% 的人使用这个学习系统。"

培训一直被认为是服务利润链中的关键部分,同时也是服务企业成功的一个关键因素。提升空乘人员的素质,提高招收空乘人员的要求是必要的,但是对在岗空乘人员的要求也是不可以放松的。培训是必需的,而不是可选的。即使在经济情况不好时,也不能被省去。每个人都要接受培训,从办公室助理、包括处理员到普通乘务员,都要接受培训。

例如,新加坡航空公司高度重视培训,这是他们人力资源和服务战略方面的重点。他们在培训方面的花费很多。任何时候,你都要学习,包括高级副总裁,都要经常被送去培训。新加坡航空公司在基础设施和技术方面投入了大量的资金。

(一)对新来的员工培训

航空公司应开设相关的培训班,对刚录用的招聘者培训,对他所从事的工作和公司的情况进行培训,使他们尽快熟悉工作、适应岗位的需要,并充分了解他们应尽的义务和职责及公司的相关制度和航班、航线知识。

均瑶集团上海吉祥航空有限公司大规模新员工培训

均瑶集团上海吉祥航空有限公司大规模新员工培训于2006年7月开始,集团人力资源部与吉祥航空人力资源部分别于12日、20日组织两次大规模的新员工入职典礼暨新员工培训。两次培训的人数总计达到130余人,涵盖客舱部、安全标准监察部、维修工程部、运行控制部、商务部、行政管理部等11个部门的新入职员工,其中大部分为应届本科毕业生。

在培训期间,新员工参观了位于均瑶国际广场37楼的创业展示厅,直观地了解了均瑶的创业历程,感受到均瑶集团的创业精神;系统地学习了行政办公规范、人事管理制度、财务报销流程等公司相关的制度。当天赢得新员工最多掌声的,是安监部顾问李世远所做的航空安全讲座。他以理论和案例相结合的讲课方式,充分调动了新员工的听课积极性;以寓教于乐的形式,将航空安全这一航空公司最为紧要的理念深深地印入了每个听课学员的心中。

(二)在职培训

对在职的员工进行培训是为了使员工通过学习不断提高业务素质和服务水平,从而达到新的工作目标要求。培训可以采用多种形式,如可以通过一些活动,提高航空公司员工的道德水平、提高应变能力、增强团队协作精神。目前,我国空乘人员的培训机构一般有三大部分,纳入国民高等教育体系的空乘专业教育(包括招收应届高中生和地方大学学生的大学专科教育)、职业培训机构开展的专业教育,以及国内外民航院校与航空企业合作的联合职业培训。

鹰联航空公司市场部员工体验式素质培训纪实

为增强团队凝聚力,鹰联航空公司市场部全体员工于2006年11月3日-4日在龙泉阳光体育城参加了体验式素质拓展培训,公司相关部门也受邀参加了此次培训。鹰联航空公司市场部开展此次活动是以塑造团队合作精神,训练人际沟通协调能力、挖掘个人潜力和培养顽强斗志为目的的。60多名学员组成了由他们自己命名的"金鹰队"、"鹰姿队"、"飞虎队"、"彩虹队"四个队,并为自己的团队设计了队旗、队歌和口号以鼓舞士气,参加了针对"团队文化、智慧的流露、增强队员归属感及凝聚力"、"沟通和发挥团队协作能力"、"如何适应陌生环境、确定分享目标、正确下达及接受指令"、"合理利用资源、学会倾听、学习方法、计划的重要性"、"让学员找到归属感、学会感恩"、"有效的沟通信息及信任"、"在特定环境下完成信息传递"等项目设计的"旗人旗事"、"信任背摔"、"盲人方阵"、"过电网"、"丛林危机"、"人造机车"、"烽火时代"、"把信送给加西亚"等活动的体验培训,学员们通过自己的参与和领会,明白了概念与活动内容的关系,再经培训老师的层层分析,从而深刻感悟到个人与团队的关系,检视自己的心态,反省自己的信念和管理决策模式,跨越障碍,缩短行为与目标的差距。

(三)职能培训和综合知识培训

职能培训是训练员工具体工作的技能,使他们在技术方面有足够的能力和信心。如核心的职能培训:机舱服务、飞行操作、商业培训、IT、安全、机场服务培训和工程。综合知识培训是指语言(如外语)、历史、宗教、救助等相关知识的培训。

(四)考核和激励

对航空公司人员的考核和激励也是提高航空素质的一个重要手段。一般来说,航空公司对员工的考核包括对员工的品行的考核、工作态度的考核、素质的考核、能力的考核以及工作适应性的考核。

在考核的基础上给员工激励。如很多航空公司通过实行各个层面的岗位聘任制度和员工考核制度,改革薪酬分配制度,有效激发员工的工作积极性和创造性,提高航空服务技能。有的航空公司将空姐受到乘客投诉的次数直接与其收入挂钩,这样能够使空姐在为乘客服务时以乘客满意为目标,提高了乘客的满意度。

第四节 空乘人员职业道德规范

冰冷的态度

在踏上某航空公司飞机的那一刻,我不曾在飞机上看到任何有关新年的迹象,倒是在乘务员脸上找到了当天天气的迹象(比较冷)。现在走在飞机过道上的好像是一家人,老老少少打扮得十分国际化,大大小小的行李也不少,他们在各自的座位边的走道上停下来开始放行李,后面人因此不得不放慢前进的步伐。这时乘务员的声音响起:"麻烦把过道让一下!"她的声音因为生硬的力度需要用一个惊叹号来形容,她的脸也毫不示弱——拉得细细长长。

停在过道最前面的是这一家人的老头老太太,他们在齐心协力地用四只手把行李往行李架上推,后面的队伍完全停了下来,站在一旁的乘务员开始催促了:"麻烦把过道让一下!"随着停止时间的延长,乘务员的生硬也升级了,索性"麻烦"二字也省去了。但她严厉的命令对于老人来说是不奏效的,或者说在心理上是奏效的,两位老人被催得有些诚惶诚恐了,但在行动上却是不奏效的,人不够高,行李对他们来说似乎太重,四只手推了一分多钟也没推进去,老人后面一位男乘客放完自己行李后挤到老人后面帮忙推,见通道完全被堵死,乘务员这才伸出了一只手比较专业地调整了一下行李的位置,行李这才被推进了行李架。

我在靠窗的座位上坐了下来,一坐下就感觉头顶一阵凉飕飕的,抬头找了一下,没有找到可以关闭风源的按钮。默默地忍受了几分钟之后,觉得吹得太冷了,原本有些就感冒咳嗽,怕身体承受不了,便按了一下服务呼叫按钮,一个乘务员过来了。

"是你吗?什么事?!"她气势汹汹地问道。

这种没礼貌的态度让我有些震惊,同时看到她脸上的"惊叹号"已经由于极度的不耐烦扭曲成了"S"形了,而且她的简洁到不用礼貌语的口吻马上让我觉得我不应该叫她。这让我感觉到我面对的不是一个乘务员而是一个在课堂上抓到学生搞小动作的老师,这着实让我感到有些不安,我带着原本有些感冒的嗓音小声说:"能不能帮我把风关掉?有些冷。"

"什么?"她没有听清楚,反问。

"风,有风,空调风。"我边说边用手指了指头顶。

她终于明白怎么回事,用手去探我头顶上方的三个空调调节钮,可是感觉风不是从那里吹出来的,所以她的手移到后面一排座位上方的调节钮,这时非常滑稽的一幕出现了,她说:"是风啊,你可以叫后面的人帮你关一下嘛!"

我听到她这么一说有些愣住了,我试图让自己明白我为什么不能叫她来做这件事。我找不到答案,就说:"能不能给我拿一条毛毯?"

"没有毛毯,短途航线!"她说,依然是"S"形的脸,依然是冷酷的简洁语。我的脑袋再一次短路了,因为我要在这短短几个字中找到毛毯和距离之间的逻辑关系,但是无论我怎么思考,毛毯似乎还是只和温度有关。

当我还在努力寻找毛毯和距离之间的关系时,后面的女乘客实在看不过去了,生气地对旁边的人说:"短途航线没有毛毯,哪有这样的道理!"

飞机客舱服务是民航运输服务的重要组成部分,它直接反映了航空公司的服务质量。在激烈的航空市场竞争中,直接为乘客服务的空中乘务人员,对航空公司占领市场、赢得更多的回头客起着至关重要的作用。空中乘务员除了具备一定的职业素质之外,还应具有相当的职业道德,这样才能真正赢得乘客。

一、职业道德的内涵及养成

(一)职业道德的内涵

职业道德是指从事一定职业的人,在职业活动中必须遵循的行为规范和行为准则。职业道德的主要内容,从道义上规定人们以什么样的思想、感情、态度、作风和行为对待自己的工作。提倡职业道德,对维护社会正常秩序、促进社会风气好转以及提高个人的道德素养等起着积极的作用。

职业道德和社会道德有着密切的联系。职业道德是一般社会道德的特殊形式,是社会道德的主体部分,是指从业人员在职业活动中应该遵守的,主要依靠社会舆论、传统习惯和内心信念来维持的行为规范的总和,是一般社会道德在职业工作领域中的具体体现。

（二）良好职业道德的养成

职业道德养成要有五个基本因素，即职业认识、职业感情、职业意志、职业信念、职业行为和习惯，即在不断提高职业认识的基础上，逐步加深职业感情，磨炼职业意志，进而坚定信念，以养成良好的职业行为和习惯，达到具有高尚职业道德的目的。

1. 提高职业认识

就是要按照职业道德的要求，深刻认识自己所从事的职业的性质、地位和作用，明确服务的对象、操作规程和达到的目标，认识自己在职业活动中应该承担的责任和义务，以提高热爱本职工作的自觉性。

2. 培养职业感情

就是在提高热爱本职工作的基础上，从高处着想，低处着手，一点一滴地培养自己的职业感情，以不断加深对自身职业的光荣感和责任感。

3. 磨炼职业意志

就是要求从事职业活动和履行职业职责的服务人员，在给客人提供优质服务的过程中，为了达到职业理想，要有坚强的意志，克服和解决各种矛盾，处理好内外的人际关系，从而在职业岗位上作出贡献。

4. 坚定职业信念

要求在不同岗位上的服务人员，不仅干一行、爱一行、专一行，而且要坚定职业理想和信念。岗位没有贵贱之分，关键在于在工作中出类拔萃，为实现职业理想而坚持不懈。

5. 养成良好的职业行为和习惯

行为和习惯是在职业认识、情感、意志和信念的支配下所采取的行为，经过反复实践，当良好的职业行为成为自觉的行动而习以为常的时候，就形成职业习惯。

以上各个因素之间，是相互联系、相互作用、相互促进的，只有通过所有职业因素的相互作用，从业者才能达到良好的职业道德目的。

二、空乘人员职业道德

(一)空乘人员职业道德的内涵

空乘人员职业道德是指从事空乘服务的人员,在空乘服务过程中必须遵循的行为规范和行为准则。

人的基本的道德品质和空乘这个职业本身的职业道德要求是空乘人员职业道德的两个基本内涵。其中,人的基本的道德品质是基础,空乘职业的道德要求是基本特征。

空乘人员的职业道德不专指职业品德方面的行为标准,这只是狭义上的。从现代意义上讲,空乘人员除了具备应有的职业品德外,还应有足够的业务能力和服务技巧。空中乘务员要热爱祖国、热爱社会主义、热爱党、热爱民航事业,具有高度的工作责任心和全心全意为人民服务的精神,忠于职守,热爱乘务工作,具有良好的工作态度和责任心。在服务中做到主动、热情、周到、有礼貌。工作作风应该是诚信严实,认真负责。

(二)空乘人员职业道德的作用

1. 职业道德是提高航空公司利润的重要力量

空乘职业道德共同的基本要求是爱岗、敬业。当员工确立了相应的职业道德,并将它变为自己的信念、义务与荣誉感时,就能正确地认识和处理个人与乘客、个人与航空公司的利益关系,就可以在工作中发挥自己的积极性与创造性,为航空公司的利益贡献更大的力量。

2. 职业道德是形成航空公司良好形象的重要因素

航空公司的形象是公众对航空公司特色的综合反映。特别是由于空乘人员直接与乘客打交道,航空公司的形象很大程度上是空乘人员在为乘客服务中逐渐在人们心中树立起来的。职业道德要求空乘人员为客人服务,讲道德,履行自己的职业义务,注意礼仪,为乘客提供优质服务,这样才可能在服务的同时,形成一种良好的社会关系和社会形象。

3. 可以使乘务人员在工作和生活中不断地自我完善

一个员工是否成才,能否成为优秀的乘务人员,主要依靠职业生活实践中的学习和锻炼。职业道德是职业生活的指南,帮助选择具体的人生道路,形成具体的人生观和职业理想。历史和现实告诉人们,一个员工能否成才,并不在于优越的客观条件,而在于他是否具有高尚的职业道德。忠于职守、爱岗敬业、团结等优良品质,可以使一名乘务人员在他的事业道路上迅速成才。

三、空乘人员职业道德的主要规范

1. 热爱祖国,热爱社会主义

社会主义道德要求每一个人都要热爱祖国。空乘人员也不例外。热爱祖国、热爱社会主义是成为一名合格的空乘人员的首要条件,这是因为空乘人员所从事的工作,是社会主义祖国整个事业的一部分,社会主义祖国培育了空乘人员,为空乘人员创造了良好的工作环境和发挥自己智慧与才能的条件,空乘人员的一言一行都与社会主义祖国息息相关。在海外乘客的心目中,空乘人员是国家形象的代表,乘客正是通过空乘人员的思想品德和言行举止形成对祖国的第一印象的,因此,空乘人员应把祖国的利益、社会主义事业摆在第一位,自觉地维护祖国的事业,并把这种爱转化成工作的动力。

2. 遵纪守法,爱岗敬业

这是空乘人员正确处理个人与集体、个人与社会、个人与国家的关系的行为准则。空乘人员必须遵守国家的法律、法规,自觉地执行行业和所在航空公司的各项规章制度,严格按空乘服务操作规程办事。

热爱本职工作。一个人如果热爱自己所从事的事业,就会把对事业的追求作为自己的奋斗目标,就会刻苦钻研业务,不断开拓自己的知识领域,增强自己的服务技能,为乘客提供高质量的服务。

空乘人员应将个人的抱负与事业的成功紧密结合起来,立足本职工作,刻苦钻研业务,不断进取,全身心地投入到工作之中,热情地为乘客提供服务。

此外,空乘人员在思想道德方面还要有高尚的情操,力求做到"财贿不足以动其心,爵禄不足以移其志",更不能做违法乱纪的事。

3. 树立"乘客至上"的服务观念

乘务员要真正认识到"在我们的社会里,人人都是服务对象,人人又都在为他人服务"的道理,真正把服务工作当做一项高尚的事业来经营。

经常开展"假如我是一名乘客"这样的讨论活动,把自己放到乘客的位置上,设身处地地想一想,乘客需要什么,乘务员应该怎样服务。

空乘人员心中有乘客,把乘客看成客人、朋友、亲人,想乘客之所想,急乘客之所急,有了这种境界,诸如善解人意、热情周到、任劳任怨等种种美德,就会在实际工作中表现出来。反之,即使有渊博的知识,高超的技能,笑容再美,也不会做好空中服务工作,更不会受到乘客的欢迎。

根据航空服务的特点,坚持"主动服务,得理让人"的服务原则。"主动服务"就是要求乘务员在工作中做到勤宣传、勤流动、勤服务,善于观察乘客的心理动态,主动为乘客排忧解难。"得理让人"是避免和个别乘客发生争吵,具体体现在主动、热情、耐心、周到四个方面。

主动:全心全意、自觉地把服务工作做在客人提出要求之前。

热情:如亲人一样,微笑,态度和蔼,言语亲切,动作认真,助人为乐。

耐心:做到问多不厌,事多不烦,遇事不躁,发生矛盾时,严于律己,恭敬谦让。

周到:处处关心,帮助乘客排忧解难,使乘客满意。

4. 好学上进,提高业务

好学上进,提高业务是空乘人员的一项重要的职业道德规范。只有丰富的业务知识和熟练的职业技能以及过硬的基本功,才能为乘客提供优质服务,才能尽到自己的职业责任,才能为企业赢得声誉,才能为航空公司发展作出贡献。

好学上进,提高业务,也就成了一种道德义务,不能只将其理解为一种业务要求。只有这样的空乘人员才能为乘客提供优质服务,尽到职业责任,同时求得自身发展,进而达到道德知行统一的要求。提高服务技巧和技术水平,虚心学习,干一行,爱一行,专一行,并运用到工作实践中,不断改进操作技能,提高服务质量。

5. 团结协作,顾全大局

空乘人员要正确处理同事之间、个人和集体之间以及局部利益与整体利益之间、眼前利益与长远利益之间等关系,要本着团结协作、顾全大局的道德规范。它要求空乘人员,摆正个人、集体、国家三者的关系,自觉做到个人利益服从集体利益,局部利益服从整体利益,眼前利益服务长远利益。这是一种较高的道德要求,但又是在空乘职业活动中经常遇到的,而且要妥善解决的问题,每个人都须以此为准则,并在自己的职业实践中努力做到。只有这样,才能维护航空公司的整体形象,给客人提供优质服务。

6. 树立文明礼貌的职业风尚

(1)有端庄、文雅的仪表。

(2) 使用文明礼貌、准确生动、简练亲切的服务语言。
(3) 尊老爱幼,关心照顾残疾客人和年迈体弱的客人。
(4) 严格遵守服务纪律,各项服务按操作程序和操作细则进行。
(5) 在接待中讲究礼节、礼貌。

优秀空乘人员应具备的品格

优秀空乘人员大多具备五种优秀的个人品格,即责任心、爱心、包容心、同情心和耐心。

优秀空乘人员具备的第一种品格——责任心

通俗地讲,责任心就是一个人自觉地把分内的事情做好。乘务工作既是服务工作,也是安全工作,既关系到航空公司服务水平的高低,更关系到乘客生命和国家财产的安全,责任重大,需要乘务人员以高度的责任心认真对待,可以说,责任心是一名优秀乘务人员应该具备的最基本条件。同时,乘务组的构成和乘务服务工作的特点也要求乘务人员必须具有高度的责任心。目前公司大部分乘务组是根据任务要求临时组成的一个团队,乘务组员之间的相互了解本身就有局限,加之客舱服务工作中的号位限制,使乘务长在客舱中的监管难以时时到位,这就要求乘务人员以高度的责任心,自觉地履行好自己的职责,做好分内的工作和其他乘务人员之间的相互配合,为优质服务打好基础。另外,乘务服务工作灵活性较强的特点也决定了优秀的空中服务有赖于乘务人员强烈的责任心。完成乘务服务规定的程序只是走了乘务工作最基本的一步,真正优秀的服务需要乘务人员发挥主观能动性,竭力满足乘客的合理需求,甚至服务在乘客开口之前。要达到这样的标准,乘务人员没有高度的责任心是不可能实现的。

优秀空乘人员具备的第二种品格——爱心

乘务人员的爱心首先是对空中服务工作本身的热爱。熟悉空中服务工作的人都知道,看似高雅、轻松的乘务工作实际是非常劳累和枯燥的,如果没有建立在对乘务工作深刻理解基础上的热爱,就很难长久地保持对这份工作的激情和热情。具体地说,对乘务工作的热爱就是要甘于平凡,乐于助人——要能够从枯燥的安全检查中,认识到简单的动作对于数以千万计的乘客生命和国家财产安全的重要性;从繁复累赘的端茶送水中感受到人性关怀的温暖;从日复一日的迎来送往中体会到人与人的尊重,从而真正理解空乘工作的意义。只有对乘务工作的热爱,才能吸引乘务人员积极探索服务工作中的有关知识,激发他们的工作热情,克服工作中的各种困难。从这个意义上说,对服务工作本身的热爱是乘务人员搞好优质服务的原动力。

服务是人际交往,优质服务是愉快的人际交往,是美好的情感在人与人之间的共鸣,而爱心是美好情感的基础。一个优秀的空中乘务人员,他首先应该是一个与人为善、充满爱心的人,以爱心为基础的服务才是真诚的服务。如果没有真挚的爱心,只依靠技能、技巧来服务的乘务人员,永远不可能真正为航空公司留住乘客,也不可能成为一名优秀的乘务人员。

优秀空乘人员的第三种品格——包容心

一个优秀的乘务人员一定是一个可以包容乘客的"过失"的人。乘务人员和乘客的关系是一种特殊的人际关系。从"乘客"这个特殊的身份来看,他的言行只需向法律、法规负责,而乘务人员除了必须对法律负责之外,还要向公司条规、职业道德、社会公德甚至乘客的感受负责,因此,这种人际关系没有"公平"可言。乘客作为相对的"自由人",可以在法律规章允许的范围内、在自己的道德认知水平上提出自己的需求,宣泄个人的情绪,这些需求和情绪完全可能超出普通人的心理承受范围,给别人带来伤害,而作为乘务人员却必须能够包容这一般人难以理解的言行,要具有超过普通人对伤害的接受度——这就考验着乘务人员的包容心。

包容心是乘务人员的职业需要,包容心不仅可以化解乘务人员与乘客之间的不快,还能化解乘务人员工作和生活中的负面情绪,使之保持阳光心态,在任何时候都快乐而积极地为旅客服务。

优秀空乘人员的第四种品格——同情心

英国著名哲学家培根说:"同情是一切内在的道德和尊严中最高的美德。"同情心就是当他人有困难或遭到不幸时,自己的内心世界产生出的一种不好受、怜悯,进而想在道义上、方法上或物质上帮助他人解决困难的内心感受,是感人之所感,甚至是人与人之间的一种互相的"心灵感应"。服务工作面对的乘客来自天南海北,他们有着不同的背景和经历,当他们聚集在客舱这个特殊的空间里,会有各种不同的心理感受。一般来说,初次乘机的乘客希望得到乘务人员不动声色的及时指点来化解紧张的情绪和茫然的感觉;生病的乘客需要特意的关照和问候来克服病痛和不安;无人陪伴的儿童乘客需要更多的陪伴来抵御陌生环境下的孤独感;老年乘客需要及时的帮助以避免手脚不便造成的困难和尴尬……富有同情心的乘务人员能够从乘客的举止言谈中敏锐地察觉到不同乘客的困难和需求,及时提供细心、周到、有针对性的服务。在服务实践中,有很多例子证明:富有同情心的空中乘务人员能够很好地展示优质服务的魅力,从而使服务工作达到令人"动心"的效果。

优秀空乘人员的第五种品格——耐心

耐心是乘务人员在工作中化解矛盾的一种重要素质。我们说优质服务是服务三元素所共同营造的和谐统一的美好境界,在服务的三元素中,最难把握的就是服务对象——乘客的情绪和举动。要使乘客在旅程中愉快、自然地配合乘务人员的工作,需要乘务人员不厌其烦地关注和满足乘客的合理需求,及时化解出现的问题和矛盾,努力营造一种积极解决问题的氛围感染旅客。尤其是在航班飞行不正常、乘客情绪激动的情况下,更需要乘务人员以极大的耐心来安慰或感动旅客。

耐心也是使乘务人员把"职业要求"转化成为"职业素质"的一种动力。从乘务学员到职业乘务员再到优秀乘务员,每个人都有一段距离需要跨越,这期间必然有这样或那样的困难和阻力,能否最终跨越则需要乘务人员保持足够的耐心,只有耐得住辛苦、委屈、压抑、枯燥和诱惑的人才最终能够坚持到成功。

本章小结

1. 本章全面阐述了空乘人员职业素质的内涵,并对空乘人员应具备的政治、业务、文化、心理、身体素质等进行了分析。
2. 本章结合实际介绍了航空公司对空乘人员的职业形象和职业规范的要求。
3. 本章说明了空乘人员的职业道德规范及养成良好职业道德的主要因素。
4. 本章分析了提高空乘人员职业素质的途径。

复习题

1. 空乘人员的职业素质要求有哪些?
2. 举例说明空乘人员的行为规范。
3. 航空公司应该采取什么措施来提高空乘人员的职业素质?

思考题

1. 空乘人员的职业形象对于航空公司来说有什么样的意义?
2. 如何提高空乘人员的职业道德?

附 录

国内主要航空公司服务理念简介

中国国际航空股份有限公司

中国国际航空股份有限公司简称"国航",英文名称为"Air China Limited",简称"Air China"。国航的企业标志由一只艺术化的凤凰和邓小平先生书写的"中国国际航空公司"以及英文"AIR CHINA"构成。国航2005年底新推出的企业文化以服务为主线,全面阐述了国航新时期的价值观。国航的远景定位是"具有国际知名度的航空公司",其内涵是实现"主流旅客认可、中国最具价值、中国赢利能力最强、具世界竞争力"的四大战略目标;企业精神强调"爱心服务世界、创新导航未来",企业使命是"满足顾客需求,创造共有价值";企业价值观是"服务至高境界,公众普遍认同";服务理念是"放心、顺心、舒心、动心"。国航的企业文化表达了向世界传播爱心、追求卓越服务品质的理念。

国航是中国唯一载国旗飞行的航空公司,具有很高的品牌价值(世界品牌实验室2006年评测为188.96亿元)。国航承担着中国国家领导人出国访问的专机任务,也承担许多外国元首和政府首脑在国内的专包机任务,这是国航独有的国家载旗航的尊贵地位。

国航拥有广泛的高品质客户群体。搭乘国航航班的乘客71%为公务、商务旅客,国航的常旅客俱乐部会员到2005年底已达到301万人。国航为2008年北京奥运会唯一正式的航空客运合作伙伴。

国航拥有一支业务技术精湛、作风严谨、服务良好的飞行员和乘务员队伍,一直以良好的安全记录著称。从事客舱服务的3 200名空中乘务员,包括服务于国航的日本籍、韩国籍、德国籍乘务员,多数拥有大学专科以上学历,具有良好的职业素质和敬业精神。她们持续推进让旅客"放心、顺心、舒心、动心"的"四心服务"工程,服务品质一直受到广大旅客的赞赏。

2004年和2005年,国航连续两年在"旅客话民航"活动中获得承运1 500万人次以上旅客航空公司"用户满意优质奖";2006年6月,国航被世界品牌实验室评为中国500最具价值品牌第32名,品牌价值为188.96亿元,位列国内航空服务业第1名;美国著名评级机构标准普尔评出的中国上市公司百强中国航空列第16位,居中国民航之首。

中国南方航空股份有限公司

中国南方航空股份有限公司总部设在广州,以蓝色垂直尾翼镶红色木棉花为公司标志。有新疆、北方、北京、深圳、海南、黑龙江、吉林、大连、河南、湖北、湖南、珠海等多个分公司和厦门、汕头、贵州、珠海等控股子公司;共设有21个国内营业部,43个国外办事处。

中国南方航空股份有限公司坚持"以人为本"的管理理念,倡导"对员工关心,对客户热心,对同事诚心,对公司忠心,对业务专心"的企业文化。南航拥有超过360万会员、里程累积机会最多、增值最快的常旅客俱乐部——明珠俱乐部。在北京首都机场设有国内首个航空公司专用航站楼。其"明珠"常旅客服务、"红棉阁"地面头等舱、公务舱服务、"纵横中国"中转服务、"95539"顾客呼叫中心等多项服务在国内民航系统处于领先地位。南航于2004年1月,获美国优质服务科学协会授予的全球优质服务荣誉——"五星钻石奖"。

中国东方航空集团公司

中国东方航空集团公司是中国三大国有大型骨干航空企业集团之一,于 2002 年在原东方航空集团的基础上,兼并中国西北航空公司,联合云南航空公司重组而成。集团总部位于上海,拥有贯通中国东西部,连接亚洲、欧洲、澳洲和美洲的庞大航线网络。集团注册资本为人民币 25.58 亿元,总资产约为人民币 516.99 亿元,员工达 35 000 人,拥有 168 架大中型现代化运输飞机,22 架通用航空飞机,经营着 450 条国际、国内航线。

中国东方航空股份有限公司是东航集团的核心企业,成立于 1988 年 6 月,是中国民用航空企业三强之一。中国东方航空股份有限公司自成立以来在业界获得过许多荣誉,其品牌在海内外享有广泛声誉,创造过全国民航服务质量评比唯一"五连冠"纪录。2001 年,东航"银燕"商标荣获"中国最高认知率商标"称号,并获得美国优质服务协会在世界范围内颁发的"五星钻石奖"。2002 年 12 月 12 日,在"第七批中国企业新纪录新闻发布会"上,东航北极航路试飞和空中客车 A340-300 飞机 4C 检两个项目入选中国企业"吉尼斯"即"中国企业新纪录"。2003 年,东航股份公司再次蝉联中国民航"百万旅客话民航"评选活动第一名;同时,再次捧走中国民航飞行安全最高奖——"金鹏杯",顺利实现安全飞行 10 周年。

在市场营销方面,进一步完善了公司航线网络,中转业务发展初具规模,拥有"内部代码共享"、"联程值机、行李直挂"、"分段值机、行李直挂"等专机模式,同各联检单位加强沟通合作,改造了浦东机场过境厅,简化了旅客中转流程,缩短了转机时间;"东方万里行"常旅客计划会员已突破 559 万人;电子客票业务推广良好,市场对其广为接受,电子客票销售额已占本集团国内机票销售总量的 80% 以上。在服务方面,2006 年东航成为 2010 年上海世博会航空客运合作伙伴。据中国民航总局统计,东航航班正点率领先国内行业平均水平,蝉联了中国民航总局"旅客话民航"活动"用户满意优质奖"。

中国海南航空股份有限公司

中国海南航空股份有限公司是中国民航第一家 A 股和 B 股同时上市的航空公司。公司于 1993 年 1 月由海南省航空公司经规范化股份制改造后建立,1993 年 5 月 2 日正式开航运营,注册资本 7.3 亿人民币。

海航开航运营 10 多年来保持了良好的安全纪录,多次创下事故征候万时率为零的优秀安全业绩,2000 年、2003 年夺取中国民航安全生产最高奖项——"金鹰杯",2001 年海航旗下新华航空夺得中国民航安全生产最高奖项——"金雁杯";服务质量在业界和旅客中创造了良好口碑,六次获得"旅客话民航"活动"用户满意优质奖";多次获得全民航航班正常率评比第一名、连续六年航班正常率超过 80%,成功塑造了中国民航航班正点率第一的优秀服务品牌。

海航凭借"内修中华传统文化精粹,外融西方先进科学技术"的中西合璧的企业文化,创造了一个新锐的航空公司,倡导"以旅客为尊,以市场为中心"的服务理念,改变了长期以来航空服务仅限于提供机上服务的传统观念,提出了"航空产品"的概念,率先推出了"全系列产品,个性化服务"的全新服务理念,为旅客提供全方位无缝隙的超值服务。

中国厦门航空有限责任公司

厦门航空公司是 1984 年 7 月 25 日成立的全国第一家企业化航空公司,现股东为:中国南方航空股份有限公司(占 60% 股权)和厦门建发集团有限公司(占 40% 股权)。

自 1995 年全国民航开展安全责任目标管理以来，厦航连续三年获国家民航总局授予的航空安全最高荣誉——"金雁杯"奖，并荣获全民航唯一的"航空安全金雁杯'三连贯'单位"荣誉称号。1999 年及 2001 年荣获航空安全"金鹰杯"奖。

中国深圳航空有限责任公司

深圳航空有限责任公司（以下简称深航）1992 年 11 月成立，1993 年 9 月 17 日正式开航，是由深圳汇润投资有限公司、中国国际航空股份有限公司、全程物流（深圳）有限公司和亿阳集团有限公司四家企业共同投资经营的股份制航空运输企业，主要经营航空客、货、邮运输业务。

成立十多年来，深航始终坚持以安全为基础、以服务为品牌、以市场为导向、以创新为灵魂、以效益为目标的经营方针，本着"安全第一，正常飞行，优质服务，提高效益"的经营理念，一心一意办企业，在特区这块沃土上，飞速发展，茁壮成长，取得了 13 年安全飞行、12 年持续赢利、服务工作不断创新的骄人业绩，成为中国民航界资产优良、主业突出、人机比例最低、最具活力和生机的航空公司。

中国上海航空股份有限公司

上海航空公司成立于 1985 年，是中国国内第一家多元投资商业化运营的航空公司。

上航拥有高质量的服务水准、先进的企业文化和卓有成效的经营管理。2005 年，上航荣获中国民航"旅客话民航"第一名。上航航班正点率始终保持了行业先进水平，2003 年获得全国民航第一名，2004 年和 2005 年获得全国民航航班准点第二名。

上航将立足上海航空枢纽港，不断拓展国际发展空间，正朝着把上航办成"国内最好、顾客首选、具有国际水平"和"国际化、枢纽化、集团化航空公司"的目标努力奋斗。

中国四川航空股份有限公司

四川航空股份有限公司成立于 2002 年 8 月 29 日，是由四川航空公司为主，联合中国南方航空股份有限公司、上海航空股份有限公司、山东航空股份有限公司、成都银杏餐饮有限公司共同发起设立的跨地区、跨行业、跨所有制、投资主体多元化的股份制航空公司。

川航大力打造"美丽时尚，精品服务"的品牌形象，受到国内外旅客的好评，特别是四川的餐饮、酒店等服务行业纷纷以其为标准，打出了航空式服务的口号，就连川航空姐的标志性服装也被效仿。而川航也在服务特色上不断创新，力求服务的地域化、个性化，使川内的旅客在飞机上有归家的感觉，使外地旅客一上川航的飞机，就能感受到浓烈的巴蜀文化氛围。在 2006 年度"旅客话民航"测评活动中，川航再次捧起了"用户满意优质奖"这一民航业内颇具含金量的奖杯。

中国西南航空公司

中国西南航空公司成立于 1987 年 10 月 15 日，是中国民航第一个按照政企分开改革原则组建起来的国家骨干航空公司，公司总部设在四川成都双流国际机场，下辖的中国西南航空重庆公司位于四川重庆江北机场。此外，还在贵阳、烟台、湛江设有飞机停场过夜基地。

中国西南航空公司注重服务质量建设，空中服务和地面服务质量都保持在较高水平上。公司派往泰国航空公司进行过服务培训的乘务员，她们的国际标准服务不仅在中国西南航空公司的国际、地区航线上得到了公认，还带动了整个空中服务质量的提高。中国西南航空公司下属的运输服务公司，在办理国际和国内航班值机、配载、进出港航班行李收运和交付与提供地面运输服务的现场保障工作中不断完善各环节服务质量，取得了较好成果。

总策划：刘　权
执行策划：李红丽
责任编辑：李红丽

图书在版编目（CIP）数据

空乘服务概论／高宏，安玉新，王化峰编著．--北京：旅游教育出版社，2007.07（2025.2 重印）
（全国空中乘务专业规划教材）
ISBN 978-7-5637-1523-7

Ⅰ．①空… Ⅱ．①高… ②安… ③王… Ⅲ．①民用航空—旅客运输—商业服务—教材　Ⅳ．①F560.9

中国版本图书馆 CIP 数据核字（2007）第 089771 号

全国空中乘务专业规划教材
空乘服务概论
（第4版）
高　宏　安玉新　王化峰　编著

出版单位	旅游教育出版社
地　　址	北京市朝阳区定福庄南里1号
邮　　编	100024
发行电话	（010）65778403　65728372　65767462（传真）
本社网址	www.tepcb.com
E-mail	tepfx@163.com
排版单位	北京旅教文化传播有限公司
印刷单位	北京市泰锐印刷有限责任公司
经销单位	新华书店
开　　本	787毫米×960毫米　1/16
印　　张	16.5
字　　数	245 千字
版　　次	2017年2月第4版
印　　次	2025年2月第10次印刷
定　　价	32.00 元

（图书如有装订差错请与发行部联系）